Helmut Merkel

Bibelkunde des Neuen Testaments

Ein Arbeitsbuch

Gütersloher Verlagshaus Gerd Mohn

CIP-Kurztitelaufnahme der Deutschen Bibliothek

Merkel, Helmut
Bibelkunde des Neuen Testaments:
e. Arbeitsbuch. – 1. Aufl. – Gütersloh:
Gütersloher Verlagshaus Mohn, 1978.
ISBN 3-579-04031-6

ISBN 3-579-04031-6
© Gütersloher Verlagshaus Gerd Mohn, Gütersloh 1978
Gesamtherstellung: Clausen & Bosse, Leck
Umschlagentwurf: Werner Saß, Gütersloh
Printed in Germany

Inhalt

Vorwort

Da bibelkundliche Kenntnisse immer noch eine Grundvoraussetzung für theologisches Arbeiten sind, habe ich die Anregung des Gütersloher Verlagshauses gern aufgegriffen, ein bibelkundliches Arbeitsbuch zu schreiben.

Gegenüber älteren Darstellungen, die meist nur Kapitelüberschriften und kurze Paraphrasen bieten, beruht dieses Buch auf einer ganz neuen Konzeption. Grundlegend sind folgende Einsichten:

● Bibelkundliche Kenntnisse werden am besten durch intensives Arbeiten am Text erworben.

● Es genügt offensichtlich nicht, dem exegetisch Unerfahrenen ein Neues Testament in die Hand zu drücken; er muß elementare Verstehenshilfen zum Eindringen in die Textaussagen erhalten.

● Der Studierende wird zum Lernen der Fakten besser motiviert, wenn er in etwa sieht, welche Problemstellungen an die jeweiligen Sachverhalte anknüpfen.

Damit ergibt sich für dieses Arbeitsbuch folgender Aufbau:

● Der Stoff wird in Fragen aufgegliedert. Dadurch soll der Leser immer wieder angeregt werden, den Text durchzulesen. Alle Fragen können durch aufmerksame Lektüre des griechischen Textes oder einer Übersetzung beantwortet werden.

● Die Antworten werden oft durch prägnante Zitate aus der Fachliteratur ergänzt, so daß die Sachverhalte klarer hervortreten.

● In Problemanzeigen wird anhand ausgewählter Literatur in die wissenschaftliche Diskussion eingeführt. Wer an einem Problem dringend interessiert ist, hat durch die Literaturhinweise eine Basis zur Weiterarbeit. Bei der Auswahl der Titel habe ich mich auf grundlegende und die bibelkundlichen Sachverhalte aufarbeitende Veröffentlichungen beschränkt, dabei meist auch unterschiedliche Standpunkte berücksichtigt. Konfessionelle Grenzen spielen erfreulicherweise keine Rolle. Um das subjektive Moment bei solcher Auswahl möglichst wenig hervortreten zu lassen, habe ich darauf verzichtet, eigene Veröffentlichungen zu zitieren.

Damit dürfte die Bibelkunde nicht mehr als reine Paukerei von Kapitel- und Verszahlen erscheinen, sondern als Propädeutikum für neutestamentliche Exegese, Einleitungswissenschaft und Theologie – nicht mehr, aber auch nicht weniger.

Für Hinweise aus dem Kreis der Benutzer, die der Verbesserung dienen können, bin ich jederzeit dankbar. Facilius est addere aliquid operi quam condere opus.

Möchte dieses Buch dazu helfen, daß in einer Zeit der nivellierenden Schlagworte die Aufmerksamkeit auf die Fülle und Differenziertheit des neutestamentlichen Zeugnisses geschärft werde.

Erlangen, im Dezember 1977   Helmut Merkel

Abkürzungsverzeichnis

C. Zeitschriften, Jahrbücher, Lexika, Reihen

Bibl	Biblica
BiLe	Bibel und Leben
BZ	Biblische Zeitschrift
EKK	Evangelisch-Katholischer Kommentar
EvKomm	Evangelische Kommentare
EvTh	Evangelische Theologie
HThR	The Harvard Theological Revue
JBL	Journal of Biblical Literature
MThZ	Münchener Theologische Zeitschrift
NovTest	Novum Testamentum
NTD	Neues Testament Deutsch
NTS	New Testament Studies
RAC	Reallexikon für Antike und Christentum
RGG	Die Religion in Geschichte und Gegenwart
ThBl	Theologische Blätter
TheolViat	Theologia Viatorum (Berlin)
ThLZ	Theologische Literaturzeitung
TThZ	Trierer Theologische Zeitschrift
ThZ	Theologische Zeitschrift Basel
VigChr	Vigiliae Christianae
WuD	Wort und Dienst
ZNW	Zeitschrift für die neutestamentliche Wissenschaft und die Kunde der älteren Kirche
ZThK	Zeitschrift für Theologie und Kirche

D. Allgemeine Abkürzungen

AT	Altes Testament
atl.	alttestamentlich
ebd.	ebenda
FS	Festschrift
Hg.	Herausgeber
hg.	herausgegeben
Jh.	Jahrhundert
N. F.	Neue Folge
NT	Neues Testament
ntl.	neutestamentlich

Zur Arbeit mit diesem Buch

Dieses Arbeitsbuch ist aus bibelkundlichen Übungen erwachsen, die ich an der Universität Erlangen-Nürnberg abgehalten habe. Dennoch ist es kein »Nürnberger Trichter«, der eine mühelose Stoffaneignung verschaffen könnte. Die vielen Fragen wollen vielmehr den Benutzer immer wieder reizen, den Text des Neuen Testaments selbst zu befragen. Im Idealfall ist das der griechische Text von Nestle–Aland; bei den Evangelien empfiehlt sich dringend die von K. Aland bearbeitete Synopsis Quattuor Evangeliorum, deren Perikopenüberschriften ich im allgemeinen übernommen habe. Wer mit einer deutschen Übersetzung arbeiten möchte (oder muß), sei nachdrücklich auf die Ausgabe von *U. Wilckens* hingewiesen; dazu auch auf die Zürcher Evangeliensynopse.

Die Problemanzeigen wollen an ausgewählten Beispielen zeigen, welche Fragestellungen und Antworten aus bestimmten bibelkundlichen Sachverhalten erwachsen. Zum Verständnis der hier angeschnittenen Probleme hilft die Kenntnis der exegetischen Methoden. Zur Einführung sind empfehlenswert: *H. Zimmermann:* Neutestamentliche Methodenlehre, 5. Aufl., 1975, oder: *J. Roloff:* Neues Testament, 1977, 3–45.

Wer diesen historisch-kritischen Fragestellungen neu begegnet, wird vielleicht Schwierigkeiten empfinden, diese Betrachtungsweise mit seinem herkömmlichen Verständnis der Bibel zu vereinen. Ihm können zwei kleine Schriften weiterhelfen: *E. Schweizer:* Neues Testament und heutige Verkündigung, 1969, 9–23. – *Chr. Maurer:* Wahrheit und Wahrhaftigkeit – ein Grundproblem kritischer Theologie, 1966, 5–33.

Die Literaturhinweise schließlich wollen zur Weiterarbeit anregen. Der notwendigerweise subjektive Charakter solcher Auswahl dürfte nicht zu stark hervortreten, da ich um Nennung unterschiedlicher Positionen bemüht war. Übrigens sollte man auch bei der Lektüre von Sekundärliteratur stets sein Neues Testament neben sich liegen haben und alle Belegstellen nachschlagen.

Wer sich um weitere Literatur bemüht, wird in den angegebenen Werken zahlreiche Hinweise finden. Die jeweils neueste Literatur findet man mit Hilfe folgender Nachschlagewerke: *P. Nober (Hg.):* Elenchus Bibliographicus Biblicus, 1920ff. – *F. Stier (Hg.):* Internationale Zeitschriftenschau für Bibelwissenschaft und Grenzgebiete, 1951/52ff. – *J. J. Collins (Hg.):* New Testament Abstracts, 1956/57ff.

Auf die Artikel in RGG und im Theologischen Wörterbuch zum Neuen Testament, hg. von *G. Kittel und G. Friedrich*, wird nicht eigens verwiesen; sie bieten reiches Material und Literaturhinweise.

Als Ergänzung bibelkundlicher Kenntnisse wird man eine Einführung in die neutestamentliche Zeitgeschichte benötigen. Empfehlenswert: *E. Lohse:* Umwelt des Neuen Testaments, 3. Aufl., 1977.

Zum Kennenlernen eines wichtigen Bereiches religionsgeschichtlicher Forschung verhilft: *O. Böcher:* Das Neue Testament und die dämonischen Mächte, 1972.

Wer sich die bibelkundlichen Grundkenntnisse angeeignet hat, wird schließlich ein Gesamtbild neutestamentlicher Theologie wünschen.

Grundlegende Orientierung bietet: *W. G. Kümmel:* Die Theologie des Neuen Testaments nach seinen Hauptzeugen Jesus-Paulus-Johannes, 3. Aufl., 1976.

Diese drei Werke bieten den notwendigen Hintergrund für die theologische Weiterarbeit, im Rahmen der Bibelkunde konnte nur gelegentlich auf diese Fragestellungen hingewiesen werden.

Damit sind fast schon zuviele weiterführende Hinweise gegeben worden; sie sollten auf keinen Fall von der grundlegenden Aufgabe ablenken, den Text und seine Aussagen erst einmal gründlich zur Kenntnis zu nehmen. Alle Literatur sollte erst befragt werden, wenn aus dem Text Fragen erwachsen, und nach der Lektüre von Aufsätzen und Monographien sollte man stets zum Text zurückkehren.

1. Die Evangelien

1. Stellen Sie mit Hilfe einer Konkordanz fest, wie der Begriff Evangelium im Neuen Testament gebraucht wird

- Evangelium (εὐαγγέλιον) meint an der Mehrzahl der Stellen die (mündlich ausgerichtete) Botschaft, Verkündigung. 1 Thess 1,5: »Unser Evangelium ist nicht nur im Wort zu euch gekommen, sondern auch in Kraft, im heiligen Geist und in großer Zuversicht.« So kann Paulus 1 Kor 9,14 formulieren, wer das Evangelium verkündigt, solle auch »vom Evangelium leben«. Paulus bestimmt Evangelium näher als »Evangelium Gottes« (Röm 1,1; 15,26 u.ö.), womit der Urheber bezeichnet wird, oder als »Evangelium des Christus« (Röm 15; 19; 1 Kor 9,12.18 u.ö.), womit der Inhalt des Evangeliums angegeben wird (vgl. Röm 1,1). Wenn er »mein Evangelium« (Röm 2,16) schreibt, meint er ebenfalls die apostolische Predigt.
- Als Bezeichnung einer schriftlichen Darstellung von Wort und Weg Jesu findet sich Evangelium erstmals in Mk 1,1: »Anfang des Evangeliums von Jesus Christus.« Die anderen Evangelien enthalten die Formulierung »Evangelium von Jesus Christus« nicht.
- Erst Justin der Märtyrer spricht in seiner Apologie von den Evangelien, die er seinen hellenistisch gebildeten Lesern als »Apostelmemoiren« vorstellt. Doch blieb die Auffassung noch längere Zeit lebendig, daß es sich beim Evangelium um eine Frohbotschaft handelt; daher bezeichnete man das einzelne Evangelienbuch als »Evangelium nach Matthäus/nach Markus« (εὐαγγέλιον κατὰ Ματθαῖον, κατὰ Μᾶρκον).

Problemanzeige: Die Ableitung des Begriffs εὐαγγέλιον ist noch umstritten: Stammt er aus dem Kaiserkult (so zuletzt W. Schneemelcher) oder ist er aus dem zeitgenössischen Palästinajudentum abzuleiten (so zuletzt P. Stuhlmacher)?

> *Literatur: W. Schneemelcher:* Evangelium, in: E. Hennecke/W. Schneemelcher: Neutestamentliche Apokryphen in deutscher Übersetzung I, 3. Aufl., 1959, 41ff. – *P. Stuhlmacher:* Das paulinische Evangelium, Bd. I: Vorgeschichte, 1968, 109ff. – *E. Käsemann:* An die Römer, 3. Aufl., 1974, 4ff.

2. Was ist nach dem Neuen Testament ein Evangelist?

Apg 21,8 wird Philippus, ein christlicher Wanderlehrer, als Evangelist bezeichnet.
Das Amt des Evangelisten kennt der Epheserbrief, der als Gaben Christi an die Gemeinde Apostel, Propheten, Evangelisten, Hirten und Lehrer (Eph 4,11) nennt. Während Apostel und Propheten Größen der Vergangenheit sind, die das Fundament

der Kirche bilden, sind die drei letzten Ämter in der Gegenwart wichtig; Hirten und Lehrer dienen der Ortsgemeinde, während Evangelisten als übergemeindliche Missionare vorzustellen sein dürften.

2 Tim 4,5 wird Timotheus als Evangelist bezeichnet; auch hier ist ein Verkündigungsauftrag gemeint, der nichts mit Schriftstellerei zu tun hat. Erst im 3. Jh. ist Evangelist als Bezeichnung für den Verfasser eines Evangeliums belegt (Tertullian, Hippolyt).

3. Verschaffen Sie sich mit Hilfe einer »Einleitung« in das Neue Testament einen Überblick über die »synoptische Frage«

Die drei ersten Evangelien Mt, Mk und Lk zeigen eine weitgehende Übereinstimmung in Stoffauswahl, Anordnung und sogar im Wortlaut. Insbesondere haben sie den gleichen Aufriß des Lebens Jesu, wie ein Vergleich mit dem ganz andersartigen Aufriß bei Joh zeigt: Jesus lehrt in Galiläa und den angrenzenden Gebieten, zieht nach Jerusalem zum Passafest und wird gekreuzigt – bei Joh dagegen zieht Jesus wiederholt nach Jerusalem. Daher nennt man sie Synoptiker (vom griech. σύνοψις »Zusammenschau«).

Es ist heute klar erkannt, daß diese Gemeinsamkeiten der Synoptiker nur durch die Annahme literarischer Beziehung erklärt werden können.

● Da Mt und Lk die Texte, die sie mit Mk gemeinsam haben, auch in derselben Reihenfolge bringen, während sie in der Abfolge der übrigen Texte differieren, ist zu folgern, daß sie beide von Mk abhängig sind.

Dasselbe zeigen auch Einzelbeobachtungen am Mk-Stoff bei Mt und Lk. Sehr oft haben Mt und Lk das volkstümliche und semitisch gefärbte Griechisch des Mk verbessert oder andere Ungenauigkeiten richtiggestellt (Beispiel: Mk 6,14 spricht vom König Herodes, während Mt 14,1 den richtigen Titel Tetrarch verwendet).

● Mt und Lk haben eine große Zahl von Jesusworten gemeinsam, die sich nicht bei Mk finden. Aufgrund der weitgehenden Übereinstimmungen legt sich die Annahme nahe, diese Worte stammten aus einer gemeinsamen Quelle, die wohl schriftlich vorlag. Diese hypothetisch erschlossene Quellenschrift (Logienquelle: Q) hat sich trotz gewisser Unsicherheiten in der wissenschaftlichen Debatte bewährt.

● An manchen Stellen finden sich im Mk-Stoff Übereinstimmungen zwischen Mt und Lk. Diese »minor agreements« werden gelegentlich als Belege für die Bekanntschaft des Lk mit Mt gewertet oder als Indizien, daß Mt und Lk einen etwas anderen Mk-Text vor sich gehabt hätten (Urmarkus).

Aber diese Thesen stellen zweifellos eine Überbewertung von Einzelbeobachtungen dar, die auch anders erklärt werden können.

So gehen wir in diesem Buch mit allen maßgeblichen Einleitungswissenschaftlern von der sog. Zwei-Quellen-Theorie aus:

(1) Mk ist das älteste Evangelium, das Mt und Lk als Vorlage gedient hat.
(2) Darüber hinaus benützten Mt und Lk noch eine zweite Quelle Q.

Literatur: W. G. Kümmel: Einleitung in das Neue Testament, 18. Aufl., 1976, 17ff. – *E. Lohse:* Entstehung des Neuen Testaments, 1972, 76ff. – *W. Marxsen:* Einleitung in das Neue Testament, 1963, 4. Aufl., 1978, 101ff. – *Ph. Vielhauer:* Geschichte der urchristlichen Literatur, 1975, 268ff. – *A. Wikenhauser/J. Schmid:* Einleitung in das Neue Testament, 6. Aufl., 1973, 272ff.

2. Das Markusevangelium

1. Bestimmen Sie den Aufbau des Mk

1. Stellen Sie den topographischen Aufriß fest. Verfolgen Sie – soweit möglich – den Weg Jesu auf einer Palästinakarte.
2. Stellen Sie den chronologischen Aufriß fest.
3. Stellen Sie thematisch zusammengehörende Abschnitte fest.

● Das Auftreten Johannes' des Täufers »in der Wüste« und »am Jordan« ist nicht näher lokalisierbar. In groben Umrissen läßt sich der topographische Rahmen des Auftretens Jesu mit W. G. Kümmel beschreiben:

1,14–5,43: Jesus in Galiläa
6,1–9,50: Jesus auf der Wanderung innerhalb und außerhalb Galiläas
10,1–52: Jesus auf der Wanderung nach Jerusalem
11,1–16,8: Jesus in Jerusalem: Letztes Wirken, Leidens- und Auferstehungsgeschichte.

Es ist kaum möglich, den Weg Jesu im einzelnen zu verfolgen. Oft fehlen nämlich genaue Angaben; es heißt dann nur, Jesus sei »im Haus«, »am See«, »auf dem Berg«. Nur an wenigen Erzählungen haftet eine Ortsangabe (2,1 Streitgespräch und Heilung in Kapernaum; 8,27: das Petrusbekenntnis erfolgt in der Gegend von Cäsarea Philippi; Blindenheilungen in Bethsaida (8,22) und Jericho (10,46); die Passionsgeschichte ist in Jerusalem lokalisiert).

● Der chronologische Rahmen der Geschichte Jesu ist noch lockerer gefügt als der topographische. Schon der Täufer wird 1,4 ohne Zeitangabe eingeführt; erst 6,14 erfährt man beiläufig, daß er zur Zeit des »Königs Herodes« antrat (es handelt sich um den Tetrarchen Herodes Antipas, der von 4 vor Chr. – 39 n. Chr. über Galiläa und Peräa herrschte). Das Auftreten Jesu »geschah in jenen Tagen« (1,9). »Nachdem Johannes ausgeliefert worden war, kam Jesus nach Galiläa« (1,14); wann die Auslieferung des Täufers stattfand, wird nicht gesagt, ebenso fehlt eine Angabe, welcher Zeitraum zwischen Auslieferung des Täufers und Auftreten Jesu verstrich. »Als er am galiläischen See entlangging« (1,16): wie lange nach dem ersten Auftreten in 1,14 diese Begebenheit sich abspielte, bleibt offen. »Und sogleich am Sabbat lehrte er …« (1,21): hat sich demnach das Vorhergehende am Sabbat abgespielt? Das geht nicht, da die Jünger mitten aus der Arbeit heraus berufen wurden.

Ähnliches läßt sich in den Kap. 1–13 immer wieder beobachten. Die einzige »genaue« Angabe in Kap. 1, daß Jesus 40 Tage in der Wüste gewesen sei, ist eine symbolische Zahl (Israel war 40 Jahre in der Wüste, Mose weilte 40 Tage auf dem Sinai, Elia wanderte 40 Tage zum Horeb usw.).

Problemanzeige: Aus den Ergebnissen der Fragestellungen 1.1 und 1.2 folgt die von K. L. Schmidt formulierte Erkenntnis: »Die älteste Jesusüberlieferung ist ›Perikopen‹

– Überlieferung, also Überlieferung einzelner Szenen und einzelner Aussprüche, di.
zum größten Teil ohne feste chronologische und topographische Markierung innerhalb der Gemeinde überliefert worden sind. Vieles, was chronologisch und topogra-
phisch aussieht, ist nur der Rahmen, der zu den einzelnen Bildern hinzukam.« (S. V)

Literatur: K. L. Schmidt: Der Rahmen der Geschichte Jesu, 1919 (Nachdruck 1969).

● Abgesehen von der Passionsgeschichte (14,1–16,8) werden 5 größere thematisch
zusammengehörige Komplexe erkennbar:

●● *2,1–3,6* sind fünf Konflikte Jesu mit jüdischen Autoritäten zusammengestellt:

2,1–12 Jesus vergibt Sünden (Heilung des Gelähmten)

2,15–17 Jesus verkehrt mit kultisch unreinen Personen »Zöllnergastmahl«

2,18–22 Jesus und die Jünger fasten nicht (Die Fastenfrage)

2,23–28 Die Jünger brechen den Sabbat »Ährenraufen am Sabbat«

3,1–6 Heilung der verdorrten Hand am Sabbat.

●● *4,1–32* sind drei Gleichnisse gesammelt

4,1–9: von der Aussaat (»viererlei Acker«)

4,26–29: von der selbstwachsenden Saat

4,30–32: vom Senfkorn.

●● *4,35–6,51* werden 6 Wunder am See Genezareth erzählt:

4,35–41: Stillung des Sturmes

5,1–20: Heilung des Besessenen von Gerasa

5,21–24.35–43: Auferweckung der Tochter des Jairus

5,25–34: Heilung der blutflüssigen Frau

6,32–44: Speisung der 5000

6,45–51: Jesus wandelt auf dem See.

●● *10,1–45* werden Regeln für das Leben in der Gemeinde gegeben

10,1–12: Streitgespräch über die Ehescheidung

10,13–16: Jesus segnet die Kinder: Nachfolge Jesu in der Kindlichkeit des Glaubens.

10,17–31: Der reiche Jüngling: Die Gefahren des Reichtums für die Nachfolge

10,35–45: »Die Bitte der Zebedaiden«: Die Rangordnung unter den Nachfolgern.

●● *11,27–12,37:* Sechs Schul- und Streitgespräche

11,27–33: Die Frage nach der Vollmacht Jesu

12,1–12: Das Gleichnis von den Weingärtnern

12,13–17: Die Pharisäerfrage nach der Steuer (»Zinsgroschen«)

12,18–27: Die Sadduzäerfrage nach der Auferstehung

12,28–34: Die Frage des Schriftgelehrten nach dem obersten Gebot

12,35–37: Die Frage nach der Davidssohnschaft des Messias.

Wahrscheinlich hat schon die vormarkinische Tradition diese thematisch zusam-
mengehörigen Texte zusammengestellt. Mk hat diese älteren Sammlungen übernommen; möglicherweise hat er einzelnes ergänzt.

Literatur: H. W. Kuhn: Ältere Sammlungen im Markusevangelium, 1971. – *R. Pesch:* Das Markusevangelium I, 1976, 63–67.

2. Welche »biographischen« Angaben über Jesus macht Mk?

Wir erfahren Jesu Herkunft aus Nazareth (1,9), den Namen seiner Mutter Maria (6,3), die Namen seiner Brüder Jakobus, Joses, Judas, Simon und die Existenz von Schwestern (6,3), Jesu Beruf Zimmermann (6,3-textkritisch unsichere Stelle: in Angleichung an Mt lesen viele Handschriften »Sohn des Zimmermanns«). Über Jesu Äußeres, sein Alter, seinen Bildungsgang erfahren wir nichts. Gelegentliche Angaben, Jesus habe gezürnt (3,5; 10,14) Mitleid empfunden (1,41 – textkritisch unsicher: Zeugen des »westlichen Textes« lesen Jesus sei »erregt« gewesen), einen Fragesteller liebgewonnen (10,41), reichen nicht aus, ein »Charakterbild« Jesu zu zeichnen. Schließlich fehlt auch jeder Hinweis auf eine Entwicklung Jesu, so daß Mk nicht eigentlich als Biographie betrachtet werden kann.

3. Was erfahren wir über Johannes den Täufer?

• Über seine Biographie erfahren wir nichts; lediglich seine Hinrichtung auf Befehl des Herodes Antipas (6,14–29) wird ausführlich erzählt.
• Der Täufer tritt in Prophetenart auf (1,6: die Kleidung erinnert an Elia!); er verkündigt eine »Bußtaufe zur Vergebung der Sünden«, der sich viele unterziehen; er kündigt einen nach ihm kommenden »Stärkeren« an, der mit heiligem Geist taufen wird.
• Johannes tauft Jesus (1,9–11).
• Nach der Gefangennahme des Täufers beginnt Jesus zu predigen (1,14).
   Daß Johannes d. T. als Vorläufer Jesu anzusehen ist, geht aus dem Mischzitat 1,2f. (Mal 3,1 und Ex 23,20a; Jes 40,3) hervor, ebenso aus dem Wort Jesu beim Abstieg vom Berg der Verklärung (9,11–13): Johannes ist der wiedergekehrte Elia, der Jesu Weg bereitet hat; die Taufe des Johannes war ein Hinweis auf die Vollmacht Jesu, des Stärkeren (11,27–33).

4. Die Verkündigung Jesu bei Mk

• Mit welchen Begriffen beschreibt Mk die Verkündigungstätigkeit Jesu?
• Wie wird die Verkündigung Jesu inhaltlich bestimmt?

• Wie wird Jesu Lehre inhaltlich bestimmt?
•• Verkündigen (κηρύσσειν) – wird dreimal für Jesus verwendet, aber *auch* für die

18

Tätigkeit Johannes' des Täufers (1,4), der Jünger (6,12; 3,14) und der Kirche (13,10).

•• Lehren (διδάσκειν) und Lehre (διδαχή) werden 20 × für Jesus verwendet (nur einmal 6,30 vom Lehren der ausgesandten Zwölf).

•• Der Inhalt der Verkündigung Jesu ist der Bußruf angesichts des nahen Gottesreichs (1,14f.)

•• Der Inhalt der Lehre Jesu wird oft nicht angegeben (1,22; 6,2) oder nur kanpp zusammengefaßt (11,17) bzw. durch ein Gleichnis illustriert (4,2) oder ein Schulgespräch (12,35–38). Charakteristisch ist die Rede von Jesu »Lehre in Vollmacht« (1,22.27), die bewirkt, daß die Hörer außer sich geraten (1,22; vgl. 6,2; 11,18).

Literatur: E. Schweizer: Die theologische Leistung des Markus, in: E. Schweizer: Beiträge zur Theologie des Neuen Testaments, 1970, 21ff.

5. Die Gleichnisse Jesu bei Mk

• Welche Formen vergleichender Rede sind Ihnen bekannt?
• Welche Gleichnisse finden wir im Markusevangelium?
• Welchen Gattungen sind diese Gleichnisse zuzuordnen?
• Wie werden die Gleichnisse bei Mk gedeutet?
• Was sagt Mk über den Sinn der Gleichnisreden Jesu?

• Ein *Gleichnis* veranschaulicht einen Sachverhalt (Sachhälfte) anhand eines anderen Sachverhalts, der auf einer anderen Ebene liegt (Bildhälfte). Einfachste Form: Bildwort. Die gemeinte Sache wird durch einen typischen, allgemein bekannten Sachverhalt (Saat, Ernte, Sauerteig) veranschaulicht.

• Wenn der zur Erhellung herangezogene Sachverhalt nicht ein typisches Geschehen beschreibt, sondern einen besonderen Einzelfall schildert (Ein Mann hatte zwei Söhne ...), spricht man von einer *Parabel.*

• Die einfachste Form vergleichender Rede liegt vor, wenn Bild- und Sachhälfte auf der gleichen Ebene liegen, so daß keine Übertragung vom Bild auf die Sache nötig ist (»gehe hin und tue desgleichen!«): *Beispielerzählung.*

• Die komplizierteste Form ist die *Allegorie.* Bei ihr handelt es sich um eine verschlüsselte Geschichte, in der jeder Einzelzug einen besonderen Tiefsinn haben soll. Die Allegorie muß also »dechiffriert« werden; dazu muß man den Code kennen.

Diese terminologische Differenzierung ist zwar im Hebräischen nicht möglich (jede Bildrede heißt da maschal), aber sie ist der Sache nach dem Stoff angemessen. Leider ist es üblich, in allen Fällen von »Gleichnissen« zu sprechen.

Literatur: E. Linnemann: Gleichnisse Jesu, 4. Aufl., 1966, 13ff. – *A. Jülicher:* Die Gleichnisreden Jesu, 2. Aufl., 1910.

- Folgende Gleichnisse enthält das Markusevangelium:

Bildhälfte	Stelle	Sachhälfte
Gleichnis von der Aussaat	4,3–9	?
Gleichnis von der Lampe	4,21 f.	?
Gleichnis von der selbstwachsenden Saat	4,26–29	Reich Gottes
Gleichnis vom Senfkorn	4,30–32	Reich Gottes
Gleichnis von den Weingärtnern	12,1–9	Reich Gottes

[Randnotizen: Bildwort / Allegorie]

- Folgende Gattungen sind anzugeben:
  Ein *Bildwort* ist das »Gleichnis« von der Lampe 4,21 f.; echte *Gleichnisse* sind die Gleichnisse von der Aussaat 4,3–9, von der selbstwachsenden Saat 4,26–29 und vom Senfkorn 4,30–32.
  Eine *Allegorie* ist das »Gleichnis« von den Weingärtnern 12,1–9 in seiner jetzigen Gestalt (Kümmel, Blank), die vielleicht auf ein ursprüngliches Gleichnis zurückgeht (Hengel).

Literatur: W. G. Kümmel: Das Gleichnis von den bösen Weingärtnern (Mk 12,1–9), in: *Ders.:* Heilsgeschehen und Geschichte, 1965, 207ff. – *J. Blank:* Die Sendung des Sohnes. Zur christologischen Bedeutung des Gleichnisses von den bösen Winzern, in: Neues Testament und Kirche (FS R. Schnackenburg), 1974, 11ff. – *M. Hengel:* Das Gleichnis von den Weingärtnern Mk 12,1–12 im Lichte der Zenonpapyri und der rabbinischen Gleichnisse, ZNW 59, 1968, 1ff.

- Eine Deutung findet sich beim Gleichnis von der Aussaat: Mk 4,13–20. Während das Gleichnis selbst den springenden Punkt im Kontrast zwischen der verlustreichen Aussaat und dem riesigen Ertrag hat, sieht die Ausdeutung davon ab und unterlegt jedem Einzelzug des Gleichnisses eine andere Bedeutung.
  Same = Wort
  unterschiedlicher Boden = unterschiedliche Hörer
  Vögel = Satan usw.
  Aus dem Gleichnis wird so eine Allegorie! Dabei geht die Umdeutung nicht ganz glatt; ab Vers 16 werden die Hörer als die »Gesäten« bezeichnet.

Literatur: J. Jeremias: Die Gleichnisse Jesu, 8. Aufl., 1970, 75ff.

- Nach dem Gleichnis von der Aussaat fragen die Jünger nach dem Sinn der Gleichnisrede Jesu (4,10–12). Jesus antwortet mit der sog. »Parabeltheorie«: den Jüngern sind die Geheimnisse des Gottesreiches gegeben, denen »draußen« werden Gleichnisse erzählt, damit sie nicht verstehen und nicht zur Umkehr kommen, wobei auf Jes 6,9f. angespielt wird.

Problemanzeige: Es ist weithin anerkannt, daß Jesus seine Gleichnisse nicht als verschlüsselte Rede mit dem Ziel der Verstockung der Hörer erzählt hat. Muß man daher Mk 4,10–12 als urchristliche Bildung ansehen (wofür auch sprachliche Indizien anzuführen sind, G. Haufe) oder kann man durch Rückgriff auf das Aramäische ein Jesuswort rekonstruieren (J. Jeremias)?

Literatur: *G. Haufe:* Erwägungen zum Ursprung der sogenannten Parabeltheorie des Markus, EvTh 32, 1972, 413ff. – *J. Jeremias:* Die Gleichnisse Jesu, 8. Aufl., 1970, 9ff.

---

6. Mk zeigt Jesus oft in Streit- und Schulgesprächen mit jüdischen Gruppen

Welche Gegner treten auf?
Welche Themen werden mit ihnen verhandelt?
Was ist für die literarische Gestalt der Streit- und Schulgespräche charakteristisch?

- Als *Gegner* treten auf:
  Pharisäer: 2,16.24; 7,1; 10,2 u.ö.)
  Schriftgelehrte: (2,6; 3,22; 7,1; 12,28)
  Sadduzäer: (12,18).
- Folgende *Themen* werden verhandelt:
  1. Sündenvergebung 2,1–12
  2. Kultische Reinheit 2,15–17; 7,1–23
  3. Fasten 2,18–22
  4. Sabbat 2,23–28; 3,1–6
  5. Ehescheidung 10,2–12
  6. Vollmacht Jesu 11,27–33
  7. Steuerfrage 12,13–17
  8. Auferstehung 12,18–27
  9. Oberstes Gebot 12,28–34
  10. Davidssohnschaft des Messias 12,35–37.
- Die *literarische Form* ist durch äußerste Knappheit in den szenischen Angaben und durch das Fehlen einer Charakteristik der Gegner gekennzeichnet; oft wird auch die Reaktion der Gegner nicht berichtet. Alles ist auf das Wort Jesu ausgerichtet; daher ist die Gattungsbezeichnung Apophthegma angemessen.

7. Stellen Sie Worte Jesu über sein Leiden, Sterben und Auferstehen zusammen

In der 2. Hälfte des Mk-Evangeliums finden wir drei Worte, in denen Jesus sein Leiden und die Auferstehung nach drei Tagen ankündigt:
8,31; 9,31; 10,33–34.

8,31 ist charakterisiert durch den Hinweis auf das göttliche »Muß« (δεῖ) des Leidens: das »heilsgeschichtlichkausale« Deuteschema des Weges Jesu.

9,31 ist charakterisiert durch das Wortspiel »Menschensohn – Menschen« und das passivum divinum »der Menschensohn wird dahingegeben« – Gott selbst ist der Dahingebende.

10,33–34 stellt ein Summarium der Passionsgeschichte dar: die Hohenpriester und Schriftgelehrten
1. werden den Menschensohn zum Tod verurteilen
2. und den Heiden ausliefern
3. und sie werden ihn verspotten
4. und ihn anspeien
5. und ihn geißeln
6. und ihn töten

Problemanzeige: Umstritten ist, ob Mk 8,31 die älteste Fassung ist (G. Strecker) ode 9,31 (F. Hahn); für Mk 10,33–34 wird Bildung durch den Evangelisten erwogen (H Patsch).

Literatur: Ferd. Hahn: Christologische Hoheitstitel, 4. Aufl., 1974, 47ff. – *G. Strecker:* Die Leidens- und Auferstehungsvoraussagen im Markusevangelium, ZThK 64, 1967, 16ff. – *H. Patsch:* Abendmahl und historischer Jesus, 1972, 186. – *J. Roloff:* Anfänge der soteriologischen Deutung des Todes Jesu (Mk X.45 und Lk XXII.27), NTS 19. 1972/73, 38ff.

8. Die Wunder Jesu im Markusevangelium

Stellen Sie die Texte zusammen
Vergleichen Sie den Aufbau der Wundergeschichten.
Welche Züge treten stereotyp auf, wo zeigen sich Abweichungen?
Wo finden sich zusammenfassende Berichte (»Summarien«) über Jesu Wundertätigkeit?
Wie werden die Wunder Jesu theologisch qualifiziert?

- 1,21–28: Heilung des Besessenen in der Synagoge zu Kapernaum
1,29–31: Heilung der Schwiegermutter des Petrus
1,40–45: Heilung des Aussätzigen
2,1–12: Heilung des Gelähmten
3,1–6: Heilung der verdorrten Hand am Sabbat
4,35–41: Stillung des Sturmes
5,1–20: Heilung des Besessenen von Gerasa
5,21–24.35–43: Auferweckung der Tochter des Jairus
5,25–34: Heilung der blutflüssigen Frau
6,32–44: Speisung der Fünftausend

6,45–52: Jesus wandelt auf dem See
7,34–30: Die Syrophönizierin
7,31–37: Heilung eines Taubstummen
8,1–9: Speisung der Viertausend
8,22–26: Heilung eines Blinden vor Bethsaida
9,14–29: Heilung eines besessenen Knaben
10,46–52: Heilung des blinden Bartimäus.

●● Weitgehend entsprechen die Wundergeschichten einem auch außerhalb des Neuen Testaments zu beobachtenden Schema:
Angabe der Notlage
Bitte um Hilfe
Hilfeleistung (Wort, Geste)
Konstatierung des Erfolges
Demonstration.

Die Dämonenaustreibungen (Exorzismen) folgen einem erweiterten Schema:
Begegnung des Exorzisten mit dem Dämon
Abwehr des Dämons
Drohung des Exorzisten
Schweigegebot des Exorzisten
Ausfahrbefehl an den Dämon (Apopompe)
Ausfahrt des Dämons
Staunen der Menge/Chorschluß.

> *Literatur: R. Bultmann:* Die Geschichte der synoptischen Tradition, 8. Aufl., 1970, 233ff. –
> *R. Pesch:* Jesu ureigene Taten? 1970. – *K. Kertelge:* Die Wunder Jesu im Markusevangelium,
> 1970, 40ff.

●● In mehreren Wundergeschichten findet sich das Motiv des Glaubens (2,5; 5,34.36; 6,50; 7,29; 9,23; 10,49).

Problemanzeige: Handelt es sich bei dem »Ineinander von Wunder und Glaubensangebot (um) einen für das Erdenwirken Jesu charakteristischen Zug« (Roloff) oder ist es teilweise den Erzählungen zugewachsen (L. Schenke)?

> *Literatur: J. Roloff,* Das Kerygma und der irdische Jesus, 2. Aufl., 1973 – *L. Schenke,* Die
> Wundererzählungen des Markusevangeliums, 1974.

●● Ganz aus dem Schema brechen zwei Erzählungen aus:
1. Die Heilung des Gichtbrüchigen 2,1–12 verbindet eine Wundergeschichte mit einem Streitgespräch über Sündenvergebung.
2. Die Heilung des besessenen Knaben 9,14–29 zeigt keinen klaren Aufbau: Das

Volk ist Vers 14 bereits anwesend, kommt aber V 25 neu hinzu; die Krankheitsge-
schichte wird Vers 18 und Vers 21f. erzählt, der Besessene wird Vers 17 und Vers 20
herbeigebracht; die Jünger spielen Vers 14–19 und Vers 28f. eine Rolle, werden aber
im Mittelteil der Erzählung Vers 20–27 nicht erwähnt. Sind hier zwei ursprünglich
selbständige Geschichten ineinandergefügt worden (Bultmann) oder ist die Geschichte in einem längeren Traditionsprozeß erweitert worden (Roloff, Kertelge)?

Literatur: I. Maisch: Die Heilung des Gelähmten, 1971. – *R. Bultmann:* (siehe zu 8.2.1),
225f. – *J. Roloff:* (siehe zu 8.2.2), 143 ff. – *K. Kertelge:* (siehe zu 8.2.1), 174 ff.

• Zusammenfassende Berichte über das Wunderwirken Jesu finden sich wiederholt
bei Mk:

1,32–34.39.45
3,7–12
6,53–56.

Diese Summarien enthalten drei feste Strukturelemente:
• Angabe über das Kommen Jesu in eine bestimmte Ortschaft
• Schilderung des Zusammenströmens der Volksmenge
• Beschreibung des Wirkens Jesu.

Wie W. Egger herausgestellt hat, gibt es Summarien mit unterschiedlicher Funktion
bei Mk:
• Zusammenfassung des Kommens und der Verkündigung Jesu: 1,14f.21f.32–
34.39.45
• Einführung der Geheimnistheorie: 3,7–12; 4,1f.
• Jesus als Lehrer und Arzt: 6,30–34.53–56
• Lehrsummarien: 2,13; 6,6b; 10,1.

Nach dem Vorgang anderer hat W. Egger aufgezeigt, daß diese Summarien mit
Ausnahme von 1.32–34 und 6,53–56 von Markus selbst gebildet wurden, wobei der
Evangelist mit einer Art »Mosaiksteintechnik« Motive aus überlieferten Einzelperi-
kopen zusammengefügt hat.

Literatur: W. Egger: Frohbotschaft und Lehre. Die Sammelberichte des Wirkens Jesu im
Markusevangelium, 1976.

• Zur theologischen Qualifizierung der Wunder Jesu ist auf drei Texte zu verweisen:
•• Das Streitgespräch 3,22–30 (»Im Bunde mit dem Teufel?«) nimmt seinen Ausgang
vom Vorwurf Jerusalemer Schriftgelehrter, Jesus vollbringe seine Dämonenaustreibungen mit Hilfe des »Fürsten der Dämonen«. Jesus widerlegt diesen Vorwurf als
unsinnig durch die Bildworte vom Königreich und Haus, die nicht Bestand haben,
wenn sie wider sich entzweit sind (Vers 24f.). Er ist der Stärkere, der den Starken
(= Satan) bindet und sein Haus ausraubt (Vers 27). Im Hintergrund dieses Jesuswor-
tes stehen prophetische Verheißungen (Jes 49,25; 53,12); so werden also die Dämo-

nenaustreibungen Jesu als Erfüllung endzeitlicher Erwartungen qualifiziert. Weiterhin wird der Vorwurf, Jesus habe einen unreinen Geist als Lästerung des heiligen Geistes bezeichnet (Vers 28–30); d. h. in Jesu Auftreten manifestiert sich Gottes Geist.

•• Im Anschluß an die Heilung des Taubstummen (7.31–37) preist die Menge Jesus mit den Worten: »Er hat alles gut gemacht! Und die Tauben macht er hören und die Stummen reden« (Vers 37). Hier sind Anspielungen an Gen 1.31 und Jes 35,5f. (»Dann werden die Augen der Blinden geöffnet werden und die Ohren der Tauben werden hören ... und die Sprache der Sprechbehinderten wird deutlich sein«) nicht zu verkennen. Jesus erfüllt diese Verheißung.

•• Das Gespräch über den »Sauerteig der Pharisäer« (8,14–21) macht den Jüngern den Vorwurf, sie hätten noch kein Verstehen trotz der beiden Speisungswunder. Das heißt die Wunder haben eine positive, zu Jesus hinführende Funktion.

Literatur: J. Roloff: Das Kerygma und der irdische Jesus, 2. Aufl., 1973, 246ff.

---

9. Analysieren Sie die Rede über die Endereignisse

Die sog. »synoptische Apokalypse« Mk 13 umfaßt folgende Stücke:
13,5–8: Warnung vor pseudomessianischen Verführern; Krieg, Erdbeben und Hungersnot als »Anfang der messianischen Wehen«.
9–13: Verfolgung der Jünger
13,10: Verkündigung des Evangeliums bei allen Völkern.
14–20: Ein Ereignis am Tempel (»Greuel der Verwüstung«) als Signal zur Flucht aus Judäa.
21–23: Warnung vor Pseudomessiassen und Pseudopropheten.
24–27: Kosmische Katastrophen leiten das Kommen des Menschensohnes zum Gericht und zur Sammlung seiner Auserwählten ein.
28–32: Das Gleichnis vom Feigenbaum lehrt die Nähe der Endereignisse; der Termin ist unbestimmt, nur der Vater kennt ihn, nicht aber »der Sohn« oder die Engel.
33–37: Mahnung zur Wachsamkeit.

Problemanzeige: Ist diese Rede ein weitgehend markinischer Entwurf (Marxsen) oder hat der Evangelist eine Vorlage verarbeitet (so meist)?
Ist diese Vorlage als jüdisches Flugblatt gegen eine von Caligula geplante Entweihung des Tempels zu bestimmen (Hölscher; Pesch 1968) oder als christliches Flugblatt, das angesichts des jüdischen Krieges zur Flucht aus Jerusalem auffordert (Schoeps; Hahn; Pesch 1977) oder fehlt ein zeitgeschichtlicher Bezug (Harder)?

Literatur: W. Marxsen: Der Evangelist Markus. Studien zur Redaktionsgeschichte des Evangeliums, 2. Aufl., 1959, 102ff. – *G. Hölscher:* Der Ursprung der Apokalypse Mrk 13, in: ThBl 12, 1933, 193ff. – *H.-J. Schoeps:* Ebionitische Apokalyptik im Neuen Testament, in: ZNW 51, 1960, 101ff. – *R. Pesch:* Naherwartungen. Tradition und Redaktion in Mk 13, 1968 – *R. Pesch:* Das Markusevangelium II, 1977, 264ff. – *Ferd. Hahn:* Die Rede von der Parusie des Menschensohnes Markus 13, in: Jesus und der Menschensohn (Festschrift für A. Vögtle) 1975, 240ff. – *G. Harder:* Das eschatologische Geschichtsbild der sog. kleinen Apokalypse Mk 13, in: TheolViat 9, 1963, 70ff.

10. Die Jünger Jesu bei Mk

1. In welchen Zusammenhängen treten Jünger auf?
2. Welche Aufgabe haben die Jünger?
3. Welche Weisungen gelten für die Aussendung der Jünger?
4. Wo spricht Mk vom Unverständnis der Jünger?
5. Wo treten Frauen als Jüngerinnen auf?

● In 3,13–19 wird die Auswahl von 12 Jüngern erzählt. Von diesen Zwölfen spielen Simon, Petrus, Jakobus, Johannes, Andreas und Judas eine gewisse Rolle.

●● Von den Brüderpaaren Simon/Andreas und Johannes/Jakobus (den Söhnen des Zebedäus) wird die Berufung in die Nachfolge erzählt (1,16–20). Sie waren von Beruf Fischer; Jesus macht sie zu »Menschenfischern«.

●● Petrus spielt die größte Rolle. Simon war verheiratet (1,29; vgl. 1 Kor 9!); Jesus legt ihm den Namen »Petrus« bei, der nicht erklärt wird. Er tritt gelegentlich als Sprecher der Jünger auf (1,36; 8,29; 10,28), wird wegen seiner Unverständigkeit gegenüber der ersten Leidensankündigung Jesu scharf getadelt (8,33). Jesus sagt auf dem Weg zum Ölberg die Verleugnung des Petrus voraus (14,30), die ausführlich berichtet wird (14,66–72); den Frauen am leeren Grab Jesu wird eine Botschaft an »die Jünger und Petrus« aufgetragen (16,7).

●● Die Zebedaiden gehören zusammen mit Petrus zu einem »engeren Jüngerkreis«, der bei der Auferweckung des Töchterleins des Jairus, der Verklärung und dem Gebet Jesu in Getsemane anwesend sein darf; bei der Belehrung über die Endereignisse (Mk 13,3) wird noch Andreas diesem engeren Jüngerkreis beigestellt. Die Zebedaiden erhalten 3,17 den Beinamen Boanerges – Donnersöhne. Sie treten nach 10,35ff. mit der Bitte um Ehrenplätze im Himmelreich an Jesus heran. Jesus weist sie ab und sagt ihnen einen gleichen Tod voraus, wie er ihn erdulden muß (»Den Becher, den ich trinke, werdet ihr trinken, und mit der Taufe, mit der ich getauft werde, werdet ihr getauft werden« 10,39).

● Ein durchgehender Zug des Mk-Evangeliums ist die Betonung des Unverständnisses der Jünger.

●● In 4,10 fragen die Jünger nach dem Sinn der Gleichnisse. Jesus löst ihnen 4,13ff.

das Gleichnis vom vierfachen Ackerfeld auf, wie er überhaupt den Jüngern privatim alles auflöste (4,34).

●● Nach der Speisung der Fünftausend und dem Seewandeln Jesu heißt es, die Jünger seien außer sich gewesen, »denn sie waren aufgrund der Brote nicht verständig geworden, sondern ihr Herz war verhärtet (6,52).

●● Auch Jesu Rätselwort über die Reinheit (7,15) begreifen die Jünger nicht (7,17), so daß Jesus sie rügt und es ihnen erklärt (7,18ff.).

●● Das Gespräch zwischen Jesus und den Jüngern über die beiden Speisungswunder zeigt schließlich eine äußerste Zuspitzung des Jüngerunverständnisses (8,14–21): Sie haben noch kein Verständnis, weil ihr Herz verhärtet ist, ihre Augen nicht sehen und ihre Ohren nicht hören – ein Tadel, der an die Charakterisierung »derer draußen« in 4,11f. erinnert!

●● Das Unverständnis setzt sich fort gegenüber den Leidensankündigungen: 8,32f.; 9,32; (vgl. auch 9,10).

●● Im Grunde ist auch die Haltung der Jünger in der Passionsgeschichte (14,38.50) in diesem Zusammenhang zu sehen bis hin zur Flucht und Furcht bei der Osterbotschaft (16,8).

● Mk 15,40f. ist die Rede von Frauen, die Jesus »nachgefolgt waren und gedient hatten, als er in Galiläa war«; andere Frauen werden 15,47 und 16,1 genannt.

Problemanzeige: Während die Mehrheit der Forscher mit der Existenz eines vorösterlichen Zwölferkreises rechnet (z. B. B. Rigaux; J. Roloff), gibt es auch kritische Stimmen, die die Zwölf-Apostel-Vorstellung der nachösterlichen Gemeinde zuweisen (so mit unterschiedlichen Erklärungen G. Klein und W. Schmithals).

Davon zu unterscheiden ist die redaktionsgeschichtliche Fragestellung nach der Bedeutung der Zwölf für die markinische Konzeption (dazu: Kertelge; Schmahl; Stock und die zu Frage 12 genannte Literatur).

Besondere Aufmerksamkeit verdient die bei Markus mehr beiläufige Erwähnung von Frauen im Gefolge Jesu (dazu Hengel).

Literatur: B. Rigaux: Die »Zwölf« in Geschichte und Kerygma (1961), jetzt in: *K. Kertelge (Hg.):* Das kirchliche Amt im Neuen Testament, 1977, 279ff. – *J. Roloff:* Apostolat-Verkündigung-Kirche. Ursprung, Inhalt und Funktion des kirchlichen Apostelamtes nach Paulus, Lukas und den Pastoralbriefen, 1965, 138ff. – *G. Klein:* Die zwölf Apostel. Ursprung und Gehalt einer Idee, 1961. – *W. Schmithals:* Das kirchliche Apostelamt. Eine historische Untersuchung, 1961. – *K. Kertelge:* Die Funktion der »Zwölf« im Markusevangelium, in: TThZ 78, 1969, 193ff. – *G. Schmahl:* Die Zwölf im Markusevangelium, 1974. – *K. Stock:* Boten aus dem Mit-Ihm-Sein, 1975. – *M. Hengel:* Maria Magdalena und die Frauen als Zeugen, in: Abraham unser Vater (FS O. Michel), 1963, 243ff.

11. Welche Anweisungen gibt Jesus für die Jüngerschaft?

Jeweils im Anschluß an die drei Leidensankündigungen bringt Mk Anweisungen für die Nachfolge:

- 8,34–38: Man muß »sein Kreuz auf sich nehmen«, d. h. zum Tode bereit sein und die Selbstbehauptung aufgeben (»Wer sein Leben gewinnen will, wird es verlieren ...«)
- 10,23ff.: Besitzlosigkeit ist gefordert, sie wird schon in diesem Leben und dann in der künftigen Welt mit der Fülle wahren Lebens belohnt.
- 10,42ff.: Nachfolge besteht im Dienen: »Wer immer unter euch groß werden möchte, der soll euer Diener sein, und wer immer der Erste unter euch sein möchte, der soll aller Sklave sein« (10,43f.)

> *Literatur: E. Schweizer:* Erniedrigung und Erhöhung bei Jesus und seinen Nachfolgern, 2. Aufl., 1962, 15ff.

12. Jesus gebietet nach Mk öfters, über bestimmte Sachverhalte zu schweigen: Nennen Sie Beispiele

- Jesus gebietet den Dämonen Schweigen über seine Gottessohnschaft: 1,24f.; 1,34; 3,11f.; 5,7.
- Jesus verbietet Geheilten, über die Heilung zu sprechen: 1,44; 5,43; 7,36;
- Jesus gebietet den Jüngern Schweigen über das Geheimnis seines Weges und seiner Person: 8,30; 9,9; 30f.

Problemanzeige: W. Wrede hat die Schweigegebote zusammen mit dem Jüngerunverständnis (vgl. 10.4) und der »Parabeltheorie« (vgl. 5.5) unter dem Oberbegriff »Messiasgeheimnis« zusammengefaßt. Damit habe die Urgemeinde ihren nachösterlichen Glauben an die Messianität Jesu in die unmessianische Überlieferung eingetragen.

Seit R. Bultmann wurde der Evangelist Markus als Urheber des Messiasgeheimnisses betrachtet (vgl. G. Strecker). Neuere Forschungen (U. Luz; J. Roloff) haben zunächst gezeigt, daß die Schweigegebote an Geheilte, an Dämonen und an die Jünger unterschiedliche Herkunft und unterschiedliche Funktion haben.

Die weitestgehende Destruktion der Messiasgeheimnistheorie unternimmt jetzt R. Pesch: Er sieht die Schweigegebote fast ausschließlich als traditionell an und trennt Parabeltheorie und Jüngerunverständnis streng davon.

> *Literatur: W Wrede:* Das Messiasgeheimnis in den Evangelien, 1901 (= 4. Aufl., 1969). – *R. Bultmann:* Die Geschichte der synoptischen Tradition (siehe oben zu 8.2),30ff. – *G. Strekker:* Zur Messiasgeheimnistheorie im Markusevangelium, in: Studia Evangelica III, 1964, 87ff. – *U. Luz:* Das Geheimnismotiv und die markinische Christologie, in: ZNW 56, 1965, 9ff. – *J. Roloff:* Das Markusevangelium als Geschichtsdarstellung, in: EvTh 27, 1969, 73ff., bes. 84ff. – *R. Pesch:* Das Markusevangelium II, 1977, 36ff.

13. Welche Hoheitstitel für Jesus werden im Markusevangelium verwendet?

Gottessohn (1,11; 3,11; 5,7; 9,7; 14,61f.; 15,39)
Menschensohn (2,10.28; 8,31.38; 9,9.12.31; 10,33.45; 14,21.41.62)
Davidssohn (10,47f.; 12,35–37)
Christus (8,29; 9,41)
Herr (7,28; 11,3; 12,37)
Heiliger Gottes (1,24)
der Sohn (13,32)

14. Welche Bedeutung hat der Titel Gottessohn für Mk?

Bei der Taufe Jesu (»Du bist mein geliebter Sohn ...« 1,11) und bei der Verklärung (»Dies ist mein lieber Sohn ...« 9,7) spricht Gott selbst die Gottessohnschaft aus; nach 3,11 und 5,7 wissen die Dämonen um die Gottessohnschaft und Jesus verbietet ihnen, dies auszusprechen.

Vor dem Hohen Rat bejaht Jesus die Frage des Hohenpriesters, ob er der Messias, der Sohn des Hochgelobten, sei (14,62). Der heidnische Hauptmann unter dem Kreuz spricht als erster Mensch aus: »Wahrlich, dieser Mensch war Gottes Sohn« (15,39).

»Anfang (1,11), Mitte (9,7) und Ende (14,61f.; 15,39) des Evangeliums sind durch die Gottessohnaussagen ausgezeichnet, und zwar in planmäßiger Steigerung: die Offenbarung am Jordan gilt Jesus allein, die auf dem Verklärungsberg den drei vertrauten Jüngern, nach Jesu Selbstbekenntnis vor dem Hohen Rat, nach seinem Tod spricht der heidnische Hauptmann (als Vorbild der Gläubigen) das Bekenntnis aus ... Von Markus wird überdies die Bindung der Gottessohnschaft Jesu an sein Leiden stark hervorgehoben (9,2–13; 12,1–12; 14,36).« (R. Pesch: Das Markusevangelium I, 97).

15. In welchen Zusammenhängen wird im Mk-Evangelium der Menschensohntitel gebraucht?

Die Bezeichnung Menschensohn findet sich nur im Munde Jesu, nie als Anrede von anderen!

Drei Themenkreise lassen sich unterscheiden:
- Worte vom gegenwärtig wirkenden Menschensohn: 2,10.28; 10,45
- Worte vom leidenden, sterbenden und auferstehenden Menschensohn: 8,31; 9,31; 10,33f.; 9,9.12; 14,21.41
- Worte vom kommenden Menschensohn: 8,38; 13,26f.; 14,62.

Problemanzeige: Die Authentizität der Menschensohnworte ist stark umstritten. Ph. Vielhauer wollte alle als Gemeindebildungen verstehen, während H. E. Tödt nur

Mk 8,38 »mit Wahrscheinlichkeit« auf Jesus zurückführte (wobei er betonte, daß Jesus und der Menschensohn nicht identisch sind), während E. Schweizer für Echtheit der den Irdischen bezeichnenden Worte plädierte (vgl. jetzt auch K. Müller); neuerdings argumentiert R. Pesch für die Echtheit von 9,31 und 14,62.

Literatur: H. E. Tödt: Der Menschensohn in der synoptischen Überlieferung, 3. Aufl., 1969. – *E. Schweizer:* Der Menschensohn, in: *ders.:* Neotestamentica, 1963, 56ff. – *Ph. Vielhauer:* Gottesreich und Menschensohn in der Verkündigung Jesu, in: *ders.:* Gesammelte Aufsätze, 1965, 92ff. – *R. Pesch:* Die Passion des Menschensohnes: Eine Studie zu den Menschensohnworten der vormarkinischen Passionsgeschichte, in: Jesus und der Menschensohn (FS A. Vögtle), 1975, 166ff. – *K. Müller:* Menschensohn und Messias. Religionsgeschichtliche Vorüberlegungen zum Menschensohnproblem in den synoptischen Evangelien, in: BZ N.F. 16, 1972, 161ff.; 17,1973, 161ff.

---

16. Wie gebraucht Mk den Titel »Christus« = Messias?

● Das »Petrusbekenntnis« 8,29: »Du bist der Christus«; Jesus antwortet mit einem Schweigegebot.

● In 9,41 findet sich die Christusbezeichnung beiläufig im Munde Jesu.

● 12,35–37 wird die Davidssohnschaft des Messias erörtert.

● Die Frage des Hohenpriesters: »Bist du der Messias, der Sohn des Hochgelobten?« wird von Jesus bejaht (14,61f.); die Hohenpriester und Schriftgelehrten verspotten diesen Anspruch unter dem Kreuz (15,32).

● Auffällig ist, daß sowohl auf das Petrusbekenntnis (8,31) als auch auf die Frage des Hohenpriesters (14,62) ein Menschensohnwort folgt; soll damit die politisch – nationale Färbung des Christustitels korrigiert werden?

Literatur: Ferd. Hahn: Christologische Hoheitstitel, 4. Aufl., 1974, 226ff. – *R. Pesch:* Das Messiasbekenntnis des Petrus, BZ N.F. 17, 1973, 178ff.; 18, 1974, 20ff.

---

17. Skizzieren Sie den Ablauf der Passionsgeschichte (Mk 14/15)

14,1f.: Die Hohenpriester und Schriftgelehrten wollen Jesus vor dem Passafest mit List gefangennehmen.

3–9: Jesus wird in Bethanien von einer Frau gesalbt; er erklärt dies als Vorwegnahme seiner Todessalbung.

10f.: Judas bietet den Hohenpriestern an, Jesus zu verraten.

12–16: Die Jünger finden auf wunderbare Weise ein Gemach in Jerusalem und bereiten das Passamahl vor.

17–21: Während der Mahlzeit bezeichnet Jesus den Verräter.

22–25: Einsetzung des Herrenmahles.

26–31: Gang zum Ölberg, währenddessen Jesus das Ärgernisnehmen aller Jünger und die Verleugnung des Petrus ankündigt.

32–42: Jesu Gebetskampf in Gethsemane, währenddessen die Jünger schlafen.

43–51: Gefangennahme Jesu, Flucht aller Jünger.

53–65: Jesus wird vor dem Hohen Rat verhört, bekennt sich als Messias und Menschensohn und wird wegen Gotteslästerung verurteilt, dann verspottet.

66–72: Petrus verleugnet Jesus dreimal.

15,1–5: Jesus wird an Pilatus übergeben und bejaht die Frage, ob er König der Juden sei.

6–14: Pilatus möchte Jesus amnestieren, aber das Volk wählt, aufgewiegelt durch die Hohenpriester, den Mörder Barabbas.

15–20a: Jesus wird zur Kreuzigung verurteilt, gegeißelt und verspottet.

20b–27: Jesus wird nach Golgatha geführt; Simon von Kyrene muß sein Kreuz tragen; zusammen mit zwei Aufständischen wird Jesus gekreuzigt.

27–32: Der Gekreuzigte wird gelästert.

33–39: Nach einer Sonnenfinsternis von der 6.–9. Stunde schreit Jesus »Mein Gott, mein Gott, warum hast du mich verlassen«; die Umstehenden mißverstehen das als Ruf nach Elia. Jesus stirbt mit einem wortlosen Schrei. Der Tempelvorhang zerreißt im gleichen Augenblick. Der heidnische Hauptmann erkennt, daß Jesus Gottes Sohn war.

40f.: Als Zeugen des Geschehens werden mehrere Frauen genannt, die Jesus schon in Galiläa nachgefolgt waren.

42–47: Das Begräbnis Jesu durch den Ratsherrn Joseph von Arimathia; Pilatus wundert sich, daß Jesus schon tot sein soll und vergewissert sich dessen.

Problemanzeige: Aus der Vielzahl historischer und exegetischer Fragen, über die man sich in einer zusammenfassenden Darstellung informieren sollte (E. Lohse; G. Schneider), seien genannt:

● Die Frage nach der Entstehung der Markuspassion: Ist sie aus einem »Kurzbericht«, der bei der Verhaftung Jesu einsetzte, durch Auffüllung entstanden (bei unterschiedlicher Bestimmung von Traditionsschichten und Redaktion: W. Schenk; L. Schenke; D. Dormeyer) oder reichte die vormarkinische Passionsgeschichte von 8,27–16,8 (R. Pesch, unter Annahme gewisser Einschübe in diesem Komplex)?

● Stark umstritten ist sodann die Historizität des Prozesses vor dem Synhedrium (pro: z. B. J. Blinzler, D. Catchpole; contra: z. B. P. Winter).

● Hat die Verleugnung des Petrus stattgefunden (R. Pesch) oder ist die Erzählung aus dem nachösterlichen Werdegang des Apostels herausgesponnen (G. Klein)?

Literatur: E. Lohse: Die Geschichte des Leidens und Sterbens Jesu Christi, 2. Aufl., 1967. –
G. Schneider: Die Passion Jesu nach den älteren drei Evangelien, 1973. – *W. Schenk:* Der
Passionsbericht nach Markus, 1974. – *L. Schenke:* Der gekreuzigte Christus, 1974. –

D. Dormeyer: Die Passion Jesu als Verhaltensmodell, 1974. – *R. Pesch:* Das Markusevangelium II, 1977, 1ff.; 446ff. – *J. Blinzler:* Der Prozeß Jesu, 4. Aufl., 1969. – *D. R. Catchpole:* The Problem of the Historicity of the Sanhedrin Trial, in: *E. Bammel (ed.):* The Trial of Jesus, Cambridge Studies in honour of C. F. D. Moule, 2nd edition, 1971, 47ff. – *P. Winter:* On the Trial of Jesus, 2nd edition, 1974. – *G. Klein:* Die Verleugnung des Petrus (1961), jetzt in: *ders.:* Rekonstruktion und Interpretation, 1969, 49ff.

18. Welche Züge sind für den Abendmahlsbericht wesentlich?

● Nach den Rahmentexten Mk 14,12–16 und 14,26 handelt es sich um ein Passamahl.
● Im Mahlbericht selbst 14,20–25 kommen keine direkten Bezüge auf das Passa vor, insbesondere fehlen Hinweise auf Passalamm, Mazzen, Bitterkräuter.
● Der Mahlbericht enthält 4 konstitutive Elemente:
1. Einleitung
2. Wort über das Brot
3. Wort über den Kelch
4. Eschatologischer Ausblick

Literatur: J. Jeremias: Die Abendmahlsworte Jesu, 4. Aufl., 1967. – *Ferd. Hahn:* Die alttestamentlichen Motive in der urchristlichen Abendmahlsüberlieferung, EvTh 27, 1967, 337ff.

19. Welche Motive sind für die markinische Ostergeschichte wichtig?

● Am Ostermorgen finden drei Frauen das leere Grab.
● Der Vorgang der Auferstehung Jesu wird in keiner Weise beschrieben.
Ein Engel deutet das leere Grab: Jesus von Nazareth wurde auferweckt.
● Die »Jünger und Petrus« sollen nach Galiläa gehen, dort werden sie Jesus sehen (16,7).
● Die Frauen werden von Schrecken und Entsetzen gepackt und sagen niemandem etwas.

Literatur: I. Broer: Zur heutigen Diskussion der Grabesgeschichte, in: BiLe 10, 1969, 40ff. – *U. Wilckens:* Auferstehung, 1970, 43ff. – *J. E. Alsup:* The Post-Resurrection Appearance Stories of the Gospel Tradition, 1975, 86ff.

20. Stellen Sie anhand der griechischen Textausgabe die unterschiedlichen Fassungen des Markusschlusses zusammen

● Das Mk-Evangelium endet mit 16,8 (Vaticanus, Sinaiticus).

● Auf Mk 16,8 folgt der sog. »kürzere Schluß«: »Alles Aufgetragene verkündigten sie kurz den Männern um Petrus. Danach sandte Jesus selbst vom Aufgang bis zum Untergang durch sie die heilige und unvergängliche Botschaft vom ewigen Heil aus« (Codex Bobbiensis, altlatein. Hschr.).

● Auf Mk 16,8 folgt der kanonische Schluß 16,9–20, wobei aber die alten Abschreiber teilweise durch textkritische Zeichen oder Bemerkungen angegeben haben, daß Vers 9–20 nicht ursprünglich seien.

● Auf 16,8 folgt der kanonische Schluß 9–20, der aber erweitert wurde. Auf den Tadel der Jünger durch Jesus in Vers 14 folgt folgendes Textstück:
»Und jene verteidigten sich und sprachen: Dieses Weltzeitalter der Gesetzlosigkeit und des Unglaubens steht unter dem Satan, der nicht zuläßt, daß von unreinen Geistern die Wahrheit Gottes ergriffen werde. Deshalb offenbare (schon) jetzt deine Gerechtigkeit. So sagten jene zu Christus. Und der Christus entgegnete ihnen: Erfüllt ist die Grenze der Jahre der Macht Satans. Aber es naht anderes Schreckliche. Und für die Sünder wurde ich in den Tod gegeben, damit sie zur Wahrheit umkehren und nicht mehr sündigen, damit sie die im Himmel befindliche, dem Geist entstammende und unvergängliche Herrlichkeit der Gerechtigkeit erben.«
Darauf folgt der Missionsbefehl. Diese Erweiterung ist im Codex Freerianus (W) enthalten und heißt danach das *Freer-Logion*.

● Auf Mk 16,8 folgt zuerst der »kürzere Schluß« und dann der kanonische.

Problemanzeige: Hat Mk mit 16,8 geendet (Aland) oder ist der ursprüngliche Schluß verlorengegangen (z. B. Schmithals)?

Literatur: K. Aland: Der Schluß des Markusevangeliums, in: M. Sabbe (Hg.): L'Evangile selon Marc, 1974, 435ff. – *W. Schmithals:* Der Markusschluß, die Verklärungsgeschichte und die Aussendung der Zwölf, in: ZThK 69, 1972, 379ff. – *K. Haacker:* Bemerkungen zum Freer-Logion, in: ZNW 63, 1972, 125ff.

---

21. Stellen Sie mit Hilfe der Synopse fest, welche Beziehungen der kanonische Mk-Schluß zu den übrigen Evangelien hat

16,9–11: faßt Joh 20,11–18 zusammen
12–13: faßt Lk 24,13–35 zusammen
14: faßt Lk 24,36–43 zusammen
15/16: faßt Lk 24,36ff. und Mt 28,18–20 zusammen

17–18: Kompendium der Wunderberichte der Apg (Dämonenaustreibung, Zungenrede, Heilung von Kranken durch Handauflegung, unversehrtes Aufheben von
Schlangen. Nur das Gifttrinken ohne schädliche Folgen findet sich nicht in Apg,
sondern nur bei Papias (Euseb: Kirchengeschichte III 39,9f.)!

19: entspricht Lk 24.51. So kann man den kanonischen Markusschluß als die »älteste
Evangelienharmonie« bezeichnen.

3. Das Matthäusevangelium

1. Bestimmen Sie den Aufbau des Matthäusevangeliums

1. Welche topographische Gliederung ergibt sich?
2. Wie ändert Mt den Mk-Rahmen?
3. Stellen Sie mit Hilfe der Synopse fest, welche Texte Mt nur mit Lk gemeinsam hat!
4. Welche Texte finden sich nur bei Mt?

● 1–2 Vorgeschichte
3,1–4,11 Johannes der Täufer, Taufe und Versuchung Jesu
4,12–13,58 Jesu Wirken in Galiläa
14,1–20,34 Jesus auf Wanderung innerhalb und außerhalb Galiläas
21,1–28,20 Jesus in Jerusalem: Letztes Wirken, Leidens – und Auferstehungsgeschichte.
So entspricht der Aufbau im ganzen dem des Mk.

● Mt schaltet Kap 1 und 2 vor und ergänzt die Auferstehungsgeschichte durch 28,11–20.
●● Mk 1,1–20 wird in Mt 3,1–4,22 verarbeitet; der Komplex Mk 1,29–6,13 wird von Mt so aufgelöst, daß er alle Wundergeschichten im Kap 8 und 9 zusammenfaßt, die Jüngeraussendung in Kap 10 folgen läßt, die Streitgespräche größtenteils in Kap 12 zusammenstellt und die Gleichnisse in Mt 13. Ab Mt 14,1 wird die Reihenfolge des Mk ganz eng eingehalten.
●● Mt schaltet eine Fülle zusätzlicher Texte in den Mk-Rahmen ein. Besonders auffällig sind 5 große Reden Jesu:
5–7: Bergpredigt
10: Aussendungsrede
13: Gleichnisse
18: Gemeinderede
23–25: Pharisäerrede, eschatologische Rede und eschatologische Gleichnisse.
    Der Stoff dieser Reden stammt nur zum kleineren Teil aus Mk; zum größeren Teil finden sich Parallelen bei Lk; einige Stücke sind Sondergut des Mt.
    Alle 5 Redenkomplexe enden mit der fast gleichlautenden Formel: »Und es geschah, daß Jesus diese Reden vollendet hatte ...« (7,28; 11,1; 13,53; 19,1; 26,1;).

●1. Gerichtspredigt Johannes' des Täufers 3,7–12
  2. Versuchung Jesu 4,2–11
  3. 4 Seligpreisungen 5,3.4.6.11f.
  4. Das Wort von der Gültigkeit des Gesetzes 5,18
  5. Mahnung zur rechtzeitigen Versöhnung 5,25f.
  6. Vom Wiedervergelten 5,39–42

7. Von der Feindesliebe 5,44–48
8. Das Vaterunser 6,9–13
9. Vom Sorgen 6,25–33
10. Vom Richten 7,1–5
11. Von der Erhörung des Gebets 7,7–11
12. Die »goldene Regel« 7,12
13. An ihren Früchten sollt ihr sie erkennen 7,16–20
14. Vom Haus auf dem Felsen 7,24–27
15. Der Hauptmann von Kapernaum 8,5–13
16. Von der Nachfolge Jesu 8,18–22
17. Die Aussendung der Jünger 10,7–16
18. Mahnung zu furchtlosem Bekennen 10,26–33
19. Von der Sendung Jesu 10,34–36
20. Voraussetzungen und Verheißung der Nachfolge 10,37–40
21. Anfrage des Täufers und Antwort Jesu 11,2–6
22. Jesu Zeugnis über den Täufer 11,7–19
23. Weherufe über die Städte Galiläas 11,20–24
24. Lobpreis des Vaters 11,25–27
25. Im Bunde mit dem Teufel? 12,22–30
26. Das Zeichen des Jona 12,38–42
27. Vom Rückfall 12,43–45
28. Gleichnisse vom Senfkorn und Sauerteig 13,31–33
29. Gleichnis vom verlorenen Schaf 18,12–14
30. Gericht der Jünger über Israel 19,28
31. Gleichnis vom großen Abendmahl 22,1–10
32. Gegen Pharisäer und Schriftgelehrte 23,4.13.23–27.
    29–32.34–36
33. Wehklage über Jerusalem 23,37–39
34. Das Kommen des Menschensohnes 24,26–28.37–41
35. Gleichnis vom Dieb 24,43f.
36. Gleichnis vom guten und vom bösen Knecht 24,45–51
37. Gleichnis von den anvertrauten Pfunden 25,14–30.

Die Wiedergabe dieser Texte bei Mt und Lk stimmt in der Reihenfolge und im Wortlaut teilweise sehr eng überein; daher nimmt man meist an, sie stammten aus einer schriftlichen Quelle, die nach ihrem hauptsächlichen Inhalt Redequelle (Logienquelle, Q) genannt wird. Zu Q gehörten außer den oben angeführten Texten auch noch mehrere kleine Einzelsprüche.

• Das sog. *Sondergut* des Mt umfaßt folgende Texte:
•• *Die »Vorgeschichte«:*
Kap 1: (Stammbaum Jesu, Erzählung von der jungfräulichen Geburt; Kap 2: Die

Magier aus dem Osten, die Gefährdung des Jesuskindes durch Herodes, Flucht nach Ägypten und Rückkehr nach Nazareth).

•• *Gleichnisse*

—13,24–30.36–43 Gleichnis vom Unkraut unter dem Weizen und seine allegorische Auslegung

—13,44–50 Gleichnisse vom Schatz im Acker, von der Perle und vom Fischnetz

—13,51f. Gleichnis vom Hausvater

—18,23–35 Gleichnis vom Schalksknecht

—20,1–16: Gleichnis von den Arbeitern im Weinberg

—21,28–32: Gleichnis von den beiden Söhnen

—25,1–13: Gleichnis von den zehn Jungfrauen

—25,31–46: Gleichnis vom Weltgericht.

•• *Erzählungen*

—9,27–31 Heilung zweier Blinder

—9,32–34 Heilung eines stummen Besessenen

—14,28–32: Der sinkende Petrus

—17,24–27: Die Tempelsteuer

—21,14–16: Heilungen im Tempel

27,3–10: Das Ende des Judas

27,62–66: Die Wächter am Grabe Jesu

28,11–15: Der Betrug der Hohenpriester

28,16–20: Jesus erscheint den elf Jüngern auf einem Berg in Galiläa.

•• *Jesusworte*

—11,28–30 Ruf an die Mühseligen und Beladenen

—16,17–19: Seligpreisung des Petrus und Übertragung der Schlüssel des Himmelreichs

—18,15–18: Gemeindezucht

18,19f.: Wo zwei oder drei versammelt sind …

18,21f.: Vom Vergeben

—19,10–12: Eunuchen um des Himmelreichs willen

—23,8–11: Verzicht auf Ehrentitel in der Gemeinde

—23,15–22: Zwei Weherufe gegen Schriftgelehrte und Pharisäer

5,5.7–10: 5 Seligpreisungen

5,17.19–20: Jesus als Erfüller von Gesetz und Propheten

5,21–24: Vom Töten

5,27–32: Von Ehebruch und Ehescheidung

5,33–37: Vom Schwören

6,1–4: Vom Almosengeben

6,5f.: Vom Beten

6,16–18: Vom Fasten.

•• *Alttestamentliche Zitate*

Nur Mt bringt 11 alttestamentliche Zitate, die mit einer ziemlich gleichbleibenden Einführungsformel eingeleitet werden (»damit erfüllt würde, was vom Herrn gesagt ist durch den Propheten, der spricht: ...« Vgl. Mt 1,23; 2,5f.; 2,15; 2,17f.; 2,23; 4,14ff.; 8,17; 12,17ff.; 13,35; 21,4f.; 27,10).

Altes Testament und Geschichte Jesu werden im Verhältnis Weissagung – Erfüllung gesehen. Man nennt diese besonderen Schriftzitate »Reflexionszitate« oder »Erfüllungszitate«. Sie stehen dem hebräischen Text näher als die sonstigen Zitate aus dem AT, die Mt bringt.

Problemanzeige: Stammen die Reflexionszitate aus einer schriftlichen Sammlung (G. Strecker u. a.) oder aus der mündlichen Gemeindetradition (W. Rothfuchs u. a.)?

> *Literatur: G. Strecker:* Der Weg der Gerechtigkeit, 3. Aufl., 1971, S. 49ff. – *W. Rothfuchs:* Die Erfüllungszitate des Matthäusevangeliums, 1969.

2. Welchen Aufbau hat der Stammbaum Jesu? Welche Frauen werden darin genannt?

• Der Stammbaum Jesu Mt 1,1–17 führt von Abraham abwärts über 3 × 14 Generationen zu Jesus: Abraham–David, David–Exil, Exil–Jesus:
• Auffälligerweise wird die Aufzählung von Vätern und Söhnen 4mal erweitert durch die Nennung der Mütter:
Thamar, Frau des Juda (vgl. Gen 38,6–30)
Rahab, Frau des Salmon (Jos 2,1ff.; 6,17.22ff.)
Ruth, Frau des Boas (Ruth 1–4)
Bathseba, (»die des Uria«) Frau des David (2 Sam 11,2ff.; 1 Kön 1,11ff.; 2,13ff.).

Problemanzeige: Ist die Nennung der 4 Frauen durch »verschiedenartige Makel an der Zeugung ihrer Söhne« motiviert (A. Vögtle u. a.) oder durch die Tatsache, daß es sich um Heidinnen handelt (Stegemann)?

> *Literatur: A. Vögtle:* Die Genealogie Mt 1,2–16 und die matthäische Kindheitsgeschichte, in: *ders.:* Das Evangelium und die Evangelien, 1971, 57ff. – *H. Stegemann:* »Die des Uria«. Zur Bedeutung der Frauennamen in der Genealogie von Matthäus 1,1–17, in: Tradition und Glaube (FS K. G. Kuhn) 1971, 246ff.

3. Welche wichtigen Motive enthält die matthäische Geburtsgeschichte?

• Jesus ist »empfangen vom heiligen Geist« (1,18)
• Er ist Sohn der Jungfrau Maria (1,18.25)
• Dies ist Erfüllung der prophetischen Weissagung Jes 7,14 (1,22f.: Das erste Reflexionszitat!)

● Jesus bringt »seinem Volk« Sündenvergebung (1,21). Dies betont Mt auch durch die Erweiterung des Kelchwortes beim Abendmahl (26,28). Dem entspricht, daß bei Mt die Taufe des Johannes keine Sündenvergebung bringt (vgl. Mt 3,1 mit Mk 1,4).

Literatur: I. Broer: Die Bedeutung der »Jungfrauengeburt« im Matthäusevangelium, in: BiLe 12, 1971, 248ff.

---

4. Welche Rolle spielen die Reflexions- oder Erfüllungszitate in Mt 2?

● Die Herkunft des Messias aus Bethlehem wird aus Mich 5,1 erschlossen.
● Die Flucht nach Ägypten ist Erfüllung von Hos 11,1.
● Der bethlehemitische Kindermord entspricht Jer 31,19. Beachte die abweichende Formulierung der Einführungsformel (nicht »damit erfüllt würde ...«, sondern: »Da wurde erfüllt ...«). Es soll wohl der Eindruck vermieden werden, als habe Gott dieses grausame Geschehen unmittelbar selbst veranlaßt. Dasselbe findet sich beim Selbstmord des Judas 27,9!
● Die Rückkehr der Familie nach Nazareth wird durch ein Reflexionszitat unsicherer Herkunft motiviert: »Er wird Nazoräer heißen.«

5. Wie zeichnet Mt das Auftreten des Täufers?

Er ist Bußprediger angesichts der nahen Gottesherrschaft. Mt legt ihm 3,2 dieselben Worte in den Mund wie in 4,17 Jesus!
● Die Taufe des Täufers bringt nach Mt keine Sündenvergebung.
● Die Bußpredigt des Täufers richtet sich nach Mt 3,7 besonders an Schriftgelehrte und Pharisäer.
● Das Gericht ist unmittelbar bevorstehend (3,10: Die Axt liegt schon an der Wurzel; 3,12: Die Worfschaufel ist schon in der Hand – beide Worte aus Q)

Literatur: W. Trilling: Die Täufertradition bei Matthäus, BZ N.F. 3, 1959, 271ff.

---

6. Die Taufe nach Mt im Vergleich mit Mk

● Der Täufer weigert sich, Jesus zu taufen; Jesus beschwichtigt ihn: sie müßten alle Gerechtigkeit erfüllen (3,14f.).
● Während in Mk 1,10f. die Himmelsstimme sich nur an Jesus richtet, verwandelt Mt die Aussage in eine öffentliche Proklamation.

Literatur: H. Braun: Entscheidende Motive in den Berichten über die Taufe Jesu von Markus bis Justin, in: *ders.:* Gesammelte Studien zum Neuen Testament und seiner Umwelt, 3. Aufl., 1971, 168ff.

7. Die Versuchung Jesu

Welchen Versuchungen ist Jesus ausgesetzt, welches ist der christologische Sinn der Erzählung?

Mt gibt nach Q drei Versuchungen Jesu wieder (4,1–11)

a) Jesus soll Steine in Brot verwandeln, um seinen Hunger nach 40-tägigem Fasten zu stillen. Jesus lehnt das ab unter Hinweis auf Dtn 8,3 (»Der Mensch lebt nicht vom Brot allein, sondern von jedem Wort, das aus Gottes Mund kommt«). Vgl. die unerfüllte Forderung eines Selbsthilfewunders bei der Kreuzigung 27,40!

b) Jesus soll sich im Vertrauen auf Gott von der Zinne des Tempels herabstürzen; er soll ein Schauwunder messianischen Charakters vollbringen. Wieder antwortet Jesus mit einem Schriftwort: Dtn 16,16 (»Du sollst den Herrn, deinen Gott, nicht versuchen«).

c) Der Versucher bietet schließlich Jesus die Weltherrschaft an und fordert dafür die Huldigung Jesu. Jesus antwortet mit einer Beschwörungsformel (»Hinweg, Satan«; vgl. 16,23!) und einer Zitatkombination aus Dtn 5,9; 6,13 und 32,43 (»Du sollst dem Herrn deinem Gott, huldigen und ihm allein dienen«). Jesus bekennt sich zu seiner Sendung durch Gott. Im Hintergrund könnte die Auseinandersetzung mit national – politischen Messiaserwartungen stehen. Die Gemeinde bekennt Jesus als den gehorsamen Gottessohn, der auf irdische Macht verzichtet.

Literatur: P. Hoffmann: Die Versuchungsgeschichte in der Logienquelle, BZ N.F. 13, 1969, 207ff.

8. Beschreiben Sie den Aufbau der Bergpredigt

5,1f.: Redaktionelle Überleitung: Jesus lehrt wie ein Rabbiner

5,3–12: 9 *Seligpreisungen*

5,13–16: Jüngerparänese: Ihr seid das Salz der Erde/Licht der Welt

5,17–20: Geltung des Gesetzes

5,21–48: Die sog. 6 *Antithesen:* »Ihr habt gehört, daß den Alten gesagt wurde ... Ich aber sage euch ...«

   1. 21–26: Töten und Zürnen

   2. 27–30: Vom Ehebruch

   3. 31f.: Von der Ehescheidung

4. 33–37: Vom Schwören

5. 38–42: Vom Wiedervergelten

6. 43–48: Von der Feindesliebe.

Die 3., 5. und 6. Antithese haben inhaltliche Parallelen bei Lukas, aber dort sind die Aussagen nicht in die Form von Antithesen gekleidet.

6,1–18: Um die richtigen Formen der Frömmigkeit

    1–4: Vom Almosengeben

    5–15: Vom Beten

    7–13: Das Vaterunser

    16–18: Vom Fasten

    19–34: Gegen Mammonsdienst und falsches Sorgen

7,1–11 Paränetische Einzelsprüche

    12 Die »Goldene Regel« als Zusammenfassung des in Gesetz und Propheten gebotenen Willens Gottes.

    13–27: Warnung vor Nichterfüllung des Auftrags

Problemanzeige: Aus der Vielzahl von exegetischen und theologischen Fragen, in die man sich durch Lektüre einer Gesamtinterpretation einführen lassen sollte (G. Eichholz; P. Hoffmann; Chr. Burchard), seien genannt:

● Am Bergpredigtstoff und der kürzeren Lukasparallele (»Feldrede«, Lk 6,20–49), ist die Frage nach der Logienquelle akut geworden (H. Th. Wrege).

● Werden die Seligpreisungen meist als Heilszusage aufgefaßt, so hat G. Strecker ihren imperativischen Charakter stark herausgestellt.

● Ist Matthäus nur bei der 3., 5. und 6. Antithese für die Formung verantwortlich oder in allen Fällen (so jetzt I. Broer und M. J. Suggs)?

Literatur: G. Eichholz: Auslegung der Bergpredigt, 3. Aufl., 1975. – *P. Hoffmann:* Auslegung der Bergpredigt, in: BiLe 10, 1969, 57ff.; 111ff.; 175ff.; 264ff.; 11, 1970, 89ff. – *Chr. Burchard:* Versuch, das Thema der Bergpredigt zu finden, in: Jesus Christus in Historie und Theologie (FS H. Conzelmann), 1975, 409ff. – *H.-Th. Wrege:* Die Überlieferungsgeschichte der Bergpredigt, 1968. – *G. Strecker:* Die Makarismen der Bergpredigt, in: NTS 17, 1970/71, 255ff. – *I. Broer:* Die Antithesen und der Evangelist Matthäus, in: BZ N. F. 19, 1975, 50ff. – *M. J. Suggs:* The Antitheses as Redactional Products, in: Jesus Christus in Historie ... (siehe oben), 433ff. – *U. Luck:* Die Vollkommenheitsforderung der Bergpredigt, 1968 – *M. Hengel:* Leben in der Veränderung, in: EvKomm 3, 1970, 647ff.

9. Wie hat Mt die markinischen Wundergeschichten bearbeitet?

Vergleichen Sie dazu die Erzählungen

1. von der Stillung des Sturmes Mk 4,35–41 und Mt 8,23–27

2. die Heilung des besessen Geraseners Mk 5,1–20 und Mt 8,28–34

3. die Heilung der blutflüssigen Frau Mk 5,25–34 und Mt 9,20–22.

4. Wie deutet Matthäus die Wunder Jesu?

● Die Stillung des Sturmes ist bei Mk eine stilechte Wundergeschichte, die Jesu Macht zeigen soll. Mt stellt jedoch 2 Szenen voran, die Aussagen Jesu über den Ernst und die Verheißung der Nachfolge bringen. Durch diese Rahmung will Mt die Geschichte als Nachfolgegeschichte interpretieren. Mt läßt entbehrlich erscheinende erzählerische Details weg (daß Jesus im Heck auf einem Kissen schläft Mk 4,38a).

Schließlich stellt Mt den Ablauf der Geschichte um: Er stellt das Wort Jesu an die Jünger in den Mittelpunkt und berichtet das Wunder gewissermaßen als Anhang. So wird die Wundergeschichte zur Jüngergeschichte.

● Die Erzählung vom besessenen Gerasener hat Mt wieder sehr gestrafft: Es fehlt die lebhafte Schilderung der Besessenheit (Mk 5,3–5), die Abwehr der Dämonen (Mk 5,8–10) und die Bitte des Geheilten am Schluß (Mk 5,18–20). So steht Jesus im Zentrum der Geschichte.

● Noch radikaler hat Mt die Erzählung von der blutflüssigen Frau gekürzt: Die Krankheitsschilderung ist verkürzt, die anschauliche Schilderung der Menge fehlt (Mk 5,29–33), auch von den Jüngern ist nicht die Rede. Die Heilung erfolgt erst, nachdem Jesus der Frau Glauben zugesprochen hat!

So hat Mt die Wundergeschichten durch Rahmung, Kürzung und Umstellung größtenteils umgearbeitet, um dadurch die Themen des Glaubens, der Jüngerschaft und der Christologie zu explizieren.

> *Literatur: H. J. Held:* Matthäus als Interpret der Wundergeschichten, in: G. Bornkamm/G. *Barth/H. J. Held:* Überlieferung und Auslegung im Matthäusevangelium, (1960), 155ff.

●● In Mt 8,17 ersetzt Mt ein markinisches Schweigegebot durch ein Reflexions- oder Erfüllungszitat aus Jes 53,4: Dämonenaustreibungen und Krankenheilungen sind Erfüllung der Weissagung.

●● Auf die Anfrage des Täufers an Jesus, ob er der Kommende sei, verweist Jesus auf die Wunder und die Verkündigung des Evangeliums an die Armen: beides weist ihn als den Erwarteten aus (11,2–6). Im Hintergrund der Antwort Jesu stehen Jes. 29,18f.; 35,5f.; 61,1. Die Wunder Jesu (in Kap. 8 und 9) und seine Verkündigung (in Kap. 5–7) zeigen, daß die Heilszeit angebrochen ist.

●● Ein weiteres Zitat aus Deuterojesaja (Jes 42,1–4) findet sich in Mt 12,18–21: Durch seine in der Verborgenheit ausgeführten Heilungen (Schweigegebot!) erweist sich Jesus als Gottesknecht.

> *Literatur: H. J. Held:* Matthäus als Interpret der Wundergeschichten, 234ff.

10. Stellen Sie fest, wie Mt die markinischen Streitgespräche bearbeitet hat

indem Sie

1. Die Geschichte vom Ährenraufen am Sabbat nach Mk 2,23–28 und Mt 12,1–8

2. das Streitgespräch über Rein und Unrein nach Mk 7,1–23 mit
Mt 15,1–20 vergleichen.

● Mt fügt in 12,1 gegen Mk ein, die Jünger hätten gehungert. Dem entspricht die
Einfügung des Hoseazitats »Barmherzigkeit will ich und nicht Opfer«, wodurch das
Ährenraufen als Barmherzigkeitsübung erscheint und die Jünger deshalb ausdrück-
lich als »unschuldig« bezeichnet werden. Außerdem fügt Mt einen zusätzlichen
Schriftbeweis aus der Tora an: Um des Opferdienstes willen dürfen Priester den
Sabbat brechen (12,5). So erscheint der Sabbatbruch als legitime Ausnahme, während
das Sabbatgebot prinzipiell unangetastet bleibt.

Dem entspricht die aus Mt 24,20 zu folgernde Annahme, daß die Gemeinde des Mt
den Sabbat noch gehalten haben dürfte.

● Mt läßt die Beschreibung jüdischer Reinheitsbräuche weg und kürzt den Lasterka-
talog Mk 7,21–23 auf Verstöße gegen den Dekalog. Er fügt in 15,13 und 14 zwei
Einzelsprüche ein, die beide den Gegensatz von pharisäischen Satzungen und Gebot
Gottes unterstreichen.

Am Schluß des Ganzen formuliert Mt als Zusammenfassung »also verunreinigt das
Essen mit ungewaschenen Händen den Menschen nicht« (15,20b); seiner Auffassung
nach hat sich Jesus also nur gegen die rabbinische Tradition, nicht gegen die Tora
selbst ausgesprochen.

Ähnliche Beobachtungen lassen sich am Streitgespräch über die Ehescheidung
(Mt 19,3–9/Mk 10,2–12) und an der Erzählung von der Heilung der verdorrten Hand
am Sabbat (Mt 12,9–14/Mk 3,1–6) machen.

Literatur: G. Barth: Das Gesetzesverständnis des Evangelisten Matthäus, in: *G. Born-*
kamm/G. Barth/H. J. Held: Überlieferung und Auslegung im Matthäusevangelium, 1960,
54ff. – *R. Hummel:* Die Auseinandersetzung zwischen Kirche und Judentum im Matthäusevangelium, 2. Aufl., 1966, 46ff. Anders: *G. Strecker* (s. zu 1), 30ff.

---

11. Das Bild der Jünger im Matthäusevangelium

Wie hat Mt die markinischen Perikopen bearbeitet?
Welche Besonderheiten zeigt das Petrusbild des Mt?

● Mt hat alle Jüngerperikopen des Mk übernommen. Es finden sich aber redaktionelle Eingriffe.

●● Einerseits wird eine gewisse Schonung der Jünger sichtbar: Die unangemessene
Bitte um Ehrenplätze in der Gottesherrschaft stellen nicht mehr die Zebedaiden selbst
(so Mk 10,35), sondern ihre Mutter Salome (Mt 20,20). Die Bemerkung, die Jünger
seien über Jesu Wort über die Reichen bestürzt gewesen, streicht Matthäus, ebenso
ihre Furcht in Mk 10,32. Macht Jesus den Jüngern vor der Stillung des Sturmes den
Vorwurf, sie hätten noch keinen Glauben (Mk 4,40), so mildert Mt das zum Vorwurf
des Kleinglaubens (8,26; vgl. auch 14,31; 16,8; 17,20).

In der Szene »Mutter und Brüder kommen zu Jesus« (Mk 3,31–35/Mt 12,46–50) bezeichnet Mt ausdrücklich die Jünger als diejenigen, welche den Willen des himmlischen Vaters tun (Mt 12,49).

●● Andererseits geht die Idealisierung nicht so weit, daß alle negativen Züge beseitigt worden wären:

Mt spricht von Zweifel der Jünger (14,31; 28,17), ihrer Furcht (14,30; 17,6f.; 28,4ff.) und ihrem Versagen in der Passionsgeschichte bis zur Flucht (26.56).

●● Eine durchgehende Änderung nimmt Mt am markinischen Jüngerunverständnis vor. Wichtigste Vergleichstexte:

●● Mk 4,10–13/Mt 13,10–18. Fragen die Jünger in Mk 4,10 nach dem Sinn der Gleichnisse (offenbar, weil sie sie nicht verstehen), so fragen sie nach Mt 13,10 »Warum sprichst du zu ihnen (den Massen) in Gleichnissen?« Dementsprechend läßt Mt den Jüngertadel von Mk 4,13 weg.

●● Mk 6,51f./Mt 14,33: Konstatiert Mk im Anschluß an das Seewandeln Jesu das Nichtverstehen und das verhärtete Herz der Jünger, so läßt Mt die Jünger Jesus als Gottessohn huldigen.

●● Mk 8,14–21/Mt 16,5–12. Auch hier hat Mt einschneidend redigiert; er streicht vor allem den Vorwurf der Herzensverhärtung und läßt alle Anklänge an Jer 5,21 (»ihr habt Augen und seht nicht und Ohren und hört nicht«) weg.

Endet bei Mk das Gespräch mit Jesu Feststellung »Ihr versteht noch nicht« (Mk 8,21), so endet Mt mit der Feststellung »Da verstanden sie ...« (Mt 16,12). Daß das Verstehen göttliches Geschenk ist, sagt 13,11 + 12.

Literatur: G. Barth: Das Gesetzesverständnis des Evangelisten Matthäus in: *G. Bornkamm/ G. Barth/H. J. Held:* Überlieferung und Auslegung im Matthäusevangelium, 1960, 98ff. – *U. Luz:* Die Jünger im Matthäusevangelium, ZNW 62, 1971, 141ff.

● Mt hat alle Petruserzählungen des Mk übernommen:
Berufung (4,18–20)
Petrusbekenntnis (16,13–20)
Ankündigung der Verleugnung (26,33–35)
Verleugnung des Petrus (26,69–75)
Einige Erwähnungen des Petrus (1,36; 5,37; 11,20; 13,2; 16,7) läßt Mt weg. Zusätzlich wird Petrus als Fragesteller eingeführt: 15,15 und 18,21.

●● In drei Perikopen wird Petrus besonders hervorgehoben.

●● In die von Mk (6,45–52) übernommene Erzählung vom Seewandeln Jesu fügt Mt die Episode vom »sinkenden Petrus« ein (14,28–31). Petrus ist hier sowohl in seinem Wunsch, zu Jesus zu gehen, als auch in seinem »Kleinglauben« als Typus des Gläubigen gezeichnet.

●● Besonders einschneidend hat Mt das Petrusbekenntnis redigiert (Mk 8,27ff./ Mt 16,13ff.).

•• Das Bekenntnis ist erweitert: »Du bist Christus, der Sohn des lebendigen Gottes« (Mt 16,16). Darauf folgt bei Mt eine Seligpreisung des Simon (16,17), die Auszeichnung des Petrus als »Fels der Kirche« (16,18), die Verheißung der Übergabe der »Schlüssel des Himmelreiches« und der Binde- und Lösegewalt (16,19).

Problemanzeige: Da die Abhängigkeit des Matthäus von Markus unbestreitbar ist, erhebt sich die Frage nach der Herkunft von Mt 16,17–19. Für ein echtes Jesuswort, das ursprünglich in die Situation des letzten Mahles gehörte, plädiert O. Cullmann. Meist wird jedoch nachösterliche Entstehung angenommen (Vögtle; Hahn; Thyen; Hoffmann).

Dabei wird der gestaltende Anteil des Evangelisten Matthäus zunehmend erkannt: Vers 17 wird sicher auf ihn zurückzuführen sein (Vögtle; Hahn; Thyen; Hoffmann); auch Vers 18 könnte von ihm stammen (Hoffmann). Schließlich ist zu bedenken, daß das Wort vom Binden und Lösen (Vers 19b) noch einmal in Mt 18,18 vorkommt, wo dieselbe Vollmacht allen Jüngern verliehen wird; nach Thyen und Hoffmann ist dies die ältere Fassung.

Literatur: A. Vögtle: Messiasbekenntnis und Petrusverheißung (1957), jetzt in: *ders.:* Das Evangelium und die Evangelien, 1971, 137ff. – *O. Cullmann:* Petrus, Jünger – Apostel – Märtyrer, 2. Aufl., 1960, 196ff. – *H. Thyen;* Studien zur Sündenvergebung im Neuen Testament und seinen alttestamentlichen und jüdischen Voraussetzungen, 1970, 218ff. – *Ferd. Hahn;* Die Petrusverheißung (1970), jetzt in: *K. Kertelge (Hg.):* Das kirchliche Amt im Neuen Testament, 1977, 543ff. – *A. Vögtle:* Zum Problem der Herkunft von »Mt 16,17–19«, in: Orientierung an Jesus (FS J. Schmid), 1973, 372ff. – *P. Hoffmann:* Der Petrus-Primat im Matthäusevangelium, in: Neues Testament und Kirche (FS R. Schnackenburg), 1974,94ff.

•• Allerdings hat Mt den Tadel an Petrus auf dessen Ablehnung der Leidensansage gegenüber Mk verschärft: Er behält das »Weiche von mir, Satan« bei und fügt hinzu: »Du bist mir ein Ärgernis« (16,23).
•• Nach der zweiten Leidensankündigung fügt Mt die Perikope von der Tempelsteuer ein (17,24–27). Petrus bejaht die Pflicht zur Entrichtung der Tempelsteuer, Jesus dagegen weist darauf hin, daß die Kinder Gottes eigentlich davon befreit seien; nur um Anstoß zu vermeiden, sollten sie zahlen. Jesus weist Petrus an, er solle einen Fisch fangen, der die erforderliche Münze im Maul haben werde.

Problemanzeige: Lassen sich alle diese Aussagen über Petrus mit G. Strecker als transparent für das widerspruchsvolle Sein des Christen verstehen oder hat die Autorität des Petrus für die Gemeinde des Mt besondere Bedeutung (so G. Bornkamm und R. Hummel)? Die Zusammengehörigkeit beider Aspekte betont jetzt zu Recht P. Hoffmann (siehe oben).

Literatur: G. Strecker: Der Weg der Gerechtigkeit, (s. zu 1) 198ff. – *G. Bornkamm:* Die Binde- und Lösegewalt in der Kirche des Matthäus, in *ders.:* Geschichte und Glaube II, 1971, 37ff. – *R. Hummel:* Die Auseinandersetzung (s. zu 10) 59ff. – *R. E. Brown/K. P. Donfried/J. Reumann (Hg.):* Der Petrus der Bibel, 1976, 68ff.

12. Die Aussendungsrede im Matthäusevangelium

Skizzieren Sie ihren Aufbau
Stellen Sie mit Hilfe der Synopse die Herkunft der einzelnen Stücke fest.
Welche besonderen Züge treten hervor?

- Mt 9,35–38: Motivierung der Jüngeraussendung
  10,1–4: Bevollmächtigung der Zwölf
  5–8: Ihre Sendung nur zu den verlorenen Israeliten
  9–16: Ausrüstung der Gesandten; Verhaltensregeln
  17–25: Der Zukunftsweg der Jünger
  26–33: Mahnung zu furchtlosem Bekennen
  34–36: Von der Sendung Jesu
  37–42: Voraussetzungen und Verheißung der Nachfolge
  11,1: Formelhafter Abschluß.
- Der Stoff stammt aus Mk, Q und Sondergut:
  Mt 9,35 (=4,23) ≙ Mk 1,39; 6,6b
  9,36 ≙ Mk 6,34
  9,37f. ≙ Lk 10,2 (Q)
  10,1 ≙ Mk 6,7
     2–4 ≙ Mk 3,13–19
     5–8 ≙ Sondergut
     9–16 ≙ Lk 9,3–5; 10,3.6.7. (Q)+ Sondergut
     17–25 ≙ Mk 13,9–13 + Sondergut
     26–33 ≙ Lk 12,2–9 (Q)
     34–42≙ Lk 12,51–53; 14,25–27; 17,33; (Q) +Mk 9,41 +Sondergut
  11,1 ≙ redaktionelle Schlußformel, vgl. Mt 7,28; 13,53; 19,1; 26,1.
- Matthäus hat die in seinen beiden Hauptquellen Mk und Q überlieferten Aussendungsszenen zusammengearbeitet in eine große Jüngerinstruktion (anders Lukas: er folgt in 9,1–9 mehr der Markusvorlage, während er in 10,1–6 den Q-Stoff zu einer Aussendung von 70 [72] Jüngern verarbeitet).
- Matthäus läßt die Bemerkungen über die Wirksamkeit der Zwölf und ihre Rückkehr (Mk 6,12f.; 30f.) weg. Damit überschreitet diese Rede den einmaligen Anlaß; ihr kommt exemplarische Bedeutung zu.
- Gleichzeitig schränkt Matthäus die Sendung auf Israel ein (10,5f.). Da der Aufer-

46

standene die Jünger dann in alle Welt sendet (28,19), wird diese erste Aussendung damit überholt.

● Die Beschränkung der Aussendung auf Israel entspricht einem für die matthäische Christologie typischen Zug: Auch der irdische Jesus ist nur für die Juden da (15,24).

Auch der konkrete Auftrag der Jünger wird mit Jesu Wirken parallelisiert: Nur bei Matthäus (10,8) sollen die Jünger auch Aussätzige rein machen und Tote erwecken, was nach Mt 11,5 für Jesus zutrifft.

Nach 10,24f. hat der Jünger dasselbe Geschick wie sein Meister.

● Die Vorhersage von Verfolgungen (Mt 10,17ff.) hat Matthäus aus der apokalyptischen Rede herausgenommen und damit »historisierend auf die Verfolgung durch Juden eingeschränkt« (P. Hoffmann, S. 257).

Literatur: Ferd. Hahn: Das Verständnis der Mission im Neuen Testament, 1963, 33ff. – *M. Hengel:* Nachfolge und Charisma, 1968, 82ff. – *P. Hoffmann:* Studien und Theologie der Logienquelle, 1972, 254ff.

13. Die Gleichnisrede bei Mt

● Stellen Sie ihren Aufbau fest.
● Was sagt Mt über den Sinn der Gleichnisrede?

●● Die Gleichnisrede ist im Anschluß an Mk 4 konzipiert, aber mit Stoff aus Q und Sondergut erweitert worden. Aus Mk 4 fehlt das Gleichnis von der selbstwachsenden Saat.

13,1–9: Gleichnis vom viererlei Acker (Mk)

13,10–17: Warum redest du in Gleichnissen? (Mk + Q)

13,18–23: Deutung des Gleichnisses vom viererlei Acker (Mk)

13,24–30: Gleichnis vom Unkraut unter dem Weizen (Sondergut)

13,31–32: Gleichnis vom Senfkorn (Mk + Q)

13,33: Gleichnis vom Sauerteig (Q)

13,34–35: Über die Gleichnisreden Jesu (Mk + Sondergut)

13,36–43: Deutung des Gleichnisses vom Unkraut unter dem Weizen (Sondergut)

13,44: Gleichnis vom Schatz im Acker (Sondergut)

13,45–46: Gleichnis von der Perle (Sondergut)

13,47–50: Gleichnis vom Fischnetz und Deutung (Sondergut)

13,51–52: Gleichnis vom Hausvater (Sondergut)

13,53: Abschluß »Und es geschah, als Jesus diese Gleichnisse vollendet hatte, brach er von dort auf«.

●● Durch die redaktionelle Überleitung Vers 36 hat Mt eine Zweiteilung der Rede angezeigt: Vers 1–33 sind zum Volk gesprochen, Vers 37–52 zu den Jüngern.

Doch läßt Mt die Deutung des Gleichnisses vom Ackerfeld im Anschluß an Mk auch an die Jünger gerichtet sein, so daß der Sinn der Zäsur in Vers 36 nicht mehr ganz klar wird.

Problemanzeige: W. Wilkens meinte, der erste Teil der Gleichnisrede (Vers 1–33) beziehe sich auf die Scheidung zwischen Israel und der Jüngerschaft, während es im zweiten Teil (Vers 36–52) um die Scheidung zwischen Bösen und Guten in der Kirche gehe. Demgegenüber sieht J. Dupont mit anderen zwei parallele Teile (Vers 1–23 und Vers 24–52), die beide jeweils ein an das Volk gerichtetes Gleichnis (Vers 3–9/24–33), Bemerkungen über die Parabelrede (Vers 10–17/34–35) und an die Jünger gerichtete Erklärungen (Vers 18–23/36–52) enthalten. In beiden Abschnitten geht es nach Dupont um den Gegensatz zwischen denen, die den Willen Gottes tun, und denen, die ihn nicht tun.

Literatur: W. Wilkens: Die Redaktion des Gleichniskapitels Mark. 4 durch Matthäus, in: ThZ 20, 1964, 305ff. – *J. Dupont:* Le point de vue de Matthieu dans le chapitre des paraboles, in: M. Didier (Ed.): L'Evangile selon Matthieu, 1972, 221ff.

• Mt hat die markinische Parabeltheorie (Mk 4,10–12) entscheidend umgewandelt: Jesus redet nicht in Gleichnissen, *damit* die Menge verstockt werde, sondern *weil* sie bereits verstockt ist. (Ersatz des finalen ἵνα in Mk 4,12 durch ein kausales ὅτι in Mt 13,13!). Mt fügt das bei Mk in anderem Zusammenhang stehende Logion »Wer hat, dem wird gegeben ...« ein; dadurch »soll begründet werden, warum Gott den einen die Erkenntnis gewährt und den anderen vorenthält. Gott richtet sich im Austeilen seiner Gaben auch nach den Menschen, nach den Möglichkeiten, die der Mensch ihm bietet oder versagt« (J. Gnilka, S. 92).

Literatur: J. Gnilka: Die Verstockung Israels, 1961.

---

14. Stellen Sie den Aufbau der »Gemeindeordnung« Mt 18 fest

Welche Gemeindestruktur ist hier erkennbar? Welche Gemeindeprobleme deuten sich an?

• Mt hat die Gemeindeordnung aus Stoffen unterschiedlicher Herkunft (Mk, Q, Sondergut) zusammengestellt:

    18,1–5 Wahre Größe im Himmelreich (Mk)

      6–14 Sorge um die »Kleinen« (Mk + Q)

      15–20 Gemeindezucht (Sondergut)

      21–35 vom Vergeben (Sondergut).

• Das Grundprinzip ist die Brüderlichkeit. Es wird kein »geistliches Amt« sichtbar (vgl. auch 23,8–10) Die Binde- und Lösegewalt ist der ganzen Gemeinde eigen.

Merke: Mt 16,18 und 18,17 sind die beiden einzigen Stellen in den Evangelien, an denen der Begriff Kirche (ἐκκλησία) vorkommt!

● Die betonte Warnung vor dem Ärgernisgeben gegenüber den »Kleinen« erinnert an die Perikope von der Tempelsteuer (17,24–27): dort war die Aufrechterhaltung einer gewissen Verbindung mit dem Judentum um der Vermeidung des Ärgernisses willen geboten worden. Offenbar war ein progressiver Teil der Gemeinde zum Ärger der konservativen Judenchristen zum Abbruch der Beziehungen zu Israel gewillt. Durch das Gleichnis vom verlorenen Schaf und seine Rahmung schärft Mt den »Starken« ihre Verantwortung gegenüber den »Schwachen« ein. Das Wort vom Vergeben (18,21f.) und das Gleichnis vom Schalksknecht (18,23ff.) unterstreichen die Verpflichtung zur gegenseitigen Annahme.

Literatur: G. Bornkamm: Die Binde- und Lösegewalt in der Kirche des Matthäus (siehe zu 12.2). – *E. Schweizer:* Matthäus und seine Gemeinde, 1974, 106ff.

---

15. Welche Besonderheiten im Vergleich zu Mk zeigt die Passionsgeschichte des Mt?

Mt folgt eng dem Mk-Aufriß der Passionsgeschichte. Aber er hat einige redaktionelle Eingriffe vorgenommen und einiges Sondergut eingeführt.

Mt 26,1–5: Aus der kurzen Zeitangabe des Mk formt Mt ein Jesuswort, das das Passionsgeschehen einleitet. Mt bringt auch den Namen Kaiphas.

26,15: Als Motiv des Judas wird Geldgier unterstellt.

26,17–20: Das Motiv der wunderbaren Auffindung des Abendmahlssaales entfällt bei Mt.

26,23–25: Der Verräter wird gekennzeichnet.

26,42: Mt formuliert ein zweites Gebetswort in Getsemane, das die dritte Bitte des Vaterunsers (Mt 6,10) aufnimmt.

26,50: Bei der Gefangennahme fordert Jesus den Verräter auf: »Freund, wozu du gekommen bist (das geschehe)«!

26,52: Zurechtweisung des Jüngers, der den Knecht des Hohenpriesters schlug: »Stecke dein Schwert an seinen Ort ...!«

26,56: Es fehlt die Notiz von dem unbekleidet fliehenden Jüngling (Mk 14,51f.).

26,61: Das Tempelwort spricht nur von der Möglichkeit des Tempelabbruchs und -neubaues durch Jesus; der Gegensatz zwischen dem »mit Händen gemachten Tempel« und dem anderen »nicht mit Händen gemachten« fehlt. Die Zeugen, die das Tempelwort vorbringen, werden nicht als Falschzeugen bezeichnet.

27,3–10: Der Selbstmord des Judas als Erfüllung der Schrift. Vom »Judaslohn« (Sach 11,12–13) wird der »Töpferacker« gekauft, der seither »Blutacker« heißt.

27,19: Der Traum der Frau des Pilatus ist Sondergut.

27,24–25: Pilatus wäscht seine Hände in Unschuld, das jüdische Volk nimmt die Verantwortung für die Verurteilung Jesu auf sich (Sondergut).

27,34: Anspielung auf Ps 69,22.

27,43: Zitat aus Ps 22,9.

27,51–53: Mt vermehrt die Wunder beim Tod Jesu: Erdbeben, Gräber öffnen sich, Tote werden auferweckt.

27,62–66: Sondergut: Die Wächter am Grab Jesu.

Die matthäische Passionsgeschichte zeigt:

• ein christologisches Interesse: Jesus soll als Herr der Lage gezeichnet werden (26,2.23ff.50); er ist der freiwillig Leidende (26,42.52)

• ein apologetisches Interesse: Jesus ist der unschuldig Leidende (27,19.24)

• Interesse am Gedanken der Schrifterfüllung (27,10.34.43.)

• Hervorhebung der Verwerfung des Messias durch Israel (27,25.62ff.).

> *Literatur: N. A. Dahl:* Die Passionsgeschichte bei Matthäus, NTS 2, 1955, 17ff. – *D. P. Senior:* The Passion Narrative according to St. Matthew, 1975.

16. Die Gegner Jesu bei Mt

• Die Hauptgegner Jesu nach Mt sind die Pharisäer. Mt fügt sie – gegen seine Vorlage – öfters redaktionell ein (12,24.38; 21,45; 22,34f.41). Grundsätzlich richten sich Mt 5,20 (»Wenn eure Gerechtigkeit nicht besser ist als die der Schriftgelehrten und Pharisäer ...«) und Mt 15,12–14 (»sie sind blinde Blindenführer ...«) gegen die Pharisäer, insbesondere aber die Rede Kap. 23.

• Die Pharisäer treten 9× zusammen mit Schriftgelehrten auf (5,20; 12,38; 23,2.13.14.15.23.27.29). Diese formelhafte Nennung von »Schriftgelehrten und Pharisäern« ist Mt eigen und spiegelt wohl die Verhältnisse nach 70 n. Chr., als es nur noch pharisäische Schriftgelehrte gab.

• An zwei Stellen (21,45; 27,62) stellt Mt Oberpriester und Pharisäer zusammen; damit wird eine offizielle Stellung der Pharisäer vorausgesetzt, die sie z. Zt. Jesu nicht besaßen.

• Ebenfalls nur bei Mt findet sich die Zusammenstellung von Pharisäern und Sadduzäern (3,7; 16,1.6.11.12). Auch hier hat Mt schematisiert.

• Die Oberpriester erscheinen öfters als offizielle Instanz (26,14; 27,6; 28,11), gelegentlich mit Pharisäern (siehe 16.3) oder Ältesten (27,12.20).

• Die Ältesten des Volkes werden immer in Verbindung mit Oberpriestern oder Pharisäern genannt. Sie sind als Gruppe des Hohen Rats am Prozeß Jesu beteiligt. In 15,2 sind mit »Älteste« wahrscheinlich Schriftgelehrte gemeint (vgl. Mk 7,5).

> *Literatur: R. Hummel:* Die Auseinandersetzung zwischen Kirche und Judentum im Matthäusevangelium, 2. Aufl., 1966, 12ff.

17. Das Gesetz im Matthäusevangelium

1. Stellen Sie die Aussagen zusammen, die die Geltung des Gesetzes betreffen.
2. Läßt sich erkennen, daß Mt eine gegnerische Position bekämpft?

● Grundsätzlich äußert sich der matth. Christus zur Gesetzesfrage in 5,17–20:
Vers 17: Jesus will »Gesetz und Propheten« nicht auflösen, sondern erfüllen
Vers 18: Kein Buchstabe der Gesetzes soll vergehen (Q!)
Vers 19: Wer eines der geringsten Gebote bricht oder andere brechen lehrt, wird aus
dem Himmelreich ausgeschlossen
Vers 20: Die »Gerechtigkeit« der Jünger muß größer als die der Schriftgelehrten und
Pharisäer sein.
● Für das matth. Verständnis von »Gesetz und Propheten« sind zwei Texte bedeutsam:
7,12 die »goldene Regel« wird als Zusammenfassung von »Gesetz und Propheten«
bezeichnet
22,40 das »Doppelgebot der Liebe«, nämlich die Liebe zu Gott und zum Nächsten,
wird als Angel bezeichnet, in der »Gesetz und Propheten« hangen.
● Schließlich gehört in diesem Zusammenhang auch die matthäische Redaktion der
Streitgespräche (siehe Frage 10), die einerseits die Konflikte Jesu mit der Tora
abschwächt, andererseits aber durch Gutestun bzw. Barmherzigkeit das Gebot suspendiert werden läßt.

Problemanzeige: Inwieweit ist das Gesetz für die matth. Gemeinde noch gültig? Wie
ist das Verhältnis von Gesetz und Liebesgebot näherhin zu bestimmen? Was ist in
Mt 5,17 mit »erfüllen« gemeint: »in seiner wahren Bedeutung herausstellen« oder
»für bindend erklären« oder »heilsgeschichtlich erfüllen«?
● Schon die Formulierung von 5,17 »Denkt nicht, daß ich gekommen bin ...« läßt
erkennen, daß hier eine gegnerische Position abgewiesen wird, die Jesus als Auflöser
des Gesetzes ansah. Ebenso wird am Ende der Bergpredigt 7,21–23 die Verwerfung
von Tätern der Gesetzlosigkeit (ἀνομία) ausgesprochen. Dasselbe Stichwort taucht in
der Endzeitrede wieder auf: In der Endzeit wird die Gesetzlosigkeit überhandnehmen (24,12). »Daß der Evangelist in Auseinandersetzung mit solchen steht, die einen
Teil des Gesetzes auflösen, kann auch der häufige Gebrauch von πᾶς (jeglicher, alles)
in Gesetzeszusammenhängen zeigen« (G. Barth); vgl. 3,15; 5,18; 23,3.

Literatur: G. *Barth:* Das Gesetzesverständnis des Evangelisten Matthäus (siehe zu Frage
12.1), 58ff. – E. *Schweizer:* Matthäus und seine Gemeinde, 1974, 78ff. – H. *Hübner:* Das
Gesetz in der synoptischen Tradition, 1973, 15ff.

18. Die Endzeitrede bei Mt

1. Vergleichen Sie den Aufbau mit Mk.
2. Welche sachlichen Änderungen bringt Mt?

• Mt folgt im ganzen der Mk-Vorlage; Mk 13,9b.11.13 sind schon in der Aussendungsrede (Mt 10,17–22) vorweggenommen. Drei Erweiterungen der Rede durch Mt
sind zu beachten:
24,10–12: Warnung vor Falschpropheten, die Gesetzlosigkeit bringen (Sondergut)
24,26–28: Der Menschensohn kommt wie ein Blitz (Q)
24,37–41: Der Menschensohn kommt wie die Sintflut (Q).
Der Abschluß wird bei Mt durch die Gleichnisse vom nächtlichen Einbrecher
(Mt 24,43f.) und vom guten und vom bösen Knecht (Mt 24,45–51) gebildet, die
ebenfalls aus Q stammen. Die drei Parusiegleichnisse Mt 25 sollen wohl auch noch
zur Endzeitrede gehören, denn erst in Mt 26,1 kommt die Abschlußformel.
Mt 25,1–13: Gleichnis von den 10 Jungfrauen (Sondergut)
Mt 25,14–30: Gleichnis von den anvertrauten Pfunden (Q)
Mt 25,31–46: Gleichnis vom Weltgericht.

•• Die Rede ist bei Mt an alle Jünger gerichtet, während bei Mk nur vier Vertraute
(Petrus, Jakobus, Johannes, Andreas) sie hören.

•• Die Eintragung der Warnung vor Gesetzlosigkeit ist wohl durch die antinomisti-
schen Gegner des Evangelisten bedingt (vgl. Frage 17.2).

•• Nach 24,20 soll die Gemeinde auch darum beten, daß die eschatologische Flucht
nicht am Sabbat geschehen müsse. Offenbar hat das Sabbatgebot in der Gemeinde des
Matthäus noch Gültigkeit (vgl. Frage 10.1).

•• Die Einfügungen aus Q (24,26–28. 37–41) und die abschließenden Gleichnisse
vom nächtlichen Einbrecher und vom guten und bösen Knecht mahnen zur Wachsamkeit angesichts des plötzlich hereinbrechenden Endes.

•• Dagegen zielt das Gleichnis von den 10 Jungfrauen (25,1–13) darauf, ein längeres
Ausbleiben des Bräutigams einzuschärfen. Dieses Gleichnis rechnet also mit der
Parusieverzögerung.

> *Literatur: G. Bornkamm:* Die Verzögerung der Parusie, in: *ders.:* Geschichte und Glaube I,
> 1968, 49ff. – *E. Gräßer:* Das Problem der Parusieverzögerung in den synoptischen Evange-
> lien und in der Apostelgeschichte, 2. Aufl., 1960, 152ff.

•• Das Gleichnis von den anvertrauten Pfunden (Mt 25,14–30) ist, wie der Vergleich
mit Lk 19,11–27 zeigt, stark überarbeitet. Für Mt ist es eine Allegorie: Knechte =
Jünger, Vermögen = Evangelium, Kommen nach langer Zeit (!) = Parusie, Rechen-
schaftsablage = Jüngstes Gericht. Hier wird einer selbstsicheren Christenheit eingeschärft: Der Richter fragt nach dem Tun! (Vgl. dazu schon Mt 7,15ff.).

•• Die Rede vom Weltgericht Mt 25,31–46 wird herkömmlich als Gleichnis bezeichnet, ist formal aber keines, eher eine prophetische Schilderung. Daß der Text überar-

beitet ist, geht schon aus der Tatsache hervor, daß Vers 31 f. der Menschensohn als Richter genannt wird, in Vers 34.40 aber der »König« = Gott. Hauptthemen des »Gleichnisses« sind die Universalität des Gerichtes, die »Liebeswerke« (Vers 35 f.) als Maßstab des Gerichts, die Identifikation des Menschensohnes mit den »geringsten Brüdern«, d. h. den Notleidenden und Ausgestoßenen.

Problemanzeige: Eine andere Deutung möchte unter den »geringsten Brüdern« die Christen verstehen, die »Völker«, die nach 25,32 gerichtet werden, wären dann mit der nichtchristlichen Menschheit gleichzusetzen.

> *Literatur: U. Wilckens:* Gottes geringste Brüder – zu Mt 25,31–46, in: Jesus und Paulus (FS W. G. Kümmel), 1975, 363ff. – *J. Friedrich:* Gott im Bruder? Eine methodenkritische Untersuchung von Redaktion, Überlieferung und Traditionen in Mt 25,31–46, 1977.

19. Christologische Hoheitstitel im Matthäusevangelium

1. Welche Titel verwendet Mt?
2. Welche besondere Funktion kommt den hauptsächlich verwendeten Titeln zu?
3. Inwiefern kann man bei Mt von einer »christologischen Steigerung sprechen?

- Herr(κύριος)7,21f.; 8.2.6.8.21–25; 9,28 u. ö.
  Sohn Davids 9,27; 12,23; 15,22; 20,30f.; 21,9;
  Menschensohn 8,20; 9,6; 10.23; 11,19; 12,8.32.40 u. ö.
  Sohn Gottes 2,15;3,17; 4,3.6; 8,29; 14,33; 16,16; 17,5 u. ö.
  der Sohn 11,27; 24, 36; 28,19.
  Christus (= Messias) 1,16f.; 2,4; 11,2; 16,16.20; 23,10;26,63;
  König der Juden 2,2; 27,11.29.37

- Zu den einzelnen Titeln:
- • »Herr« ist die hauptsächliche Anrede Jesu im Munde der Jünger und von Hilfesuchenden. Im Mk – Evangelium gebrauchten die Jünger noch öfters »Lehrer« oder »Rabbi« als Anrede; das hat Mt konsequent geändert, nur Judas redet Jesus mit »Rabbi« an (26,25.49). Daß damit nicht nur eine respektvolle Haltung zum Ausdruck kommt, zeigt die Anrede des Weltenrichters mit »Herr« (7,21f.; 25, 11.37.44). In dem aus Mk übernommenen Streitgespräch über die Davidssohnschaft des Messias (Mt 22,41ff.) wird der Hoheitsname »Herr« aus Ps 110,1 abgeleitet.
- • Der Titel »Davidssohn« ist – ebenso wie »Herr« – bei Mk sehr selten, bei Mt dagegen häufiger und wichtiger; vgl. schon 1,1.
  Hilfesuchende rufen Jesus als Davidssohn um Erbarmen an (9,27; 15,22; 20,30f.). Auf die Heilung eines besessenen Taubstummen hin fragt die Menge: »Ist dieser etwa der Sohn Davids?« (12,23). Beim Einzug in Jerusalem akklamiert die Menge Jesus als Sohn Davids (21,9).

•• Die Menschensohnaussagen finden sich – wie schon bei Mk – nur als Selbstbezeichnung Jesu. Die dreifache Verwendungsweise: gegenwärtig wirkender, leidender und künftig richtender Menschensohn ist beibehalten.

•• Sohn Gottes ist Jesus für Mt schon seit seiner Geburt (2,15); Gott selbst proklamiert ihn bei der Taufe öffentlich als solchen (3,17) und bestätigt dies vor drei Jüngern bei der Verklärung; 7,5). Das Bekenntnis zu Jesus als Gottessohn gehört zur Jüngerschaft, wie die redaktionellen Zusätze 14,33 (im Anschluß an das Seewandeln Jesu) und 16,16 (Petrusbekenntnis) zeigen.

Bei der Versuchung (4,3.6) und am Kreuz (27,40.43) wird Jesus unter Verweis auf seine Gottessohnschaft zu Wundern aufgefordert. Dieses Verständnis wird abgewiesen.

•• Die absolute Bezeichnung »der Sohn« ist bei Mk nur einmal zu finden (13,32); Mt hat diese Aussage übernommen (24,36). Dazu hat er aus Q eine zweite Stelle übernommen, das Offenbarungswort 11,27: »Niemand kennt den Sohn, außer dem Vater, und niemand kennt den Vater außer dem Sohn und wem der Sohn ihn offenbaren will.«

Schließlich ist im Taufbefehl 28,19 noch der Sohn neben dem Vater und dem Geist genannt.

Charakteristisch für das absolute »der Sohn« ist also die Gegenüberstellung zum »Vater«. – Dieser Sprachgebrauch ist häufig im Johannesevangelium anzutreffen; Mt 11,27 ist daher als »Aerolith aus dem johanneischen Himmel« (v. Hase) bezeichnet worden!

•• Christus ist bei Mt schon deutlich Eigenname (vgl. 1,16 und 27,17,22 »der sogenannte Christus«). Titular gebraucht wird Christus = Messias in 16,16 (Petrusbekenntnis), wo freilich Mt diesen Titel durch »Sohn Gottes« ergänzt; ebenso auch 26,63 (Frage des Hohenpriesters; dort hatte schon Mk die Frage nach dem Messias durch »Sohn des Hochgelobten« erweitert).

In 1,17 und 11,2 könnte titularer Gebrauch vorliegen.

•• König der Juden ist in der Vorgeschichte (2,2) und in der Passionsgeschichte (27,11.29.37) verwendet. Dieser Titel hat zweifellos politische Implikationen; die Kreuzesaufschrift (27,37) zeigt, daß Jesus aufgrund politischer Anklage verurteilt wurde.

In Mt 21,5 wird Jesus mittels eines Zitates aus Sach 9,9 als König bezeichnet, allerdings als sanftmütiger König; 27,42 verspotten die Hohenpriester den Gekreuzigten mit dem Titel »König Israels« (aus Mk 15,32 übernommen).

• Eine christologische Steigerung läßt sich an drei Sachverhalten beobachten:
•• Mt streicht Gefühlsregungen Jesu:
Vgl. Mt 8,1–4 mit Mk 1,40–45: Mt streicht das Erbarmen Jesu mit dem Aussätzigen und sein Ergrimmen
Vgl. Mt 12,9–14 mit Mk 3,1–6: Mt streicht Zorn und Betrübnis Jesu über die Verstockten

Vgl. Mt 18,1–5 mit Mk 9,33–37: Mt läßt den Zug aus, daß Jesus das Kind in die Arme schließt

Vgl. Mt 19,16–22 mit Mk 10,17–22: Mt streicht die Aussage, daß Jesus den Jüngling liebgewonnen habe.

•• Mt läßt oft Fragen Jesu weg, da Jesus allwissend erscheinen soll: vgl. Mt 8,29 mit Mk 5,9; Mt 9,22 mit Mk 5,30; Mt 14,17 mit Mk 6,38; Mt 16,2 mit Mk 8,12; Mt 16,9f. mit Mk 8,19f. u. ö.

•• Mt steigert die Wundermacht Jesu:

Vgl. Mt 13,53–58 mit Mk 6,1–6: Jesus tut aus freiem Willen kein Wunder in Nazareth, während er nach Mk dort kein Wunder tun konnte.

Vgl. Mt 8,16 mit Mk 1,32–34; Mt 12,15 mit Mk 3,10: Jesus heilt *alle* Kranken, während er nach Mk *viele* heilt. Hierher gehört wohl auch, daß Mt aus dem besessenen Gerasener zwei macht und auch zwei Blinde vor Jericho geheilt werden läßt.

20. Welche Texte befassen sich mit der Stellung Israels?

• In die Geschichte vom Hauptmann von Kapernaum (Mt 8,5–13) fügt Mt zwei ursprünglich getrennte Logien aus Q ein, die ein Gerichtswort über Israel darstellen: Weil Israel den Glauben an Jesus verweigert, wird es verworfen, während Heiden am Mahl im Gottesreich teilnehmen dürfen.

• Derselbe Gegensatz wird erzählerisch schon in Mt 2 dargestellt: Die Sterndeuter als geistige Elite der Heidenwelt huldigen dem neuen König der Juden, während die Führer Israels (Herodes, Hohepriester, Schriftgelehrte) ihm nicht die gebührende Ehre erweisen, womit die Verwerfung des Messias durch Israel zeichenhaft vorweggenommen wird.

• Die matthäische Redaktion des Gleichnisses von den Weingärtnern (21,33–46) ergänzt das: Der Weinberg wird den bösen Weingärtnern genommen und anderen gegeben werden (Vers 41), im Klartext: »Das Reich Gottes wird von euch (den Pharisäern und Hohenpriestern) genommen werden und einem Volk gegeben, das seine Früchte bringt« (Vers 43). Hier ist nicht die Glaubensverweigerung, sondern das Verweigern von Früchten der entscheidende Einwand gegen die Repräsentanten des Judentums, wie ja auch sonst der Vorwurf mangelnder Taten an die Adresse der Pharisäer gerichtet wird (schon 3,7f. im Munde des Täufers; 23,3).

• Einen Abriß der Heilsgeschichte bietet die matthäische Fassung des Gleichnisses vom großen Abendmahl (22,1–14): Die Gesandten Gottes (Vers 3–6) werden von Israel abgelehnt, zur Strafe wird »die Stadt der Mörder« (= Jerusalem) zerstört (Vers 7) und die Einladung an andere gerichtet, aber auch diesen steht das Jüngste Gericht noch bevor (11–14).

• Die Rede gegen die Pharisäer und Schriftgelehrten schließt mit einem Wort der Anklage wegen der Ablehnung Jesu und der Strafandrohung: Das Gemeinwesen wird von Gott seinem Schicksal überlassen und der Messias wird nicht mehr darin wirken – erst als der Wiederkehrende wird er Israel (zum Heil oder Unheil?) wieder begegnen.

● Im Prozeß gegen Jesus vollendet sich das Versagen Israels: Während die Frau des Pilatus (27,19) und Pilatus selbst (27,24) die Unschuld Jesu erkennen, nimmt das ganze Volk (!) die Schuld am Tode Jesu auf sich (24,25) – was sich schon bei der Geburt Jesu andeutete, vollendet sich hier.

● Folgerichtig ergeht der Missionsbefehl des Auferstandenen (28,18–20) jetzt an »alle Welt«, während der irdische Jesus seine und seiner Jünger Sendung streng auf Israel begrenzt hatte (15,24; 10,5f.)

Literatur: W. Trilling: Das wahre Israel. Studien zur Theologie des Matthäus-Evangeliums, 3. Aufl., 1964, 53ff. – *G. Strecker:* Der Weg der Gerechtigkeit (siehe zu 12.2), 99ff. – *R. Walker:* Die Heilsgeschichte im ersten Evangelium, 1967. – *F. Mußner:* Die bösen Winzer nach Mt 21,33–46, in: *W. Eckert u. a. (Hg.):* Antijudaismus im Neuen Testament? 1967, 129ff. – *W. G. Kümmel:* Die Weherufe über die Schriftgelehrten und Pharisäer (Mt 23,13–36), ebd., 135ff. – *K. H. Schelkle:* Die »Selbstverfluchung« Israels nach Mt 27, 23–25, ebd., 148ff.

4. Das Lukasevangelium

1. Der Aufbau des Lk

1. Stellen Sie eine grobe Gliederung des Lk fest.
2. Wie ändert Lk den Mk-Rahmen?
3. Welche Mk-Texte läßt Lk aus?
4. Welche dieser Auslassungen hat Lk mit Mt gemeinsam?
5. Welche Perikopen sind Sondergut des Lk?
6. Welche Texte hat Lk nur mit Mt gemeinsam?

● Gliederung

1,1–4 Prolog

1,5–2,52: Vorgeschichte: Geburt Johannes des Täufers und Geburt Jesu

3,1–4,13: Der Täufer; Taufe, Stammbaum und Versuchung Jesu

4,14–9,50: Jesu Wirken in Galiläa

9,51–19,27: Reisebericht

19,28–21,38: Jesu Wirken in Jerusalem

22–24: Passions- und Ostergeschichten.

●● Lk folgt der markinischen Darstellung recht genau; nur vier Texte hat er umgestellt:

●● Die Verwerfung Jesu in Nazareth (Mk 6,1–6) wird bei Lk an den Anfang der Wirksamkeit Jesu gestellt (4,16–30) und nach einer anderen Quelle als »Antrittspredigt« wiedergeben.

●● Die Berufung der ersten Jünger, die bei Mk ganz früh erfolgt (1,16–20), findet bei Lk erst nach einem längeren Wirken Jesu statt (Lk 5,1–11).

●● Die Auswahl der Zwölf (Mk 3,13–19) und das Summarium über den Zulauf zu Jesus (Mk 3,7–12) stellt Lk um (Auswahl der Zwölf 6,12–16; Zulauf 6,17–19); damit schafft Lk die Hörerschaft für die aus Q übernommene Feldrede (6,20–49).

●● Die Erzählung von den wahren Verwandten Jesu (Mk 3,30–35), die bei Mk vor dem Gleichniskapitel steht, bringt Lk erst im Anschluß an die Gleichnisrede (8,19–21).

●● Lk hat den Mk-Rahmen an 2 Stellen gesprengt:

●● Lk 6,20–8,3 stellt einen Block von nichtmarkinischen Texten dar, die sog. »kleine Einschaltung«.

●● Lk 9,51–18,14 stellt einen weiteren Block nichtmarkinischer Stoffe dar, die sog. »große Einschaltung«.

●● Lk hat den Abschnitt Mk 6,45–8,26 ausgelassen (oder hat er ihn in seinem Mk-Exemplar nicht gelesen?).

●● Es fehlen bei Lk die folgenden Mk-Perikopen:

1. 3,20f. Die Angehörigen erklären Jesus für verrückt;
2. 4,26–29 Gleichnis von der selbstwachsenden Saat;
3. (6,1–6 Verwerfung Jesu in Nazareth – stattdessen hat Lk die »Antrittspredigt« 4,16–30);
4. 6,17–29 Ermordung Johannes des Täufers;
5. 6,45–8,26 Die »*große Auslassung*«; Seewandeln Jesu (6,45–52); drittes Summarium über Heilungen (6,53–56); Rein und Unrein (7,1–23); die Syrophönizierin (7,24–30); Heilung eines Taubstummen (7,31–37); Speisung der Viertausend (8,1–10); Zeichenforderung (8,11–13); Hütet euch vor dem Sauerteig der Pharisäer (8,14–21); Heilung eines Blinden vor Bethsaida (8,22–26).
6. 9,41–10,12: Jüngerweisungen (9,41–50); über die Ehescheidung (10,1–12).
7. 14,51f.: Der nackt fliehende Jüngling.

●● Mit Mt gemeinsam hat Lk folgende Auslassungen:
Mk 3,20f.; 4,26–29; 7,31–37; 8,22–26; 14,51f.
Diese Texte bezeichnet man daher als Mk-Sondergut.

● Mehr als 30 % des Lk-Stoffes sind Sondergut! Dazu gehören
●● Erzählende Traditionen:
1–2: Vorgeschichten
4,16–30: Predigt in Nazareth
5,1–11: Der Fischzug des Petrus
7,11–12: Der Jüngling von Nain
7,36–50: Jesus und die Sünderin
8,1–3: Frauen im Gefolge Jesu
9,52–56: Verweigerung der Aufnahme in einem Samariterdorf
10,38–42: Maria und Martha
13,10–17: Heilung einer verkrüppelten Frau am Sabbat
14,1–6: Heilung des Wassersüchtigen
17,11–19: Heilung der zehn Aussätzigen
19,1–10: Zachäus
22,15–20: Das Abendmahl
23,6–12: Jesu Verhör vor Herodes
23,13–16: Pilatus erklärt Jesus für unschuldig
23,27–31: Frauen von Jerusalem beweinen Jesus
24,13–35: Jesus erscheint zwei Jüngern auf dem Weg nach Emmaus
24,36–43: Jesus erscheint den Jüngern
24,44–53: Letzte Worte Jesu, Himmelfahrt.
●● Gleichnisse des Lk-Sondergutes:
10,29–37: Gleichnis vom barmherzigen Samariter
11,5–8: Gleichnis vom dringlichen Bitten
12,16–21: Gleichnis vom reichen Toren
13,6–9: Gleichnis vom unfruchtbaren Feigenbaum

14,28–32: Gleichnisse vom Turmbau und Kriegführen

15,8–10: Gleichnis vom verlorenen Groschen

15,11–32: Gleichnis vom verlorenen Sohn

16,1–12: Gleichnis vom ungerechten Haushalter

16,19–31: Gleichnis vom reichen Mann und armen Lazarus

17,7–10: Gleichnis vom Knechtslohn

18,1–8: Gleichnis vom Richter und der Witwe

18,9–14: Gleichnis vom Pharisäer und Zöllner.

●● Wichtigste Logien aus dem Lk-Sondergut:

3,10–14: Standespredigt Johannes des Täufers

6,24–26: 4 Weherufe

9,61f.: Nachfolgewort (Wer die Hand an den Pflug legt ...)

10,18–20: Ich sah den Satan vom Himmel fallen wie einen Blitz ...

12,13–15: Von der Habsucht

12,32: Fürchte dich nicht, du kleine Herde ...

12,35–38: Mahnung zur Wachsamkeit (Eure Lenden sollen gegürtet sein ...)

12,49–50: »Ich bin gekommen, Feuer auf die Erde zu werfen ...

13,1–5: Rechtzeitige Umkehr

13,31–33: Warnung vor Herodes

17,20f.: »Das Reich Gottes ist mitten unter euch«

19,41–44: Jesus weint über Jerusalem

21,34–36: Mahnung zur Wachsamkeit

22,31f.: »Simon, Simon, siehe, der Satan hat sich ausbedungen, euch zu sichten ...«

22,35–38: Die zwei Schwerter.

● Die Texte, die Lk mit Mt gemeinsam hat, gehören zur Logienquelle (siehe S. 35f.). Da nach allgemeiner Auffassung Lk die Reihenfolge der Texte in Q besser erhalten hat, seien diese hier noch einmal in der lukanischen Abfolge genannt!

1. Gerichtspredigt Johannes des Täufers Lk 3,7–9.16f.

2. Versuchung Jesu 4,2–12

3. 4 Seligpreisungen 6,20–23

4. Liebet eure Feinde 6,27–36

5. Vom Richten 6,37–42

6. An ihren Früchten sollt ihr sie erkennen 6,43–45

7. Vom Haus auf dem Felsen 6,46–49

8. Der Hauptmann von Kapernaum 7,1–10

9. Anfrage des Täufers und Antwort Jesu 7,18–23

10. Jesu Zeugnis über den Täufer 7,24–35

11. Von der Nachfolge Jesu 9,57–60

12. Die Aussendung der Jünger 10,2–16

13. Lobpreis des Vaters 10,21f.

14. Seligpreisung der Jünger 10,23f.

Problemanzeige: Seit Harnacks immer noch grundlegender Rekonstruktion von Q nahm man lange an, Q sei ein noch nicht kerygmatisch überformtes Sammelwerk. Die neueste Phase der Forschung erkennt dagegen zunehmend, daß hinter Q ein profilierter theologischer Entwurf steckt. Auch dürfte eine Trennung von älteren und jüngeren Stoffen angemessen sein.

Literatur: A. Harnack: Sprüche und Reden Jesu, 1907. – *D. Lührmann:* Die Redaktion der Logienquelle, 1969. – *P. Hoffmann:* Studien zur Theologie der Logienquelle, 1972. – *S. Schulz:* Q–Die Spruchquelle der Evangelisten, 1972. – *A. Polag:* Die Christologie der Logienquelle, 1977.

2. Welche Intentionen gibt Lk im Prolog kund?

• Lk gibt sich als Mann der dritten Generation zu erkennen. Vor ihm haben schon »viele« schriftliche Berichte über das Jesusgeschehen gegeben, und diese basieren wiederum auf den »Augenzeugen und Dienern des Wortes.« Lk will alle alten Überlieferungen sammeln und sie lückenlos aufzeichnen.
• Lk spricht vom Jesusgeschehen als den »unter uns in Erfüllung gegangenen Ereignissen«; das weist auf sein Interesse an den alttestamentlichen Verheißungen hin.
• Durch diese Darstellung soll der hochgestellte Theophilos den festen Grund der Lehre erkennen, in der unterwiesen wurde.

Literatur: *H. v. Campenhausen:* Die Entstehung der christlichen Bibel, 1968, 147ff. – *U. Luck:* Kerygma, Tradition und Geschichte Jesu bei Lukas, ZThK 57, 1960, 51ff.

3. Die Vorgeschichten des Lukasevangeliums

Vergleichen Sie die Erzählungen über Johannes den Täufer und Jesus! Welche Motive sind ihnen gemeinsam, welche Unterschiede finden sich?

In der Vorgeschichte Lk 1–2 entsprechen sich die Berichte von der Ankündigung der Geburt des Johannes und Jesu und auch die Berichte von beider Geburt. Mit Recht hat R. Laurentin von zwei Tafeln eines Diptychons gesprochen.

● Das »Diptychon der Ankündigungen« (1,5–56):

Johannes	*Jesus*
1,5–25: *Ankündigung der Geburt*	1,26–38: *Ankündigung der Geburt*
1,5–7: Vorstellung der Eltern	1,27: Vorstellung der Mutter
1,11: Erscheinen des Engels	1,28: Eintreten des Engels
1,12: Erschrecken des Zacharias	1,29: Erschrecken der Maria
1,13: Fürchte dich nicht!	1,30: Fürchte dich nicht!
1,15: Ankündigung: Er wird *groß* sein vor dem Herrn (Umkehrprediger und Vorläufer, der vom Geist begabt ist)	1,32: Ankündigung: Er wird groß sein (Sohn des Höchsten, Davidssohn, Messias)
1,18: Frage nach dem Zeichen: Woran soll ich das erkennen?	1,34: Frage: Wie soll das geschehen
1,20: Antwort: Du wirst stumm werden (Zeichen)	1,35: Antwort: Offenbarung des Geheimnisses (Zeichen: Elisabeth, deine Verwandte)
1,23: Weggehen des Zacharias	1,38: Weggehen des Engels.

Über diese formale Ähnlichkeit hinaus sind jedoch sachliche Unterschiede zu beachten, die auch für die Geburtsgeschichten gelten: »Die Jesuserzählungen subsumieren und überschatten die jeweiligen Johanneserzählungen; diese sind für jene Vorbereitung und Verheißung« (H. Schürmann: Das Lukasevangelium I, 1969, 25). Im Fall der Ankündigungen stehen gegenüber:

die Unfruchtbare wird schwanger	– die Jungfrau wird schwanger
der »Große« ist Geistträger und Umkehrprediger	– der »Große« ist der Messias
auf die Frage folgt eine Strafe für den Unglauben	– auf die Frage folgt die Offenbarung des Geheimnisses

● Das »Diptychon der Geburten« 1,56–2,52

Johannes	Jesus
1,57.58: Die Geburt des Täufers	2,1–10: Die Geburt des Retters
1,58: Freude der Nachbarn und Verwandten	2,10: Freude im Kosmos
1,58: Chorschluß	2,13: Chor der Engel
1,59–79: Beschneidung des Johannes	2,21–39: Beschneidung Jesu
1,60–63: Bedeutung des Namens	2,21: Bedeutung des Namens
1,80: Refrain über das Wachsen	2,40: Refrain über das Wachsen (vgl. 2,52)

Bei der Geburt des Johannes herrscht Freude im engen Kreis – bei der Geburt Jesu Freude im Kosmos; Johannes wird im Haus beschnitten – Jesus im Tempel.

Das Zwischenstück, Maria bei Elisabeth (1,39–56), stellt ebenfalls die höhere Bedeutung Jesu heraus.

Literatur: R. Laurentin: Struktur und Theologie der lukanischen Kindheitsgeschichte, 1967.
– *A. Vögtle:* Offene Fragen zur lukanischen Geburts- und Kindheitsgeschichte, in: *ders.:* Das Evangelium und die Evangelien, 1971, 43ff.

---

4. Welche Hauptmotive enthalten die drei Hymnen der lukanischen Vorgeschichte?

● Das *Magnifikat* der Maria (1,46–56) stellt den Dank Mariens für die große Tat Gottes an ihr (46–50) neben den Preis seines endzeitlichen Heilshandelns (51–55), das eine Umkehr der irdischen Verhältnisse bringen wird, insbesondere aber die Annahme Israels gemäß den Verheißungen.

● Das *Benediktus* des Zacharias (1,67–79) hat ebenfalls zwei Teile: Vers 68–75 besingen das endzeitliche Heilshandeln Gottes an seinem Volk Israel gemäß den Worten der Propheten; Vers 76–79 stellen eine Prophetie über das neugeborene Kind dar (Johannes als Prophet, Vorläufer, Zurüster des Volkes, vgl. 1,14–17).

● Das *Nunc dimittis* des Simeon (2,28–32) preist Gott für das im Jesuskind erschienene Heil, das Israel und den Heidenvölkern gilt.

NB. Diese drei Hymnen werden als sog. cantica maiora in der Liturgie verwendet:
das Benediktus in der Mette, dem ersten Gebetsgottesdienst am frühen Morgen
das Magnifikat in der Vesper (18 Uhr)
das Nunc dimittis in der Komplet, dem letzten Gebetsgottesdienst des Tages.

Problemanzeige: Die Herkunft dieser Hymnen ist kontrovers, für Magnifikat und Benediktus sind jüdische, judenchristliche oder täuferische Herkunft erwogen worden, für das Nunc dimittis jüdische oder judenchristliche. Auch die Einheitlichkeit der beiden größeren Cantica ist nicht sicher.

Das Magnifikat wird in einigen altlateinischen Handschriften der Elisabeth zugeschrieben, was gelegentlich als ursprünglich beurteilt wurde (A. v. Harnack).

Literatur: H. Gunkel: Die Lieder in der Kindheitsgeschichte Jesu bei Lukas, in: Festgabe für
A. v. Harnack zum 70. Geburtstag, 1921, 43ff. – *A. v. Harnack:* Das Magnifikat der
Elisabeth (Luc. I, 46–53) nebst einigen Bemerkungen zu Luc. I und II, in: *ders.:* Studien zur
Geschichte des Neuen Testaments und der alten Kirche I, 1931, 62ff. – *Ph. Vielhauer:* Das
Benedictus des Zacharias, in: *ders.:* Aufsätze zum Neuen Testament, 1965, 28ff. – *J. Gnilka:*
Der Hymnus des Zacharias, BZ N.F. 6. 1962, 215ff.

---

5. Stellen Sie weitere Aussagen des Lk über Johannes den Täufer zusammen

• Lk datiert das Auftreten des Täufers im Stil antiker Geschichtsschreibung durch
einen Synchronismus (3,1f.)

• Das Auftreten des Täufers geht auf eine Berufung durch Gott zurück, die der
Berufung des Propheten Jeremia vergleichbar ist (Jer 1,1–5)

• Johannes verkündet eine Bußtaufe zur Vergebung der Sünden (mit Mk gegen Mt).

• Hatten schon Mk und Q das Auftreten des Johannes mit Jes 40,3 (»Stimme eines
Rufers in der Wüste ...«) belegt, so erweitert Lk das Zitat auf Jes 40,3–5, so daß
nunmehr auch der universale Heilswille Gottes ausgesprochen wird (Lk 3,6: »Und
alles Fleisch wird schauen das Heil Gottes«).

• Die nach Q wiedergegebene Bußmahnung des Täufers (Lk 3,7–9) ergänzt Lk durch
die sog. Standespredigt (Lk 3,10–14; Sondergut), in der die Volksscharen, die Zöllner
und Soldaten zu Hilfsbereitschaft und Vermeidung von Unrecht aufgefordert
werden.

• Der Täufer kündigt 3,15–17 den Messias an; seine Predigt wird 3,18 als frohe
Botschaft bezeichnet (εὐαγγελίζεσθαι).

• Im Anschluß daran bringt Lk eine kurze Notiz über die Gefangennahme des
Täufers (3,19f.); den ausführlichen Bericht über die Enthauptung des Täufers
(Mk 6,17ff.) läßt Lk weg.

• Gleichsam als Nachtrag wird noch die Taufe Jesu berichtet (3,21f.). Sowohl die
Herabkunft des heiligen Geistes als auch die Himmelsstimme werden als allgemein
konstatierbare Fakten geschildert. (Die Himmelsstimme ist in der »westlichen« Textüberlieferung als Zitat von Ps 2,7 umgestaltet worden: »Du bist mein Sohn, heute
habe ich dich gezeugt.«)

• Lk bringt aus Q die Täuferanfrage und Jesu Urteil über den Täufer (7,18ff.).
Johannes ist der Größte unter den Menschen, mehr als ein Prophet, nämlich Vorläufer des Messias; aber »der Kleinste im Gottesreich ist größer als er«, d. h. doch wohl,
daß Johannes noch nicht zur neuen heilsgeschichtlichen Periode gehört, die erst mit
Jesus angebrochen ist.

• Diese Frage stellt sich abermals bei Lk 16,16: »Gesetz und Propheten gehen bis zu

Johannes ...« Umstritten ist, ob Gesetz und Propheten bis einschließlich Johannes gelten (Conzelmann u. a.), so daß Johannes noch zur alten Epoche gehörte oder bis ausschließlich Johannes (so Kümmel u. a.), so daß Johannes schon zur neuen Epoche gehörte.

> *Literatur: W. G. Kümmel:* »Das Gesetz und die Propheten gehen bis Johannes« – Lukas 16,16 im Zusammenhang der heilsgeschichtlichen Theologie der Lukasschriften, in: Verborum Veritas (FS G. Stählin), 1970, 89ff. – *H. Conzelmann:* Die Mitte der Zeit. Studien zur Theologie des Lukas, 5. Aufl., 1964, 12ff.

6. Vergleichen Sie den Stammbaum Jesu bei Lk mit dem bei Mt

Welche Besonderheiten zeigt die lukanische Fassung?

• Der matthäische Stammbaum geht abwärts von Abraham bis zum Mann der Maria, der lukanische aufwärts von Josef bis zu Adam und letztlich Gott. Nur ein Teil der Namen ist beiden gemeinsam.

• Während Mt 3×14 Generationen nennt, bietet Lk 3×7 Generationen von Josef bis Salathiel, 3×7 Generationen von Neri bis David, 2×7 Generationen bis Abraham und 3×7 weitere Generationen über Adam bis zu Gott.

• Da der Stammbaum mit der jungfräulichen Geburt (1,26–38) in einer gewissen Spannung steht, schreibt Lk in 3,23: »Jesus war, ›wie man glaubte‹ (ὡς ἐνομίζετο), der Sohn Josefs«.

7. Welche Aussagen finden sich bei Lk zum Thema: Jesus und der Satan?

• Die Versuchungsgeschichte Lk 4,1–13 folgt der Q-Vorlage. Wichtigste Unterschiede zu Mt 4,1–11:

•• Die ganzen 40 Tage des Wüstenaufenthalts sind Zeit der Versuchung durch die Teufel.

•• Die zweite und dritte Versuchung finden sich bei Lk in umgekehrter Reihenfolge wie bei Mt: Weltherrschaft – Tempelzinne. Meist nimmt man an, Lk habe die ursprüngliche Anordnung geändert, um anzuzeigen, daß Jesu Weg in Jerusalem enden werde.

•• Am Ende der Versuchungsgeschichte fügt Lk die Bemerkung ein, der Satan habe von Jesus abgelassen »bis zu gegebener Zeit« (4,13).

• Bei der Rückkehr der 70 ausgesandten Jünger bringt Lk aus seinem Sondergut das Wort »Ich sah den Satan vom Himmel fallen wie einen Blitz« (10,18). Dieses Wort ist eine Parallele zu Mk 3,27, das Lk ausläßt.

• In Lk 11,14–23 gibt Lk die Q-Fassung des Streitgesprächs über den Vorwurf wieder, Jesus stehe im Bunde mit dem Teufel. Jesus beantwortete diesen Vorwurf mit den Bildworten vom gespaltenen Reich und Haus, die keinen Bestand haben könnten (11,17); also könnte auch des Satans Reich keinen Bestand haben, wenn er mit sich selbst entzweit wäre. Vielmehr treibt Jesus die Dämonen mit dem »Finger Gottes« aus, und dies ist ein Zeichen dafür, daß das Reich Gottes schon angebrochen ist (ἔφθασεν ἐφ' ὑμᾶς ἡ βασιλεία τοῦ θεοῦ): Lk 11,20. Nur ein Stärkerer (Jesus) kann das Haus des Starken (Satan) plündern (11,21 f.).

● Am Beginn der Passionsgeschichte finden wir die redaktionelle Bemerkung: »Da fuhr der Satan in Judas, genannt Iskariot, ...« (Lk 22,3)

Problemanzeige: Wenn man 4,13 und 22,3 zusammensieht, kann man mit H. Conzelmann sagen, nach der Versuchung Jesu hebe »die satansfreie Zeit an, eine Epoche sui generis in der Mitte des ganzen Ablaufs der Heilsgeschichte ...«.
Aber 22,28 werden die Jünger als diejenigen bezeichnet, welche durchgehalten haben »in meinen Versuchungen« – das spricht dagegen, das Leben Jesu als satansfreie Zeit anzusehen.

Literatur: H. Conzelmann: Die Mitte der Zeit, S. 22; 73 ff.

---

8. Stellen Sie die wichtigsten Motive der »Antrittspredigt« Jesu in Nazareth fest

● Lk 4,17–21 liest Jesus ein Zitat, das sich aus Jes 61,1–2a und 58,6 zusammensetzt; das zeigt, daß sich hier urchristliche Christologie niedergeschlagen hat, die den Erfüllungscharakter des Kommens Jesu betont: »Heute ist diese Schrift erfüllt ...«
● Lk 4,25 ff. verweist Jesus auf die Sendung des Elia zur Witwe von Sarepta (1 Kön 17) und des Elisa zu dem Syrer Naeman (2 Kön 5); damit wird ein Ausblick auf die christliche Heidenmission gegeben.
● Die Aussage von der »Salbung« Jesu läßt an seine Einsetzung in das prophetische Amt denken.

Literatur: Ferd. Hahn: Christologische Hoheitstitel, 4. Aufl., 1974, 394 ff. – *W. Eltester* (Hg.): Jesus in Nazareth, 1972.

---

9. Stellen Sie die Texte zusammen, in denen Petrus eine Rolle spielt

● Nach der Erwähnung des Simon in 4,38 (Heilung der Schwiegermutter!) wird in 5,1–11 der »Fischzug des Petrus« erzählt. Diese Erzählung steht bei Lk anstelle der Jüngerberufung Mk 1,16–20. Sie enthält:
●● eine Wundergeschichte (Vers 4b–9). In dieser machen Simon, Jakobus und Johan-

nes auf die Weisung Jesu hin einen riesigen Fischfang, obwohl sie die ganze Nacht erfolglos gearbeitet hatten; Simon erkennt durch das Wunder die Epiphanie Jesu als des Herren und bittet »Geh fort von mir, denn ich bin ein Sünder, Herr« (Vers 8). •• Daran schließt Lk die Berufung des Petrus zum »Menschenfänger« an (vgl. Mk 1,17: »Ich will euch zu Menschenfischern machen«). Nur beiläufig wird erwähnt, daß auch die Zebedaiden »alles verlassen« und Jesus nachfolgen. Eine Vorrangstellung des Petrus wird hier schon sichtbar.

> *Literatur: R. Pesch:* Der reiche Fischfang Lk 5,1–11/Jo 21,1–14. Wundergeschichte – Berufungserzählung – Erscheinungsbericht, 1969.

• Die Berufung der Zwölf (Lk 6,12–16) erfolgt bei Lk auf einem Berg, wohin Jesus die Jünger gerufen hatte, um aus dieser größeren Schar die Zwölf auszusondern, denen er die Bezeichnung »Apostel« beilegte; unter den zwölf Aposteln legte er dem Simon den Namen Petrus bei, d. h. die Namensverleihung zeigt, daß Simon in dem engeren Kreis der Zwölf eine ebenso ausgezeichnete Stellung hat wie die Zwölf unter den Jüngern.

• Das Petrusbekenntnis »Du bist der Christus« (Mk 8,29) lautet bei Lk »Du bist der Christus *Gottes*« (Lk 9,20). Die Ergänzung soll wohl ausdrücken: »Jesus ist der Christus *Gottes*, insofern er – und Gott an ihm und durch ihn heilsgeschichtlich handelt« (H. Schürmann; Lukasevangelium I, 531). Insofern hat Petrus ein richtiges Bekenntnis ausgesprochen. Der Widerspruch des Petrus zu der darauffolgenden Leidensankündigung und der scharfe Tadel Jesu an Petrus (Mk 8,32f.) fehlen bei Lk.

• Die Verklärung Jesu (Lk 9,28–36) ist gegenüber Mk 9,2–10 verändert. Während Mose und Elia mit dem verklärten Jesus über seinen Lebensausgang reden, den er in Jerusalem erfüllen sollte (Vers 31), schlafen »Petrus und seine Begleiter« (Vers 32). Als sie erwachen, macht Petrus den unangemessenen Vorschlag, Hütten zu bauen. So ist auch in dieser Erzählung Petrus stark hervorgehoben, wenn auch mit negativem Akzent: »er wußte nicht, was er sagte« (Vers 33).

• Die Ankündigung der Verleugnung des Petrus (Lk 22,31–34) bringt Lk vor dem Verlassen des Abendmahlssaales, wohingegen sie bei Mk während des Ganges zum Ölberg (Mk 14,26–31) gesprochen wird. Die lukanische Fassung beginnt mit einem Verheißungswort an Simon: Zwar möchte der Satan die Jünger wie Getreide sichten, aber Jesus hat für Petrus gebetet und Petrus soll, wenn er sich bekehrt hat, seine Brüder stärken (Vers 31f.). Darauf erklärt Petrus seine Bereitschaft, mit Jesus zusammen in Gefangenschaft und Tod zu gehen; Jesus aber sagt ihm voraus, er werde dreimal leugnen, ihn zu kennen.

Problemanzeige: Setzt Lk 22,31f. voraus, daß Petrus eigentlich nicht versagt hat (G. Klein) oder muß man Vers 32a mit W. Dietrich so verstehen: »Jesus bittet für Petrus, daß dessen Glaube nicht zu Ende komme, d. h., daß der Glaube, bildlich gesprochen, auf dem Weg zum Unglauben nicht sein Ende finde«?

Literatur: G. Klein: Die Verleugnung des Petrus, ZThK 68, 1961, 285ff. - *W. Dietrich:* Das Petrusbild der lukanischen Schriften, 1972, 121ff.

● Die Erzählung von der Verleugnung des Petrus steht bei Lukas vor dem Verhör Jesu (Lk 22,54–61), während sie bei Mk im Anschluß an das Verhör berichtet wird (Mk 14,66–72). Petrus leugnet, Jesus zu kennen (Vers 57), dann behauptet er, kein Jünger Jesu zu sein (Vers 58), und zuletzt sagt er: »Mensch, ich verstehe nicht, was du sagst«. Gegenüber Mk sind die Verleugnungen also schwächer ausgedrückt, insbesondere fehlt die Aussage Mk 14,71, Petrus habe zu schwören und zu fluchen begonnen. So ist eine gewisse Schonung des Petrus bei Lk unverkennbar.

Problemanzeige: Geht die Umgestaltung der Verleugnung auf die redaktionelle Arbeit des Lk zurück (G. Schneider) oder hat Lk eine Sonderquelle benützt (D. Catchpole)?

Literatur: G. Schneider: Verleugnung, Verspottung und Verhör Jesu nach Lukas 22,54–71, 1969, 73ff. - *D. R. Catchpole:* The Trial of Jesus, 1971, 160ff.

10. Welche Vorschriften bestimmen die Jüngeraussendung bei Lk?

● Lk kennt zwei Jüngeraussendungen:
Lk 9,1–6 entspricht im wesentlichen Mk 6,7–13, während die Aussendung der 70 (oder 72) Jünger in Lk 10,1–12 mehr die Q-Überlieferung wiedergibt. Mt hat in 10,5ff. aus beiden Vorlagen eine einzige Rede zusammengestellt. Im Falle der Aussendung spricht man von einer *Doppelüberlieferung*, weil zwei Quellen dasselbe Ereignis berichten. Andere Doppelüberlieferungen:
    Im Bunde mit dem Teufel? Mk 3,22ff.; Mt 12,22ff./Lk 11,14ff.
    Zeichenforderung Mk 8,11–13; Mt 12,38f./Lk 11,16.29–32
    Gleichnis vom Senfkorn, Mk 4,30–32; Mt 13,31f./Lk 13,18f.

● Die Aussendung der 12 Jünger in Lk 9,1–6 ist durch folgende Züge bestimmt:
●● Die Zwölf werden mit Vollmacht über die Dämonen und mit Vollmacht zur Heilung von Krankheiten ausgestattet; sie sollen die Herrschaft Gottes verkündigen.
●● Jede Reiseausstattung wird ihnen verboten (Verschärfung gegenüber Mk 6!)
●● Die Versorgung soll jeweils am Ort erfolgen; der Apostel soll jeweils bei einer Familie sein Standquartier nehmen.
●● Wird den Boten in einem Ort die Gastfreundschaft verweigert, dann sollen sie dort nicht wirken, sondern durch die symbolische Handlung des Staubabschüttelns das Gericht Gottes über jenen Ort herbeiziehen.

67

- Die Aussendung der 70 (oder 72): Lk 10,1–12.
- ●● Die Boten werden paarweise ausgesandt, um das Kommen Jesu in die jeweiligen Orte vorzubereiten.
- ●● Erster Auftrag ist das Gebet um Mitarbeiter bei der Missionsarbeit.
- ●● Die Missionare werden wehrlos ausgesandt.
- ●● Geld, Verpflegung, Schuhe werden ihnen als Ausrüstung verboten.
- ●● In einem Haus, in dem ein »Sohn des Friedens« wohnt, sollen sie ihr Standquartier nehmen.
- ●● Ihre Wirksamkeit soll im Dienst an den Schwachen und in der Verkündigung der Nähe des Reiches Gottes bestehen.
- ●● Werden sie abgewiesen, dann sollen sie öffentlich die Gemeinschaft mit jenem Ort aufkündigen, wodurch ein schrecklicheres Gericht über diesen Ort kommen wird als über Sodom.

11. Man hat Lk den »Evangelisten der Armen« genannt. Stellen Sie Texte zusammen, die diese Bezeichnung belegen

- Bereits in der »Vorgeschichte« wird das soziale Motiv sichtbar: Im Magnifikat wird eine Umkehr der Macht- und Besitzverhältnisse angekündigt (1,52f.).
- Zu Beginn der »Feldrede« setzt Lk neben die 4 Seligpreisungen der Jünger als der Armen, Hungernden, Weinenden und Verfolgten auch 4 Weherufe über die Reichen, Satten, Lachenden und öffentlich Anerkannten.
- Hatte schon der Täufer in der sog. »Standespredigt« die Menge zur Wohltätigkeit aufgerufen (3,10f.), so wird diese in der Feldrede entschieden betont: Jedem, der bittet, soll man geben (6,30), man soll ausleihen, ohne etwas zurückzuerhoffen (6,35); wer reichlich gibt, wird von Gott überreichlich belohnt werden (6,38).
- Das Sondergut – Gleichnis von dem törichten Reichen, der Schätze auf Erden sammelte, aber nicht »reich an Gott« war und die Warnung vor dem Sorgen und Schätzesammeln aus Q (Lk 12,16–21; 22–24) zeigen die Gefahren des irdischen Besitzes.
- Eine eindringliche Mahnung, die irdischen Güter nicht hochzuachten, enthält der Abschnitt Lk 14,12–33: Man soll nicht die Reichen, sondern die Armen zu Tisch laden, um himmlischen Lohn zu erhalten (Vers 12–14). Das Gleichnis vom Großen Abendmahl stellt diejenigen, welche die Einladung versäumen, als Leute dar, die mit irdischen Geschäften befaßt sind (Grundbesitz, Zugvieh, Heiraten), während die Krüppel, Blinden, Lahmen, Bettler am Gastmahl teilnehmen (Vers 15–24). Und die Ausführungen über Voraussetzungen der Nachfolge gipfeln in dem Satz: »Jeder, der sich nicht trennt von all seinem Besitz, kann nicht mein Jünger sein« (14,33).
- Bezeichnend sind auch die beiden Sondergut-Gleichnisse in Lk 16: Das Gleichnis vom ungerechten Haushalter (16,1–9) wird als Mahnung verstanden, sich Freunde mit dem ungerechten Mammon zu machen; das Gleichnis vom reichen Mann und

armen Lazarus zeigt, daß der irdisch Reiche nichts mehr zu erwarten hat, während der irdisch Arme im Himmel getröstet wird (16, 19–31).

• Den Frauen im Gefolge Jesu wird nachgerühmt, sie hätten mit ihrem Besitztum für Jesus und die Jünger gesorgt (8,1–3); der Oberzöllner Zachäus gibt die Hälfte seines Vermögens den Armen und erhält daraufhin von Jesus den Zuspruch des Heils (19,1–10). Das aus Q stammende Wort gegen die äußerliche Reinheit der Pharisäer ergänzt Lk durch die Forderung »Gebt, was drinnen ist, als Almosen!« (11,41).

Problemanzeige: Gilt diese rigorose Forderung nach Besitzverzicht hauptsächlich für die kirchlichen Amtsträger der lukanischen Gemeinde (Degenhardt) oder ist der Besitzverzicht durch eine akute Verfolgungssituation motiviert (Schmithals)?

> *Literatur: H.-J. Degenhardt:* Lukas-Evangelist der Armen, 1965. – *W. Schmithals:* Lukas-Evangelist der Armen, Theol Viat 12, 1975, 153ff.

12. Das Gebet bei Lk

Wie lautet das Vaterunser bei Lk?
Welche Rolle spielt das Gebet sonst?

• Das Vaterunser in der lukanischen Fassung (11,2–4) hat
•• nur eine einfache Anrede: »Vater« (im Unterschied zu Mt: »Vater unser im Himmel«)
•• nur 5 Bitten (Name, Reich, Brot, Sündenerlaß, Versuchung)
•• keine Doxologie (auch in der Mt-Fassung ist die Doxologie sekundär – vgl. den kritischen Apparat)

Problemanzeige: In zwei späten Minuskeln und bei Kirchenschriftstellern ist statt der Bitte um das Reich (bzw. bei Marcion statt der Bitte um Heiligung des Namens) eine Bitte um das Kommen des Geistes überliefert. Seit A. v. Harnack ist diese Geistbitte immer wieder als ursprüngliche lukanische Lesart verteidigt worden, neuerdings von W. Ott und R. Freudenberger.

> *Literatur: A. v. Harnack:* Der ursprüngliche Text des Vater-Unsers und seine älteste Gestalt, in: *ders.:* Erforschtes und Erlebtes, 1923, 24ff. – *R. Freudenberger:* Zum Text der zweiten Vaterunserbitte, NTS 15, 1968/69, 419ff. – *J. Jeremias:* Das Vater-Unser im Lichte der neueren Forschung, in: *ders.:* Abba. Studien zur neutestamentlichen Theologie und Zeitgeschichte, 1966, 152ff.

• Das Gebet spielt bei Lk eine große Rolle:
• Jesus selbst wird an vielen Stellen als betend vorgestellt (3,21; 5,16; 6,12; 9,18; 9,28f.; 11,1; 23,46 – alle Stellen lukanische Redaktion!)

●● Im Anschluß an das Vaterunser gibt Lk eine Gebetsanleitung, die das Gleichnis vom dringlichen Bitten aus dem Sondergut (11,5–8) und Einzelsprüche aus Q enthält (11,9–13; vgl. Mt 7,7–11). Dadurch soll zu anhaltendem und eindringlichem Gebet ermutigt werden.

●● Auch das Gleichnis vom Richter und der Witwe (Lk 18,1–8) ist nach Vers 1 als Mahnung zu anhaltendem Gebet zu verstehen.

●● Dieselbe Forderung stellt Lk an den Schluß der apokalyptischen Rede 21,5ff: »Wacht, indem ihr allezeit betet, daß ihr gewürdigt werdet, all diesen kommenden Ereignissen zu entfliehen und vor den Menschensohn hinzutreten« (21,36). Lukas fordert »ein Beten, das das ganze Leben durchzieht« (W. Ott, S. 123).

●● Aufschlußreich ist ein Vergleich von Mt 7,11 mit Lk 11,13. Während Mt (und Q) schreiben, der himmlische Vater werde denen, die ihn bitten, gute Gaben geben, schreibt Lk, der Vater im Himmel werde denen, die ihn bitten, den heiligen Geist geben. »Die Bitte um irdische Gaben, die für Matthäus selbstverständlich ist, ist bei Lukas nicht nur hier verdrängt; sie scheint bei ihm auch sonst nicht recht aufkommen zu können, erscheint fast ein wenig diskriminiert, wie der irdische Besitz bei Lukas überhaupt. Das Gebet ist für andere Anliegen reserviert ...« (W. Ott, S. 108), nämlich für die Bitte um den heiligen Geist (11,3), um Glauben (18,8), gewürdigt zu werden, vor den Menschensohn hinzutreten (21,36), nicht in Versuchung zu geraten (22,40).

Literatur: W. Ott: Gebet und Heil. Die Bedeutung der Gebetsparänese in der lukanischen Theologie, 1965.

---

13. Welche Traditionen bringt Lk, die in besonderer Weise Jesu Zuwendung zu den damals Verachteten (Zöllner, Samaritaner, Frauen) zeigen?

● Lk übernimmt die Berufung des Zöllners Levi (5,27f.) und das Zöllnergastmahl aus Mk und übernimmt aus Q die Bezeichnung Jesu als »Freund der Zöllner und Sünder« (7,34; vgl. Mt 11,19); er betont mit Hilfe seines Sondergutes, daß auch die Zöllner dem Bußruf des Johannes schon gefolgt seien (3,12f.; 7,29), läßt »Zöllner und Sünder« als Hörer Jesu hervortreten und die 3 Gleichnisse vom Verlorenen als Verteidigung der Zuwendung Jesu zu diesem Kreis gesagt sein (15,1ff.); schließlich bringt nur das Lukasevangelium das Gleichnis vom Pharisäer und Zöllner (18,9–14) und die Erzählung vom Oberzöllner Zachäus (19,1–10).

● Während die Samaritaner bei Mk überhaupt nicht erwähnt werden und bei Mt als zu Meidende erscheinen (10,5), zieht der lukanische Christus durch Samarien (9,52), heilt einen aussätzigen Samaritaner (17,11ff.) und stellt im Gleichnis vom barmherzigen Samariter (10,29–37) diesen religiös und ethnisch suspekten Mann als Vorbild hin.

Problemanzeige: Der Reisebericht beginnt in 9,51ff. mit Jesu Absicht, in einem samaritanischen Dorf Quartier zu machen; 17,11 heißt es, Jesus sei »mitten durch

Samarien und Galiläa« gezogen. Da außerdem im Reisebericht das Gleichnis vom barmherzigen Samariter vorkommt (10,29–37), hat E. Lohse die These vertreten, der ganze Reisebericht solle eine Reise Jesu durch samaritanisches Land darstellen. Jesu Predigt unter den fremdstämmigen Samaritern solle als Vorbild für die Heidenmission verstanden werden. Dagegen H. Conzelmann: Die Reise ist nicht als Reise durch Samarien gedacht; Lk hatte keine genauen Vorstellungen von der palästinischen Geographie.

Literatur: E. Lohse: Missionarisches Handeln Jesu nach dem Evangelium des Lukas, in: *ders.:* Die Einheit des Neuen Testaments, 1973, 165ff. – *H. Conzelmann:* Die Mitte der Zeit, 5. Aufl., 1964, 53ff. – *P. v. d. Osten-Sacken:* Zur Christologie des lukan. Reiseberichts, EvTh 33, 1973, 476ff.

● Hatte schon Mk beiläufig erwähnt, daß Frauen im Gefolge Jesu waren (15,40f.), so hebt Lk die Jüngerinnen besonders hervor (8,1–3), nennt Maria und Martha als Gastgeber Jesu (10,38–42), läßt Jesus durch eine »Sünderin« gesalbt werden (7,36–50) und heilt am Sabbat eine verkrümmte Frau (13,10–17); auch in der Geschichte der Auferweckung des Jünglings von Nain (7,11–17) handelt Jesus aus Mitleid mit der verwitweten Mutter.

14. Die Eschatologie im Lukasevangelium

Vergleichen Sie die Rede Lk 21,5–36 mit der Markusvorlage
Wie hat Lk andere Mk-Texte, die von der Parusie sprechen, bearbeitet?
Vergleichen Sie die »kleine Apokalypse« Lk 17,20ff. mit den Matthäusparallelen!
Welche Gleichnisse bei Lk sprechen von den Endzeitereignissen?

● Die »synoptische Apokalypse« Mk 13 ist bei Lk mit einer Reihe von Änderungen wiedergegeben:
●● Schon die einleitende Frage an Jesus (Lk 21,7) spricht nicht mehr von der eschatologischen Erfüllung (Mk 13,4: συντελεῖσθαι), sondern von innerweltlichen Geschehnissen (γίνεσθαι).
●● Die Ankündigung der nahen Parusie wird in 21,8f. als Mißverständnis charakterisiert; »die in der Vergangenheit liegenden Ereignisse des Aufstandes und der Tempelzerstörung sollen aus dem eschatologischen Zusammenhang gelöst werden« (E. Gräßer, 158).
●● Die Bedrängnis und Verfolgung der Gemeinde wird in 21,12 ausdrücklich vor die aus Mk übernommenen Schrecknisse (Völkerkrieg, Hunger, Pest etc.) gestellt (21,12); damit werden die Endereignisse nochmals hinausgeschoben.
●● Lk 21,20–24 blickt auf die geschehene Tempelzerstörung zurück (vgl. auch Lk 19,43f.). Der apokalyptische Terminus »Greuel der Verwüstung« wird nicht übernommen!

71

•• Die Parusie wird als ein in unbestimmter Ferne liegendes Ereignis beschrieben (21,25–28).

•• Lk fügt einen paränetischen Schluß an, der vor den «täglichen Sorgen» warnt und zu immerwährendem Gebet auffordert (21,34–36).

> *Literatur: E. Gräßer:* Das Problem der Parusieverzögerung in den synoptischen Evangelien und in der Apostelgeschichte, 2. Aufl., 1960, 155ff.

• Auf zwei wichtige Stellen ist noch zu verweisen:

14.2.1 Das Wort Mk 9,1 »Amen, ich sage euch: Einige der hier Stehenden werden den Tod nicht schmecken, bis sie das Gottesreich *in Kraft kommen* sehen« wird in Lk 9,27: »Ich sage euch wahrhaftig: Es sind einige unter den dort Stehenden, die den Tod nicht schmecken werden, bis sie sehen das Reich Gottes.« Nach Lk gibt es also »ein Sehen des Gottesreiches bereits vor dem Kommen des Menschensohns ... Einige sehen die βασιλεία (das Reich), nicht aber ihr Kommen in Kraft.« (O. Merk, 216).

14.2.2 Die Antwort Jesu auf die Frage des Hohenpriesters lautet nach Mk 14,62 »... und *ihr werdet sehen* den Menschensohn sitzend zur Rechten der Kraft und *kommend mit den Wolken des Himmels*«; nach Lk 22,69 lautet sie dagegen: ... »*Von nun an* wird sein der Menschensohn sitzend zur Rechten der Kraft Gottes.« Das heißt die Ansage der Parusie (»ihr werdet sehen ... kommend mit den Wolken des Himmels«) ist umgeformt zu einer Aussage über die himmlische Existenz des Erhöhten.

• Die aus Q geschöpfte »kleine Apokalypse« Lk 17,20ff. weist folgende Hauptthemen auf:

14.3.1 In der Einleitung (Lk 17,20f. – Sondergut) wird die Frage nach dem Termin der Parusie abgewiesen; denn »das Reich Gottes ist unter euch« (ἡ βασιλεία τοῦ θεοῦ ἐντὸς ὑμῶν ἐστιν).

Problemanzeige: Drei Auffassungen dieses Logions werden diskutiert:

(1) »Das Reich Gottes ist mitten unter euch« im Sinne präsentischer Eschatologie (W. G. Kümmel)

(2) »Das Reich Gottes wird mit einem Schlag unter euch sein«, also futurisch (R. Bultmann)

(3) »Das Reich Gottes ist in eurer Hand, zu eurer Verfügung« (A. Rüstow).

> *Literatur: W. G. Kümmel:* Verheißung und Erfüllung, 3. Aufl., 1956, 26ff. – *R. Bultmann,* Die Geschichte der synoptischen Tradition, 8. Aufl., 1970, 128. –*A. Rüstow:* Ἐντὸς ὑμῶν, ZNW 51, 1960, 197ff.

•• Die Rede lehrt (17,22–37), daß die endzeitliche Offenbarung nach Leiden und Verworfenwerden wie ein Blitz vom Himmel erfolgen und die in alltäglichen Dingen befangenen Menschen wie die Sintflut oder der Untergang Sodoms überraschen wird. Die Rede ist stark paränetisch ausgerichtet: »Daß die Jünger sich nach den Tagen des

Menschensohns sehnen könnten (17,22), daß sie auf die Leiden des Menschensohns schauen sollen im Hinblick auf die eigene erwartete Leidenszeit (17,25) – schließlich der Hinweis auf Gehorsam und Treue angesichts des Endes« (O. Merk, 217). Nach der Intention des Lk gehört das Gleichnis von der Witwe und vom Richter (Lk 18,1–8) sicher als Abschluß zur Rede – die Ermahnung zum anhaltenden Gebet ist also wie in 21,36 das Ziel der Belehrung.

●● Von der Parusie handeln bei Lk folgende Gleichnisse:

12,35–38: Gleichnis von den wachenden Knechten

12,39f.: Gleichnis vom Einbrecher.

12,41–46: Gleichnis vom guten und vom bösen Knecht.

19,12–27: Gleichnis von den anvertrauten Pfunden.

●● Heben die drei Gleichnisse in Lk 12 auf »die Wachsamkeit, Dienstbereitschaft und Treue der Gemeindevorsteher« ab (G. Schneider, 37), so ist das Gleichnis von den anvertrauten Pfunden bei Lk ganz eindeutig auf das Problem der Parusieverzögerung hin akzentuiert: Nach 19,11 erzählt Jesus das Gleichnis, weil man meinte, das Reich Gottes werde sofort erscheinen; die Reise des Herrn in ein fernes Land wird durch die zusätzliche Episode vom Thronanwärter (Vers 12; 14f.) erklärt; eine lange Abwesenheit ist also vorausgesetzt.

Problemanzeige: Kann man aus diesem Material den Schluß ziehen, Lk habe die Naherwartung der Parusie aufgegeben (Conzelmann, Gräßer, Schneider) oder kann man mit W. G. Kümmel u. a. sagen, Lk habe doch an der Nähe der Parusie festgehalten?

Literatur: O. Merk: Das Reich Gottes in den lukanischen Schriften, in: Jesus und Paulus (FS W. G. Kümmel), 1975, 200ff. – *H. Conzelmann:* Die Mitte der Zeit (siehe zu 13), 87ff. – *E. Gräßer:* Das Problem der Parusieverzögerung (siehe zu 14.1), 178ff. – *G. Schneider:* Parusiegleichnisse im Lukas-Evangelium, 1974. – *W. G. Kümmel:* Einleitung in das Neue Testament, 17. Aufl., 1973, 112ff.

---

15. Die Passionsgeschichte des Lukasevangeliums

1. Stellen Sie ihren Verlauf dar!
2. Welche besonderen Tendenzen zeigt Lk?

● Der Verlauf der Passionsgeschichte bei Lk unterscheidet sich in einigen Punkten von Mk:

●● Die Salbung Jesu in Bethanien (Mk 14,3–9) entfällt; bereits Lk 7,36–50 hatte eine Sünderin Jesus gesalbt.

●● Der Verlauf des Abendmahls ist anders dargestellt als bei Mk.

●● Der Verräter wird nicht vor dem Abendmahl bezeichnet (Mk 14,18–21), sondern erst danach (Lk 22,21–23).

•• Nach dem Abendmahl folgen Gespräche zwischen Jesus und den Jüngern (Lk 22,24–38, meist Sondergut), darunter die Ankündigung der Verleugnung des Petrus, die bei Mk erst während des Gangs zum Ölberg erfolgt (Mk 14,26–31).

•• Bei Mk fliehen alle Jünger nach der Verhaftung Jesu (Mk 14,50); die Flucht eines jungen Mannes, der nackt davonläuft, wird ausdrücklich erwähnt (Mk 14,51). Beide Notizen fehlen bei Lk.

•• Die markinische Szenenfolge Verhör Jesu–Verspottung–Verleugnung des Petrus (Mk 14,53–72) ist bei Lk umgestellt: Verleugnung des Petrus–Verspottung–Verhör Jesu (Lk 22,54–71). Das Tempelwort Mk 14,58 fehlt bei Lk.

•• In das Verhör vor Pilatus schiebt Lk die Szene »Jesus vor Herodes« (Lk 23,6–12) ein.

•• Die Verspottung Jesu durch die römischen Soldaten (Mk 15,17–20a) entfällt bei Lk.

•• Der Weg nach Golgatha ist bei Lk erweitert um Worte Jesu an die klagenden Frauen (Lk 23,27–31).

•• Die Kreuzigungsszene enthält zwei Zusätze,
Nach der Kreuzigung bittet Jesus für die Henker 23,34. (textkritisch unsicher!)
Während einer der Schächer Jesus lästert, bittet ihn der andere, seiner zu gedenken (Lk 23,39–43).

•• Das letzte Wort Jesu bei Lk lautet: »Vater, in deine Hände befehle ich meinen Geist« (Ps 31,6).

•• Nach dem Tod Jesu bekennt der Hauptmann: »Wahrlich, dieser Mensch war ein Gerechter«, und die Volksmenge schlägt sich an die Brust zum Zeichen der Reue (Lk 23,47f.).

•• Während bei Mk nur die Frauen von ferne zuschauen (Mk 15,40f.), stehen nach Lk 23,42 »alle seine Bekannten« und die Frauen in der Ferne dabei. Sollte diese Bemerkung die Annahme nahelegen, die Jünger hätten die Kreuzigung bezeugt, da sie ja nicht geflohen waren (siehe oben)?

•• Auch das Begräbnis Jesu enthält bei Lk besondere Züge. Joseph von Arimathia habe dem Beschluß des Hohen Rates nicht zugestimmt, er wird als »guter und gerechter Mann« bezeichnet (23,50f.). Die Verwunderung des Pilatus über den schnellen Tod Jesu (Mk 15,44f.) entfällt. Das Grab Jesu war noch ungebraucht (23,53).

Problemanzeige: Es ist zu fragen, inwieweit die Änderungen im Ablauf, die Zusätze und Auslassungen und schließlich auch sachliche Änderungen an der Mk-Vorlage auf lukanische Redaktion oder auf Einfluß von Sonderquellen zurückgehen.

Literatur: Siehe zu 9.

• Die wichtigsten Tendenzen der Lk-Passion sind:

•• Das Passionsgeschehen ist letztlich auf die satanische Macht zurückzuführen:

22,3 »der Teufel fuhr in Judas«; 22,31: der Satan will die Jünger sichten wie Weizen; 22,53: »Die Finsternis hat jetzt die Macht«.

●● Pilatus, der reuige Schächer und der Hauptmann unter dem Kreuz bezeugen: Jesus ist als Gerechter unschuldig getötet worden.

●● Jesus macht eine Reihe von Voraussagen:
Er sagt den Verrat voraus (22,21f.), die Sichtung der Jünger (22,31f.), die Verleugnung des Petrus (22,33f.) sein nahes Ende (22,37); er weiß um die Absicht des Judas (22,48), entlarvt die Voreingenommenheit seiner Richter (22,67) und weist auf die Zerstörung Jerusalems hin (23,29f.).

●● Die Freiwilligkeit des Leidens Jesu wird in der Gethsemaneperikope (22,42) ebenso wie bei der Verhaftung (22,53f.) herausgestellt. Eine textkritisch unsichere Erweiterung der Gethsemaneperikope läßt Jesus durch einen Engel gestärkt werden und dann in »Agonie« beten (22,43f.), wodurch das Vorbildhafte des Leidens Jesu unterstrichen wird. Auch das letzte Wort Jesu zeigt seine unangefochtene Verbundenheit mit Gott (23,46).

Literatur: G. Schneider: Die Passion Jesu nach den drei älteren Evangelien, 1973, 164ff.

---

16. Stellen Sie die Besonderheiten des lukanischen Abendmahlsberichtes fest im Vergleich mit Mk

● Während der markinische Abendmahlsbericht vierteilig ist, ist Lk 22,15–20 sechsteilig:
a) Einleitung (direkter Hinweis auf das Passamahl)
b) 1. eschatologischer Spruch (Entsagungsgelübde vom Passamahl)
c) 1. Kelchwort (Aufforderung zum Trinken)
d) 2. eschatologischer Spruch (Entsagung vom Wein)
e) Wort über das Brot + Gedächtnisformel
f) 2. Kelchwort (nach dem Essen!).

● Daneben ist aber in »westlichen« Textzeugen eine kürzere Fassung bezeugt, die nur Vers 15–19a umfaßt; dieser sog. lukanische Kurztext ist fünfteilig:
a) Einleitung (Passa)
b) 1. eschatologischer Spruch
c) 1. Kelchwort
d) 2. eschatologischer Spruch
e) Brotwort.

Problemanzeige: Da der »Langtext« besser bezeugt ist, hat sich in der neueren Forschung die Annahme durchgesetzt, er sei ursprünglich (repräsentativ: J. Jeremias; H. Schürmann). Doch hat M. Rese neuerdings redaktionstheologische Erwägungen zugunsten des »Kurztextes« beigebracht.

Literatur: J. Jeremias: Die Abendmahlsworte Jesu, 4. Aufl., 1967, 133ff. – *H. Schürmann:* Lk 22,19b–20 als ursprüngliche Textüberlieferung, in: *ders.;* Traditionsgeschichtliche Untersuchungen zu den synoptischen Evangelien, 1968, 159ff. – *M. Rese:* Zur Problematik von Kurz- und Langtext in Luk. XXII. 17ff., in: NTS 22, 1975/76, 15ff.

● Das Wort über das Brot ist gegenüber Mk erweitert um die Worte »das für euch gegeben wird«; das 2. Kelchwort ist umformuliert »Dieser Kelch ist der neue Bund in meinem Blut«. Beide Formulierungen sind mit der paulinischen Abendmahlsüberlieferung verwandt (1 Kor 11,23ff.), ebenso die Gedächtnisformel (Anamnesisformel) beim Brotwort.

17. Die lukanischen Ostergeschichten

Stellen Sie die Texte zusammen.
Welche hauptsächlichen theologischen Intentionen sind zu erkennen?

● Lukas bietet 5 Szenen:
24,1–12: Das leere Grab (nach Mk 16,1–8
24,13–35: Die Emmausjünger (Sondergut)
24,36–49: Jesus erscheint den Jüngern (Sondergut)
24,50–53: Die Himmelfahrt (Sondergut).
● In der Geschichte vom leeren Grab ist die wichtigste Änderung gegenüber der Markusvorlage die dem Engel in den Mund gelegte Erinnerung an die Voraussage Jesu, die er *in Galiläa* gegeben hat (Vers 6f.). Die Jünger werden also nicht wie in Mk 16,7 nach Galiläa geschickt, sondern bleiben in Jerusalem.
Die Frauen erinnern sich daran und verkündigen das den elf Jüngern und allen übrigen (bei Mk fürchten sie sich und sagen nichts). Allerdings halten die Apostel das für »leeres Geschwätz«. Nach dem textkritisch nicht ganz sicher überlieferten Vers 12 läuft Petrus zum leeren Grab – aber das begründet noch keinen Osterglauben!
●● Der Erzählung von den Emmausjüngern liegt wohl das Motiv von der Gottheit, die in Menschengestalt unerkannt auf Erden wandelt, zugrunde. In Vers 19–21 tritt eine Auffassung zutage, die Jesus als endzeitlichen Propheten wie Mose einschätzte. Sie wird korrigiert durch die Verse 25–27: Jesus ist der von der Schrift vorhergesagte leidende Messias.
Die Wiedererkennungsszene beim Mahl erinnert an die wunderbare Speisung und an das Abendmahl.
Bei ihrer Rückkehr erfahren sie von den versammelten Jüngern, daß Jesus inzwischen dem Simon Petrus erschienen ist (24,34).
●● Da tritt Jesus selbst in ihre Mitte und demonstriert, daß er kein Gespenst ist, sondern Fleisch und Knochen hat, und ißt ein Stück Bratfisch (24,36–43).
Die durch diese massive Demonstration überzeugten Jünger werden sodann über das rechte Verständnis des Alten Testaments als Weissagung auf Christus hin belehrt

– die Jünger sind Zeugen der Erfüllung. Zur Erfüllung ihres Missionsauftrages verheißt Jesus ihnen die »Kraft aus der Höhe« (24,44–49).

Nur im Lukasevangelium (und in Apg 1,8) wird von der Himmelfahrt Jesu gesprochen. Lk 24,50f. ist besonders der Segen Jesu über seine Jünger betont; die Jünger kehren nach Jerusalem zurück und loben Gott im Tempel. »Wie das Lukasevangelium damit begonnen hat, daß im Tempel das Wort Gottes laut wurde, so endet es wiederum damit, daß Menschen im Tempel anbeten. Der Evangelist schließt den Ring seiner Darstellung und möchte zeigen, daß die Gemeinde von dem erfüllten Wort des Alten Bundes lebt, daß die Kirche das wahre Israel ist, zu dessen Vätern Gott gesprochen hat« (E. Lohse, 40).

Literatur: E. Lohse: Die Auferstehung Jesu Christi im Zeugnis des Lukasevangeliums, 1961. – *U. Wilckens:* Auferstehung, 1970, 66f.; 71ff.; 76ff.; 91ff. – *J. Wanke:* »... wie sie ihn beim Brotbrechen erkannten«. Zur Auslegung der Emmauserzählung Lk 24,13–35, in: BZ N.F. 18, 1974, 180ff. – *H. Leroy:* Zur Vergebung der Sünden. Die Botschaft der Evangelien, 1974, 63ff.

5. Zusammenfassende Fragen zu den Synoptikern

1. Zu welchem Evangelium (mindestens mit Kapitelangabe!) gehören folgende Texte:

   1. Reisebericht
   2. Bergpredigt
   3. Hauptmann zu Kapernaum
   4. Besuch der Maria bei Elisabeth
   5. Die Magier aus dem Osten
   6. Der reuige Schächer
   7. Aussendung der Jünger
   8. Gleichnis von der selbstwachsenden Saat
   9. Gleichnis vom Unkraut unter dem Weizen
10. Feldrede
11. Rein und Unrein
12. Salbung Jesu
13. Standespredigt des Täufers
14. Fischzug des Petrus
15. Gleichnis von den Arbeitern im Weinberg
16. Rede gegen die Pharisäer und Schriftgelehrten

   1. Lk 9,51–19,27
   2. Mt 5–7
   3. Mt 8,5–13/Lk 7,1–10
   4. Lk 1,39–56
   5. Mt 2,1–12
   6. Lk 23,39–43
   7. Mk 6,7–13; Mt 10,5–42; Lk 9,1–6; 10,1–12.
   8. Mk 4,26–29
   9. Mt 13,24–30
10. Lk 6,20–49
11. Mk 7,1–23/Mt 15,1–20
12. Mk 14,3–9/Mt 26,6–13; Lk 7,36–50; (Joh 12,1–8)
13. Lk 3,10–14
14. Lk 5,1–10 (Joh 21,1–14)
15. Mt 20,1–16
16. Mt 23,1–36.

2. Was versteht man unter einem Reflexionszitat?

Reflexionszitate sind dem Mt eigentümliche Verweise auf bestimmte Stellen der Schrift, die sich wörtlich in der Geschichte Jesu erfüllt haben. Charakteristisch ist die ziemlich gleichbleibende Einleitungsformel: .. damit erfüllt würde was vom Herrn gesagt ist durch den Propheten, der spricht ...«

3. Welche synoptischen Texte zum Thema »Jesus und der Sabbat« kennen Sie?

- Mk 2,23–28 »Ährenraufen«/Mt 12,1–8/Lk 6,1–5
- Mk 3,1–6 Heilung der verdorrten Hand/Mt 12,9–14/Lk 6,6–11
- Lk 13,10–17 Heilung einer verkrüppelten Frau am Sabbat
- Lk 14,1–6 Heilung des Wassersüchtigen.

> *Literatur: E. Lohse:* Jesu Worte über den Sabbat (1960), jetzt in: *ders.:* Die Einheit des Neuen Testaments, 1973, 62ff. – *W. Rordorf:* Der Sonntag. Geschichte des Ruhe- und Gottesdiensttages im ältesten Christentum, 1962, 55ff. – *F. Neirynck:* Jesus and the Sabbath. Some Observations on Mk II,27, in: J. Dupont (Hg.): Jésus aux origines de la christologie, 1975, 227ff.

4. Wo wird von der bevorstehenden oder geschehenen Zerstörung Jerusalems und des Tempels gesprochen?

- In der Wehklage Jesu über Jerusalem Mt 23,37–39/Lk 13,34f.
- In der »synoptischen Apokalypse« Mk 13,1f./Mt 24,1f./Lk 21,5f. und Mk 13,14/ Mt 24,15/Lk 21,20.
- In der matthäischen Fassung des Gleichnisses vom großen Abendmahl (Mt 22,7).
- In der lukanischen Szene »Jesus weint über Jerusalem« Lk 19,41–44.

5. Nennen Sie drei wichtige Stücke aus der lukanischen Passionsgeschichte, die textkritisch unsicher überliefert sind

- In der Gethsemanegeschichte kommt ein Engel und stärkt Jesus; darauf betet Jesus unter Blutschweiß wie in Agonie (Lk 22,43f.).
- Der lukanische Langtext des Abendmahlsberichts (Lk 22,19b–20).
- Das Gebet Jesu für seine Henker (Lk 23,34).

6. Wo kommt der Begriff »Kirche« in den Synoptikern vor?

Nur 2 x im Matthäusevangelium: 16,18 und 18,17.

7. Vergleichen Sie die drei Berichte über Jesu Taufe

Bei Mk 1,9–11 hat Jesus nach der Taufe eine Vision und hört die Himmelsstimme; bei Mt 3,16f. hat Jesus die Vision, aber die Himmelsstimme richtet sich an alle; bei Lk scheinen beide Vorgänge allgemein wahrnehmbar zu sein. Die matthäische Fassung ist erweitert: Der Täufer weigert sich, Jesus zu taufen (3,14f.).

8. Welche Seligpreisungen finden wir in den synoptischen Evangelien?

● Die Bergpredigt wird in Mt 5,1–11 mit 9 Seligpreisungen eröffnet; parallel dazu eröffnen vier Seligpreisungen die lukanische Feldrede (6,20–22).
● Die Mutter Jesu wird Lk 11,27 seligpreisen, woraufhin Jesus diejenigen seligpreist, welche das Wort Gottes hören und bewahren (Lk 11,28).
● Nach Mt 13,16/Lk 10,23 preist Jesus die Jünger selig, weil sie den Anbruch der Heilszeit sehen.
● Nach Mt 16,17 preist Jesus Simon Petrus selig, weil sein Bekenntnis aus einer Offenbarung des himmlischen Vaters stammt.
● In der Antwort auf die Anfrage des Täufers preist Jesus denjenigen selig, welcher nicht an ihm Anstoß nimmt (Mt 11,6/Lk 7,23).
● Maria wird von Elisabeth seliggepriesen, weil sie geglaubt hat (Lk 1,45).
● Die Knechte, die der Herr bei der Rückkehr wachend findet, werden Lk 12,38f. seliggepriesen; ebenso der gute Knecht, der während der Abwesenheit des Herrn die Dienerschaft gut versorgt (Lk 12,43).
● Auf dem Weg nach Golgatha sagt Jesus den Jerusalemern kommende schwere Zeiten voraus: »Siehe, es kommen Tage, da wird man sagen: Selig sind die Unfruchtbaren und die Mutterschöße, die nicht geboren und die Brüste, die nicht gestillt haben!« (Lk 23,29).

9. Testfragen für besonders Geübte:

Welche Texte sind mit folgenden Stellenangaben gemeint?

1. Mk 7,15	2. Lk 16,16
3. Mt 7,12	4. Lk 17,20f.
5. Mk 15,34	6. Lk 23,46
7. Mt 16,16–19	8. Mk 8,31

9. Lk 4,16–30   10. Mt 22,1–14
11. Mk 12,1–12   12. Mt 18,20.

Wenn Sie mit einer Stellenangabe keinen Text verbinden können, sollten Sie unbedingt das NT aufschlagen und dort nachlesen!

1. Mk 7,15: Jesu Wort über Rein und Unrein.
2. Lk 16,16: Gesetz und Propheten gehen bis zu Johannes; von da an wird das Reich Gottes verkündigt und jeder drängt sich hinein – Hauptstelle gegenwärtiger Lukasdeutung!
3. Mt 7,12: Die »goldene Regel«: Alles, was ihr wollt, daß es die Leute auch tun, das tut auch ihnen; das ist das Gesetz und die Propheten.
4. Lk 17,20f.: Ablehnung der Berechnung des Endes; Das Reich Gottes ist unter euch.
5. Mk 15,34: Das Wort Jesu am Kreuz: »Mein Gott, mein Gott, warum hast du mich verlassen« (Ps. 22,2). Dasselbe Kreuzeswort überliefert Mt 27,46.
6. Lk 23,46: Das letzte Wort des Gekreuzigten nach Lk: »Vater, in deine Hände befehle ich meinen Geist!« (Ps 31,6).
7. Mt 16,16–19: Petrusbekenntnis, Seligpreisung des Simon Petrus, »Du bist Petrus, und auf diesen Felsen will ich meine Kirche bauen ...«
8. Mk 8,31: Erste Leidensankündigung Jesu.
9. Lk 4,16–30: Antrittspredigt Jesu in Nazareth.
10. Mt 22,1–14: Gleichnis vom großen Abendmahl (vgl. Lk 14,16–24).
11. Mk 12,1–12: Gleichnis von den Weingärtnern.
12. Mt 18,20: »Wo zwei oder drei versammelt sind in meinem Namen, da bin ich mitten unter ihnen.«

10. Welche Gleichnisse stammen aus der Logienquelle?

Gleichnis vom Dieb Lk 12,39f./Mt24,43f.
Gleichnis vom guten und bösen Knecht Lk 12,42–48/Mt 24,45–51
Gleichnis vom Senfkorn und Sauerteig Lk 13,18–21/Mt 13,31–33
Gleichnis vom Abendmahl Lk 14,16–24/Mt 18,12–24
Gleichnis von den anvertrauten Pfunden Lk 19,12–27/Mt 25,14–30.

11. Welche christologischen Hoheitstitel finden sich in Q?

● »Menschensohn«
●● in Worten vom kommenden Menschensohn:
Lk 11,30/Mt 12,40; Lk 12,8f./Mt 10,32f.
Lk 12,40/Mt 24,44; Lk 17,24.26.30/Mt 24,27.37.39; Mt 19,28/Lk 22,29f.
●● in Worten vom gegenwärtig wirkenden Menschensohn: Mt 8,20/Lk 9,58; Mt 11,19/Lk 7,34; Mt 12,32/Lk12,10; Lk 6,22 (?)

•• Worte vom leidenden Menschensohn fehlen!
• »Herr«
•• als Anrede des irdischen Jesus: Lk 6,46/Mt 7,21; Lk 7,6/Mt 8,8;
•• zur Bezeichnung des endzeitlichen Richters: Mt 7,22/Lk 13,25 (?); in gleichnis-
hafter Rede: Lk 12, 41–48/Mt 24,45–51; Lk 19,12–27/Mt 25,14–30
• »der Sohn«: Lk 10,22/Mt 11,27
• Es fehlen in Q: Christos und Davidssohn!

12. Stellen Sie die synoptischen Nachfolgeworte zusammen

Aus Q stammen:
Lk 14,27/Mt 10,38: Wer nicht sein Kreuz trägt und mir nachfolgt, kann nicht mein
Jünger sein.
Mt 8,19f./Lk 9,57f.: Die Füchse haben ihren Bau und die Vögel ihre Nester ...
Mt 8,22/Lk 9,60: Folge mir nach und laß die Toten ihre Toten begraben.

Aus der Markusüberlieferung:
Mk 1,17: Kommt her, mir nach! So will ich euch zu Menschenfischern machen!
Mk 8,34: Wenn jemand mir nachfolgen will, so sage er sich los von sich selbst und
nehme sein Kreuz auf sich ...
Mk 10,21: Eines fehlt dir noch. Gehe hin, verkaufe, was du hast ... und dann komm
und folge mir nach!
Aus dem Lukas-Sondergut:
Lk 9,62: Niemand, der die Hand an den Pflug legt und zurückschaut, taugt für das
Reich Gottes.

Literatur: H. D. Betz: Nachfolge und Nachahmung Jesu Christi im Neuen Testament, 1967.
– *M. Hengel:* Nachfolge und Charisma. Eine exegetisch-religionsgeschichtliche Studie zu
Mt 8,21f. und Jesu Ruf in die Nachfolge, 1968. – *H. G. Klemm:* Das Wort von der
Selbstbestattung der Toten, in: NTS 16, 1969/70, 60ff. – *E. Gräßer:* Nachfolge und Anfech-
tung bei den Synoptikern, in: Angefochtene Nachfolge. Beiträge zur Theologischen Woche
1972, in: Bethel, Heft 11, 1973, 44ff.

6. Das Johannesevangelium

1. Verschaffen Sie sich bei einer ersten Lektüre des Joh einen Überblick über die Gliederung des Buches

Kap 1: Prolog (1–18), Johannes der Täufer (19–34), die ersten Jünger Jesu (35–51)

Kap 2: Hochzeit zu Kana (1–12), Tempelreinigung (13–22)

Kap 3: Gespräch Jesu mit Nikodemus (1–12); Jesus und der Täufer (22ff.)

Kap 4: Jesus und die Samaritanerin (1–44); Heilung des jüdischen Beamtensohnes (46–54)

Kap 5: Sabbatheilung am Teich Betesda

Kap 6: Speisung der 5000 (1–13), Seewandeln Jesu (14–21), Himmelsbrotrede (22–59), Abfall vieler Jünger und Petrusbekenntnis (60–71)

Kap 7: Jesus auf dem Laubhüttenfest (7,53–8,11: Jesus und die Ehebrecherin – gehört nicht zum Urtext)

Kap 8,12ff.: Jesus und das Licht der Welt

Kap 9: Heilung des Blindgeborenen am Sabbat

Kap 10: Hirtenrede

Kap 11: Auferweckung des Lazarus (1–44); Todesbeschluß des Hohen Rates (45–54)

Kap 12: Salbung Jesu (1–11); Einzug in Jerusalem (12–19), Ausblick auf Erhöhung und Verherrlichung Jesu (20–36); Abschluß der öffentlichen Wirksamkeit Jesu (37–50)

Kap 13–17: Abschiedsreden
   13,1–20: Fußwaschung
   21–30: Ansage des Verräters
   31–14,31: 1. Abschiedsrede
   15,1–16,4a: 2. Abschiedsrede (Bildrede vom Weinstock; Liebesgebot)
   16,4b–33: 3. Abschiedsrede (Trost für die Jünger)
   17: Hohepriesterliches Gebet Jesu

Kap 18–19: Passionsgeschichte
   18: Von der Verhaftung bis zur Freilassung des Barabbas
   19: Von der Geißelung bis zum Begräbnis Jesu

Kap 20: Ostergeschichten
   20,1–10: Das leere Grab
   20,11–18: Jesus erscheint Maria Magdalena
   20,19–23: Jesus erscheint den Jüngern in Abwesenheit des Thomas
   20,24–29: Jesus erscheint den Jüngern in Gegenwart des Thomas
   20,30f.: Der erste Johannesbeschluß

Kap 21: Weitere Ostergeschichten
   21,1–14: Jesus erscheint den Jüngern am See von Tiberias
   21,15–23: Beauftragung des Petrus
   21,24f.: Der »Lieblingsjünger« als Zeuge (zweiter Johannesbeschluß).

2. Vergleichen Sie den Aufbau des Joh mit dem der Synoptiker

1. Welche Unterschiede in der Topographie fallen Ihnen auf?
2. Welche Unterschiede in der Chronologie fallen Ihnen auf?
3. Welche einzelnen Angaben sind verschieden?

• Nach den Synoptikern hat Jesus hauptsächlich in Galiläa und in den benachbarten Gebieten (Dekapolis, Tyrus und Sidon) gewirkt und hat erst kurz vor seinem Tod Jerusalem aufgesucht. Nach Joh ist Jesus dagegen dreimal nach Jerusalem gereist (2,13; 5,1; 7,10) und hat sich längere Zeit in Jerusalem und Judäa aufgehalten.

• Auch der chronologische Rahmen ist ein anderer. Die Synoptiker erwähnen während der Wirksamkeit Jesu nur ein Passafest (Mk 14,1 parr.), Joh dagegen drei Passafeste (2,13; 6,4; 11,55); in 5,1 wird ein weiteres Fest erwähnt, das aber kein viertes Passafest gewesen sein dürfte. So hat man den Eindruck, daß die Wirksamkeit Jesu nach den Synoptikern nur etwa 1 Jahr dauerte, während nach Joh mehr als 2 Jahre anzusetzen sind. Auch der letzte Jerusalemaufenthalt Jesu ist unterschiedlich geschildert: Lassen sich die Ereignisse von Mk 11–15 in einer Woche unterbringen, so hält sich Jesus nach Joh über ein halbes Jahr in Jerusalem und Judäa auf (vom Laubhüttenfest 7,2 über ein Tempelweihfest 10,22 bis zum Todespassa 12,1).

• Einzelheiten:

•• Nach den Synoptikern beginnt Jesus mit seiner Verkündigung erst nach der Einkerkerung Johannes des Täufers (Mk 1,14), während nach Joh Jesus und der Täufer einige Zeit nebeneinander wirken (Joh 3,22f.; 4,1).

•• Die Tempelreinigung findet nach Joh bereits am Anfang der Wirksamkeit Jesu, beim 1. Jerusalembesuch statt, nach den Synoptikern am Ende.

•• Nach den Synoptikern starb Jesus am Passatag (15. Nisan), nach Joh 19,14 am Rüsttag des Passafestes (14. Nisan).

3. Welche synoptischen Erzählungen finden sich auch bei Joh?

Mehr oder minder enge Berührungen zwischen Joh und den Synoptikern finden wir bei 11 Erzählungen:

1. Wirksamkeit Johannes des Täufers (1,19–34)
2. Tempelreinigung (2,13–16)
3. Heilung des Sohnes eines königl. Beamten (4,46–54)
4. Speisung der Fünftausend (6,1–13)
5. Seewandeln Jesu (6,16–21)
6. Petrusbekenntnis (6,67–71)
7. Salbung in Bethanien (12,1–8)
8. Einzug in Jerusalem (12,12–19)
9. Ankündigung des Verrats (13,21–30)
10. Voraussage der Verleugnung des Petrus (13,36–38)

11. Der wunderbare Fischfang (21,1–14).

Die Passionsgeschichte läuft weithin zu den Synoptikern parallel: Gefangennahme und Widerstandsversuch eines Jüngers, Prozeß vor dem Hohenpriester, Prozeß vor Pilatus, Freigabe des Barabbas, Kreuzigung, Grablegung durch Joseph von Arimathia, leeres Grab.

4. Welche johanneischen Jesusworte berühren sich mit der synoptischen Tradition?

In den großen Reden Jesu bei Joh finden sich nur gelegentlich Anklänge an synoptische Jesusworte; die wichtigsten sind:
1. das Tempelwort Joh 2,19 – vgl. Mk 14,58.
2. Vater/Sohn Joh 3,35 – vgl. das »johanneische Logion« Mt 11,27/Lk 10,22; weitere Anklänge 7,29; 10,14f.; 17,2
3. Prophet im Vaterland Joh 4,44 – vgl. Mk 6,4
4. Wer sein Leben liebt, verliert es ... Joh 12,25 – vgl. Mk 8,35 parr.
5. Knecht–Herr Joh 13,16; 15,20 – vgl. Mt 10,24
6. Wer einen aufnimmt, den ich sende ... Joh 13,20 – vgl. Mt 10,40; Mk 9,37
7. Becherwort Joh 18,11 – vgl. Mk 14,36 Mt 26,42
8. Sündenvergebung Joh 20,23 – vgl. Mt 18,18.

Literatur: J. Blinzler: Johannes und die Synoptiker, 1965.

5. Der »Prolog« Joh 1,1–18

1. Versuchen Sie den Text zu gliedern!
2. Fallen Ihnen dabei Sätze auf, die den Gedankengang stören?
3. Welche Begriffe des Prologs kommen im Evangelium sonst nicht vor?

• I. 1,1–2: Die Präexistenz des »Wortes« (Logos)
II. 1,3–4: Die Schöpfungsmittlerschaft des Logos
III. 1,5: Der Logos als Offenbarer
IV. 1,6–8: Johannes der Täufer als Zeuge für den Logos
V. 1,9–13: Das wahre Licht und die Menschen
VI. 1,14: Das heilbringende Ereignis der Inkarnation
VII. 1,15: Das Zeugnis des Johannes
VIII. 1,16–18: Gnade, Wahrheit und Gotteserkenntnis vom Sohn.
• Den Gedankengang stören Vers 6–8; denn Vers 9 knüpft direkt an Vers 5 an. Auch Vers 15 stört zwischen Vers 14 und 16.

Diese Aussagen über den Täufer werden allgemein als Zusätze angesehen, die den Prolog mit 1,19ff. verknüpfen sollen.

- Der absolute Logosbegriff (»das Wort«), das »Zelten« des Logos, seine »Fülle« und die Mitteilung von »Gnade« sind Begriffe, die nur im Prolog vorkommen. Der Ausdruck »die Seinen« bedeutet in Vers 11 alle Menschen, während er in 13,1 nur die Jünger bezeichnet.

Problemanzeige: Werden Vers 6–8 und 15 eliminiert, dann läßt sich der Text in relativ kurze Verszeilen gliedern, die hymnischen Charakter haben (vgl. die Übersetzung von Wilckens). Auch die unter 5.3. gemachten Beobachtungen sprechen dafür, im Prolog einen übernommenen Hymnus zu sehen, den der Verfasser des Evangeliums erweitert hat (außer Vers 6–8 und Vers 15 werden oft Vers 2; 12c–13; 17 u. 18 als Zusätze angesehen, dazu die Lit.).

Demnach hätte der Hymnus 3 Strophen umfaßt: Vers 1–4; 5.9–12b; 14.16 (17). Zimmermann führt auch die Logosprädikation auf den Evangelisten zurück und erhält damit als Vorlage: Vers 2–5; 10–12b; 14b.16.17.

Käsemann begründet dagegen einen zweistrophigen Hymnus: Vers 1–4; 5.10–12b. Ihm folgen z. B. S. Schulz (Das Evangelium nach Johannes, NTD 4,15ff.) und G. Richter (Die Fleischwerdung des Logos im Johannesevangelium, NovTest 13, 1971, 81ff.; 14, 1972, 257ff.). Herkunft und Funktion der Verse 14–18 werden kontrovers beurteilt.

Die Einheitlichkeit von Joh 1,1–18 verteidigt noch W. Eltester: Der Logos und sein Prophet, in: Apophoreta (FS E. Haenchen), 1964, 109ff.

Literatur: R. Bultmann: Der religionsgeschichtliche Hintergrund des Prologs zum Johannes-Evangelium (1923), wieder abgedruckt in: *ders.:* Exegetica, 1967, S. 10ff. – *E. Käsemann:* Aufbau und Anliegen des johanneischen Prologs (1957), wieder abgedruckt in: Exegetische Versuche und Besinnungen II, 2. Aufl., 1965, 155ff. – *J. Becker:* Beobachtungen zum Dualismus im Johannesevangelium, in: ZNW 65 (1974), 71ff. – *H. Zimmermann:* Christushymnus und johanneischer Prolog, in: Neues Testament und Kirche (FS R. Schnackenburg), 1974, 249ff.

---

6. Stellen Sie die johanneischen Aussagen über Johannes den Täufer zusammen

Wie wird insbesondere sein Verhältnis zu Jesus dargestellt?

- Joh 1,19–34: Der Täufer lehnt jede eschatologische Heilsbringerfunktion ab. Er bezeichnet sich selbst als »Stimme eines Rufers in der Wüste«.
  Seine ausschließliche Funktion ist, für Jesus Zeugnis abzulegen (vgl. 1,6–8.15!).
  Jesus war sein Schüler; daß er von Johannes getauft wurde, wird nur indirekt gesagt (1,32f.).
- Joh 3,22ff.: Jesus und Johannes haben eine Zeitlang nebeneinander gewirkt, wobei Jesus der größere Erfolg zugeschrieben wird. Die Aussage, Jesus habe getauft, wird in 4,2 korrigiert: Nur die Jünger Jesu tauften.

86

7. 1. Stellen Sie die johanneischen Wundergeschichten zusammen
   2. Was zeigt ein Vergleich mit den synoptischen Wundererzählungen?
   3. Wie werden die Wunder theologisch qualifiziert?

● 1. Hochzeit zu Kana (2,1–11)
   2. Heilung eines königlichen Beamtensohnes (4,46–54)
   3. Heilung eines Gelähmten am Teich Bethesda (5,1–9)
   4. Speisung der Fünftausend (6,1–15)
   5. Seewandeln Jesu (6,16–21)
   6. Die Heilung eines Blindgeborenen (9,1–7)
   7. Auferweckung des Lazarus (11,1–44).

Auffällig ist, daß das Weinwunder in 2,11 »Anfang der Zeichen« genannt wird, die Heilung des Beamtensohnes in 4,54a »zweites Zeichen«. Diese Zählung dürfte nicht vom Evangelisten stammen, da er zwischen diesen beiden Zeichen mehrere Wunder Jesu summarisch erwähnt (2,23; 3,2). Daher nimmt man meist an, diese Erzählungen (oder ein Teil derselben) stammten aus einer Quellenschrift. Da die Wunder hier als »Zeichen« benannt werden, nennt man diese hypothetisch erschlossene Quelle nach dem griechischen Wort für »Zeichen« (σημεῖον) die Semeiaquelle. Möglicherweise gehen noch weitere johanneische Texte auf diese Semeiaquelle zurück.

● Zur 2., 3. und 5. Wundergeschichte gibt es synoptische Parallelen, aber Joh hat sicher nicht unsere Synopsis als Quelle benützt.

Die Wundergeschichten 1 und 6 haben keine synoptischen Parallelen, sind aber im Stil den synoptischen Wundern ähnlich. Die Auferweckung des Lazarus ist stärker johanneisch gestaltet, aber es läßt sich literarkritisch ein kürzerer Wunderbericht herausschälen, der gattungsmäßig dem synoptischen Typ entspricht. (Nach R. Schnackenburg umfaßte die ursprüngliche Geschichte die Verse 1. 3. 17f. 33f. 38f. 41a 43f.; Das Johannesevangelium II, S. 399f.)

Beim Vergleich mit den synoptischen Wundergeschichten fällt auf, daß die johanneischen Wundergeschichten aufs höchste gesteigert sind. Jesus erzeugte eine riesige Menge Wein (480–720 l!), die Heilung des Beamtensohnes ist eine Fernheilung, der Lahme war bereits 38 Jahre lang, der Blinde von Geburt an mit seinem Leiden behaftet und Lazarus war bereits in Verwesung übergegangen, als Jesus ihn auferweckte. Bei der wunderbaren Speisung würden 200 Denare zur Sättigung nicht ausreichen (anders Mk 6,37); das Volk darf sich unbegrenzt nehmen und es bleiben allein an Brotbrocken 12 Körbe übrig. Das Seewandeln erfolgt nicht nur bei Gegenwind (Mk 6,48), sondern bei Sturm (J 6,18), und am Ende erfolgt eine wunderbare Landung und ein wunderbares Verschwinden Jesu.

Auffällig ist, daß Wunder 3, 5,6 von ausführlichen, johanneisch gefärbten Jesusreden abgeschlossen werden, in denen der tiefere Sinn des »Zeichens« erläutert wird. Im Vergleich mit den Synoptikern fällt auf, daß Joh keine Dämonenaustreibung berichtet, die sowohl nach Mk (1,39; 3,11/22ff.) als auch nach Q (Mt 12,28/Lk 11,20) als charakteristisch für Jesu Wirksamkeit anzusehen sind. Auch heilt der johanneische

Christus keinen Aussätzigen (anders: Mk 1,40–45; parr.; Mt 11,5/Lk 7,22; Lk 17,11–19)

• Die Wunder werden gelegentlich abqualifiziert, so durch die unwirsche Anrede Jesu »Wenn ihr nicht Zeichen und Wunder seht, könnt ihr nicht glauben!« (*4,48*), oder durch die »Himmelsbrotrede«, die das Speisungswunder als etwas Vorläufiges charakterisiert (»Speise, die verdirbt« *6,27*). In Joh 11 wird durch das Wort Jesu »Ich bin die Auferstehung und das Leben ...« (11,25) das nachfolgende Wunder eigentlich sinnlos. Für den Evangelisten sind die Wunder also nur Hinweise auf einen tieferen, nur dem Glauben zugänglichen Sachverhalt.

Literatur: J. *Becker:* Wunder und Christologie, NTS 16, 1969/70, 130ff. – N. *Walter:* Die Auslegung überlieferter Wundererzählungen im Johannes-Evangelium, in: Theologische Versuche II, 1970, 93ff.

9. Im Joh ist das »Mißverständnis« zwischen Jesus und seinen Gesprächspartnern ein öfter angewandtes Stilmittel – Stellen Sie Beispiele dafür zusammen:

• 2,19ff.: Jesu Wort »Brecht diesen Tempel ab, und in drei Tagen werde ich ihn wieder aufrichten« wird auf den Jerusalemer Tempel bezogen, während Jesus »vom Tempel seines Leibes« gesprochen habe.

• 3,3f.: Jesus spricht zu Nikodemus von dem »Geborenwerden von oben« (ἄνωθεν γεννηθῆναι); das kann auch »von neuem geboren werden« heißen und wird von Nikodemus auch prompt in diesem Sinn mißverstanden.

• 4,10ff.: Jesus verheißt der Samaritanerin am Jakobsbrunnen »lebendiges Wasser« (ὕδωρ ζῶν), sie mißversteht das im wörtlichen Sinn als fließendes Wasser, »Quellwasser«, während Jesus »Lebenswasser« meint.

• 4,31ff.: Jesus sagt zu den Jüngern, er habe Speise, die sie nicht kennen; die Jünger meinen, es habe ihm jemand zu essen gebracht, während Jesus das Bild vom Essen verwendet für das Tun des göttlichen Willens.

• 6,51f.: Jesu Wort (vgl. Spr 9,5; Sir 24,21) vom Lebensbrot wird von den Juden äußerlich dinglich mißverstanden, sie müßten sein Fleisch essen.

• 7,33–36: Als Jesus seinen Weggang ankündigt, meinen die Juden, er wolle zu den Griechen gehen, während er das Weggehen zum Vater meint.

• 8,21f.: Jesus wiederholt die Ansage seines Weggangs, die Juden mißdeuten es als Ankündigung seines Selbstmordes.

• 8,31ff.: Auf Jesu Wort an die Juden, die Wahrheit werde sie freimachen, antworten diese: »Nachkommen Abrahams sind wir und noch niemals jemandes Knechte gewesen«; sie erkennen nicht, daß Jesus nicht von nationaler Knechtschaft spricht, sondern von der Knechtschaft der Sünde.

- 8,51ff.: Die Juden nehmen das Wort Jesu »Wenn jemand mein Wort hält, wird er den Tod nicht sehen in Ewigkeit« im buchstäblichen Sinn und entgegnen, daß doch sogar Abraham und die Propheten gestorben seien, während Jesus nicht unvergängliches irdisches Leben meint, sondern ewiges Leben.
- 8,56ff.: Jesus führt Abraham als Zeugen für sich an – die Juden halten das für unmöglich, da sie die Präexistenz Jesu nicht kennen.

Literatur: O. Cullmann: Der johanneische Gebrauch doppeldeutiger Ausdrücke als Schlüssel zum Verständnis des 4. Evg., (1948) wieder abgedr. in: *ders.:* Vorträge und Aufsätze (1925–1962), 1966, S. 176ff. – *H. Leroy:* Das johanneische Mißverständnis als literarische Form, in: BiLe 9, 1968, 196ff.

10. Stellen Sie die eschatologischen Aussagen des Joh zusammen

Achten Sie besonders auf die Bedeutung der Begriffe »Leben«, »Gericht«, »Auferstehung«.

- Eine große Zahl von Stellen sagt die Gegenwärtigkeit des Heils in Christus aus: Joh 3,13–21; 3,31–36; 5,20–27; 12,44–50. Mit Jesus ist die Stunde des Heils da: 4,23; 5,25; 11,23–25
- Die traditionellen eschatologischen Termini sind umgeprägt:
- • »Leben« ist kein zukünftiges Heilsgut, sondern gegenwärtiger Besitz der Gläubigen.

3,36: Wer an den Sohn glaubt, hat ewiges Leben.

- • »Gericht« ist wesentlich selbstverschuldetes Gericht, das sich der Unglaube schon jetzt zuspricht, indem er sich dem Heilsangebot verschließt.

3,18: Wer an ihn [den Sohn Gottes] glaubt, wird nicht gerichtet; wer nicht glaubt, ist schon gerichtet.

- • »Auferstehung« ist nicht mehr Auferstehung am Jüngsten Tag, sondern sie ereignet sich schon jetzt durch die gläubige Annahme des Wortes Jesu.

11,25f.: »Ich bin die Auferstehung und das Leben. Wer an mich glaubt, wird leben, auch wenn er sterben muß, und jeder, der im Glauben an mich lebt, wird auf ewig nicht sterben.«

- Daneben stehen mehrere Aussagen, die die traditionelle Zukunftserwartung ausdrücken:

5,28f.: Es kommt eine Stunde, in der alle, die in den Gräbern ruhen, seine Stimme hören, und die, die Gutes getan haben, zur Auferstehung des Lebens herauskommen werden, die aber, die Böses getan haben, zur Auferstehung des Gerichts.

12,48: Wer mich verwirft und meine Worte nicht annimmt, hat seinen Richter; das Wort, das ich geredet habe, wird ihn richten am Jüngsten Tag.

In der Himmelsbrotrede 6,31ff. findet sich viermal die stereotype Wendung »und ich werde ihn auferwecken am Jüngsten Tag« 6,39.40.44.57.

Problemanzeige: Haben diese beiden Formen der Eschatologie nebeneinander ihren Sinn (repräsentativ: G. Stählin) oder ist die traditionelle Zukunftserwartung durch einen »kirchlichen Redaktor« nachgetragen worden (Bultmann, Becker) oder gehört die futurische Eschatologie einer Grundschrift und einer späteren Redaktion an (G. Richter?)

Literatur: G. *Stählin: Zum Problem der johanneischen Eschatologie, ZNW 33, 1934, 225ff. –* R. *Bultmann:* Das Evangelium des Johannes, 17. Aufl., 1962, 161f.; 196f. – J. *Becker:* Auferstehung der Toten im Urchristentum, 1976, 117ff. – G. *Richter:* Präsentische und futurische Eschatologie im 4. Evangelium, in: P. *Fiedler/D. Zeller (Hg.):* Gegenwart und kommendes Reich (Schülergabe A. Vögtle) 1975, 117ff.

---

11. Lesen Sie die »Himmelsbrotrede« Joh 6,31ff.: Welche Auffassung vom Herrenmahl ergibt sich?

● Das Johannesevangelium kennt keinen Einsetzungsbericht des Abendmahls – beim letzten Zusammensein Jesu mit den Jüngern in Joh 13 erfolgt dafür die Fußwaschung.
● Ausgangspunkt der Rede ist die Forderung der Juden nach einem Zeichen, das Jesus als den eschatologischen Gesandten Gottes ausweisen soll (6,30f.), anknüpfend an ein Zitat »Brot aus dem Himmel gab er ihnen zu essen«. Dieses Zitat ist im AT so nicht zu finden (vgl. Ex 16,4.15; Ps 77,24 LXX; Neh 9,15), es könnte auch eine zeitgenössische Mannatradition wiedergeben (G. Richter). Jesus rückt diese Äußerung zurecht: Da die Väter in der Wüste starben, gab Mose ihnen kein Himmelsbrot; der *Vater* selbst gibt jetzt das wahre Himmelsbrot. Jesus ist dieses Himmelsbrot. Wer zu Jesus kommt, hat das ewige Leben. Brot ist also ein Symbol für die Heilsbedeutung Jesu; das Brot essen heißt glauben, daß er der vom Vater gesandte Heilsbringer ist.
● Ab Vers 51c wird deutlich auf das Abendmahl angespielt: das Brot, welches *Jesus* geben wird, ist sein Fleisch. Vers 56c–58: Jesus gibt sein Fleisch und Blut für das Leben der Welt; es ist richtige Speise, die gegessen werden muß.

Problemanzeige: Im Gefolge R. Bultmanns wird 6,51c–58 oft als Nachtrag angesehen (G. Bornkamm, G. Richter), aber auch die ursprüngliche Zusammengehörigkeit beider Gedankenreihen wird verteidigt (neuestens von U. Wilckens).

Literatur: R. *Bultmann:* Das Evangelium des Johannes, 17. Aufl., 1962, S. 161f. – G. *Bornkamm:* Vorjohanneische Tradition oder nachjohanneische Bearbeitung in der eucharistischen Rede Johannes 6? in: *ders.:* Geschichte und Glaube II, 1971, 51ff. – G. *Richter:* Zur Formgeschichte und literarischen Einheit von Joh 6,31–58, ZNW 60, 1969, 21ff. – U. *Wilckens:* Der eucharistische Abschnitt der johanneischen Rede vom Lebensbrot (Joh 6,51c–58) in: Neues Testament und Kirche (FS R. Schnackenburg) 1974, 220ff.

12. Finden sich im Johannesevangelium Hinweise auf die Taufe?

- Jesus und/oder seine Jünger taufen: 3,22ff.; 4,1f.
- Im Gespräch mit Nikodemus sagt Jesus: »Amen, Amen ich sage dir: Wenn einer nicht aus Wasser und Geist geboren wird, kann er nicht in das Reich Gottes eingehen« (3,5)
- Die Aussage, aus der durch einen Lanzenstich geöffneten Seite Jesu sei Blut und Wasser geflossen (19,34) wird oft als Anspielung auf Abendmahl und Taufe gewertet (Cullmann; Thüsing; anders Richter).

Problemanzeige: Die im Widerspruch zu den Synoptikern stehende Angabe, Jesus habe eine Zeitlang neben dem Täufer getauft, findet zunehmend Anerkennung als historisch zuverlässige Tradition (Linnemann; Becker).
Joh 3,5 ist die Erwähnung des Wassers textkritisch nicht ganz sicher; dennoch gehört sie zum Text.
Daß 3,5 wie die anderen sakramentalen Aussagen 6,51c–58 und 19,34f. auf einen Redaktor zurückgehen (Lohse), ist eine erwägenswerte These.

Literatur: O. Cullmann: Urchristentum und Gottesdienst, 4. Aufl., 1962, 74ff.; 108ff. – *W. Thüsing:* Die Erhöhung und Verherrlichung Jesu im Johannesevangelium, 2. Aufl., 1970, 165ff. – *G. Richter:* Blut und Wasser aus der durchbohrten Seite Jesu, (Joh 19,34b), in: MThZ 21, 1970, 1ff. – *J. Becker:* Johannes der Täufer und Jesus von Nazareth, 1972, 12ff. – *E. Linnemann:* Jesus und der Täufer, in: Festschrift für E. Fuchs, 1973, 219ff. – *E. Lohse:* Wort und Sakrament im Johannesevangelium, in: *ders.:* Die Einheit des Neuen Testaments, 1973, 193ff.

13. Stellen Sie die »Ich-bin«-Worte Jesu zusammen und versuchen Sie, ihren Gebrauch näher zu bestimmen

Im Johannesevangelium finden wir
- Ich-bin-Worte (Ego eimi-Worte) mit einem Bildwort
- absolut gebrauchtes ego eimi (ich bin es)

7 × finden wir die *Selbstprädikation mit Bildwort:*
Joh 6,35: Ich bin das Brot des Lebens
8,12: Ich bin das Licht der Welt
10,7.9: Ich bin die Tür der Schafe
10,11.14: Ich bin der gute Hirte
11,25: Ich bin die Auferstehung und das Leben
14,6: Ich bin der Weg, die Wahrheit und das Leben
15,1.5: Ich bin der wahre Weinstock.

Auf die Selbstprädikation mit Bildwort folgt meist ein Bedingungssatz oder eine Einladung und eine Heilszusage.
Beispiel: Ich bin das Brot des Lebens (Selbstprädikation).
  Wer zu mir kommt (entspricht Bedingungssatz),
  wird nicht hungern ... (Verheißung).

  Daneben steht der absolute Gebrauch des ego eimi: 6,20; 8,24.28.58; 13,19; 18,5.6.8
  In 6,20 und 18,5.6.8 dient das »ich bin es« zunächst der Identifikation Jesu; aber der Kontext zeigt, daß es als Hoheitsäußerung verstanden werden soll (Beispiel: Auf das »Ich bin es« hin fallen die Soldaten zu Boden 18,5).

Literatur: E. Schweizer: Ego eimi. Die religionsgeschichtliche Herkunft und theologische Bedeutung der johanneischen Bildreden. 2. Aufl., 1965. – *H. Zimmermann:* Das absolute ego eimi als die neutestamentliche Offenbarungsformel, in: BZ N.F. 4, 1960, 54ff.; 266ff. – *R. Schnackenburg:* Das Johannesevangelium II, 1971, 59ff.

---

14. Welche Christusbezeichnungen verwendet Joh?

Logos 1,1.14
Gott 1,1c.18b (textkritisch unsicher); 20,28
Der Sohn 3,35f.; 5,19.22.23.25; 6,40; 8,35f.; 14,13.
Lamm Gottes 1,29.36
Sohn Gottes 1,34.49; 3,16–18; 10,36; 11,4.27; 20,31
Der Erwählte Gottes 1,34 (textkritisch unsicher)
Der Messias 1,41
König Israels 1,49; 12,13
Menschensohn 1,51; 3,13f.; 5,27 u. ö.
Der Heilige Gottes 6,69
Der Retter der Welt (4,42)
Rabbi 1,38.49; 3,2; 4,31 u.ö.
Herr 4,1.11.15.19.49; 5,7; 6,23.34.68
Lehrer 1,38; 20,16; 3,2.10; 11,28; 13,13f.
Prophet 4,19; 6,14; 7,40; 9,17

15. Stellen Sie die Menschensohnworte thematisch geordnet zusammen

Man kann mit R. Schnackenburg fünf Themenkreise nennen:
  a) Der Menschensohn ist der vom Himmel Herabgestiegene und dorthin wieder Aufsteigende (3,13; 6,62); in anderen Worten wird statt vom »Aufsteigen« gsprochen von der »Erhöhung« des Menschensohnes (3,14; 8,28; 12,34) oder von der »Verherrlichung« (12,23; 13,31f.).

b) Der vom Himmel herabgekommene und wieder dorthin aufgestiegene Menschensohn spendet als Himmelsbrot in Person das ewige Leben (6,27.53.62).

c) Der Menschensohn hat während seines Aufenthaltes auf Erden ständig Verbindung mit Gott (1,51).

d) Nach 5,27 hat der Sohn die Macht, Gericht zu halten, weil er der Menschensohn ist.

Literatur: R. Schnackenburg: Das Johannesevangelium I, 3. Aufl., 1972, S. 411ff.

16. Welche Motivkreise stehen mit dem Titel »Sohn Gottes« oder »der Sohn« in Beziehung?

a) Die Sendung des Sohnes in die Welt (3,16f.).

b) Die Liebe des Vaters zum Sohn, die sich in der Offenbarungsvollmacht des Sohnes und in seiner Beteiligung an den Werken des Vaters zeigt (3,35; 5,20–23).

c) Die im Sohn dem Glaubenden erschlossene Heilsmöglichkeit (3,16c/17.36a; 6,40) und das dem Nichtglaubenden drohende Gericht (3,36b; 5,22 [27]).

d) Die Verherrlichung des Vaters im Sohn (14,13) oder durch den Sohn (17,1).

Literatur: R. Schnackenburg: Das Johannesevangelium II, 1971, 150ff.

17. Welche Themen werden in den »Abschiedsreden« verhandelt?

13,31–35: Jesus kündigt seinen Weggang an und gibt das Liebesgebot.

36–38: Vorhersage der Verleugnung des Petrus.

14,1–3: Jesu Weggang und Wiederkehr.

4–17: (Jesus der Weg, die Wahrheit und das Leben). Die Gemeinde nach dem Fortgang Jesu.

18–26: Jesus ist im Parakleten gegenwärtig.

27–31: Überleitung zur Passion.

15,1–11: Bildrede vom Weinstock und Aufforderung zum Halten der Gebote.

12–17: Das Liebesgebot als Inhalt der Gebotsforderung.

15,18–16,4a: Das feindliche Verhalten der Welt gegen die Gemeinde.

16,4b–15: Der Weggang Jesu ist Voraussetzung für die Sendung des Parakleten, des Geistes der Wahrheit.

16–33: Zuspruch an die Jünger (Variante zu 13,31–14,31) Trauer über Jesu Weggang und das Wiedersehen in Freude.

17: Das »hohepriesterliche Gebet« Jesu.

1–5: Bitte Jesu um seine Verherrlichung.
6–11a: Begründung der Bitte im Hinblick auf die Jünger.
11b–16: Bitte um Bewahrung der Jünger.
17–19: Bitte um Heiligung in der Wahrheit.
20–23: Bitte um Einheit der Glaubenden.
24–26: Die Vollendung der Glaubenden.

> *Literatur: R. Schnackenburg:* Das Johannesevangelium II, 101ff.; 189ff. – *J. Becker:* Die Abschiedsreden Jesu im Johannesevangelium ZNW 61, 1970, 215ff. – *M. Lattke:* Einheit im Wort, 1975, 132ff.; 194ff.

18. Stellen Sie fest, welche Funktionen der Paraklet (»Tröster«) hat

In fünf Sprüchen (14,16f.26; 15,26f.; 16,7b–11; 13–15) wird in den Abschiedsreden die Wirksamkeit des »Parakleten« für die Zeit nach dem Weggang Jesu verheißen.
- 14,16f. wird er als Gabe des Vaters verheißen: Der Paraklet wird für immer mit ihnen sein. Er wird mit dem »Geist der Wahrheit« gleichgesetzt.
- 14,26 soll der Paraklet die Jünger »belehren« und an die Worte Jesu »erinnern«.
- 15,26f. soll der Paraklet für Jesus Zeugnis ablegen (vgl. Mk 13,9.11: Vor Gericht wird der Geist den Jüngern eingeben, was sie reden sollen).
- 16,7b–11: Der Paraklet soll die ungläubige Welt überführen (Sünde, Gerechtigkeit, Gericht).
- 16,13–15: Der »Geist der Wahrheit« soll die Jünger ganz in die von Jesus geoffenbarte Wahrheit hineinführen.

Die religionsgeschichtliche Ableitung ist umstritten. Luthers Übersetzung »Tröster« ist verengend.

> *Literatur: R. Schnackenburg:* Das Johannesevangelium II, 156ff. – *O. Betz:* Der Paraklet, 1963.

19. Die Gegner Jesu nach dem Johannesevangelium

1. Von den aus den Synoptikern bekannten jüdischen Gruppen treten bei Johannes auf
- Pharisäer (4,1; 7,47; 8,13; 9,13ff.40; 11,46; 12,19.42)
- Pharisäer und Hohepriester (7,32.45; 11,47.57; 18,3)
- Ratsherren (7,26.48)
- Hohepriester (12,10; 18,35; 19,6.15.21)
- Schriftgelehrte, Älteste, Sadduzäer fehlen

94

2. Meist nennt Johannes »die Juden« als Gegner Jesu: 2,18.20; 3,25; 5,10.16.18; 6,41.52; 7,1.11.13.15; 8,22.48.52.57; 9,18.22; 10,24.31.33; 11,8.54; 18,12.14.31.36; 19,7.31.38; 20,19.

3. Trotz dieser Schematisierung wird man Johannes nicht des Antisemitismus zeihen dürfen:

● »Die Juden« werden auch neutral apostrophiert (z. B. 2,6.13; 3,1; 4,9; 5,1; 10,19; 11.19.31.33.36.45; 12,9.11u.ö.)

● »Die Juden« erscheinen auch unter positivem Aspekt: 4,22; 5,46; 8,39; 10,16; 11,45; 19,38f.

Man vergleiche dazu die Aussagen, »einige von den Pharisäern« seien zum Glauben gekommen (8,31; 9,16), nach 12,42 auch »einige der Ratsherren«.

4. Zusammenfassend läßt sich sagen, der Begriff οἱ Ἰουδαῖοι (»die Juden«) biete Johannes »die Möglichkeit, nicht nur einseitig die religiöse Sonderstellung und die Erfüllung der an das alttestamentliche Gottesvolk ergangenen Verheißungen im Zusammenhang mit Jesu Wirken zu betonen, sondern zugleich die ganze Spannung aufzuzeigen, die darin besteht, daß ein Teil der Juden die Heilsbotschaft annimmt, während sich ein anderer Teil hartnäckig distanziert ... wichtiger ist, daß sich in der Verwendung von οἱ Ἰουδαῖοι (»die Juden«) deren Anspruch widerspiegelt, die maßgebenden Vertreter des alttestamentlichen Gottesvolkes zu sein. Dieser Anspruch wird zurückgewiesen, und mit Hilfe des Begriffs οἱ Ἰουδαῖοι (»die Juden«) läßt der Evangelist Johannes sichtbar werden, wie es angesichts der Sendung Jesu zur Scheidung in zwei Lager kommt. Das Offenbarungshandeln Gottes führt ebenso zur gläubigen Annahme wie zur ungläubigen Ablehnung« (Ferd. Hahn, S. 81).

Literatur: E. Gräßer: Die antijüdische Polemik im Johannesevangelium (1964/65), jetzt in: *ders.:* Text und Situation, 1973, 50ff. – *Ders.:* Die Juden als Teufelssöhne in Joh 8,37–47, (1967), ebd., 70ff. – *F. Hahn:* »Das Heil kommt von den Juden« – Erwägungen zu Joh 4,22b, in: Wort und Wirklichkeit (FS E. L. Rapp) I, 1976, 67ff.

---

20. Beschreiben Sie den Verlauf der Passionsgeschichte nach Joh. Achten Sie dabei auch auf Abweichungen von der synoptischen Darstellung

● 18,1–11: *Verhaftung Jesu*
Nach den Abschiedsreden geht Jesus mit den Jüngern aus der Stadt hinaus in einen Garten. Dorthin kommt sogleich Judas mit römischen Soldaten und jüdischen Dienern zur Verhaftung.

Der synoptische Gebetskampf in Gethsemane fehlt (ein Anklang daran in Joh 12,27!). Die (johanneischen) Verse 4–9 machen aus der Gefangennahme eine Epiphanieszene: Auf das dreimalige »ich bin es« (ἐγώ εἰμι) Jesu fallen die Häscher zu Boden. Jesus liefert sich ihnen freiwillig aus. Vers 8f. betonen, daß Jesu Sterben ein

Sterben für die Seinen ist (dazu vgl. 3,14f.; 7,37–39; 10,11.15).

Vers 10f. bringen das aus den Synoptikern bekannte Motiv des Schwertstreiches (nur bei Joh werden Petrus und Malchus genannt!) und das Kelchwort aus der synoptischen Gethsemaneperikope.

● 18,12–27: *Jesu Verhör vor Hannas und Kaiphas und die Verleugnung des Petrus*
Anders als in den Synoptikern wird Jesus zuerst zu dem früheren Hohenpriester Hannas geführt und von ihm verhört; aber es ist weder von Zeugen die Rede noch wird die Messiasfrage gestellt, noch wird ein Urteil gefällt. Danach wird Jesus zum amtierenden Hohenpriester Kaiphas geschickt, aber dort findet keine Verhandlung mehr statt. Wie schon bei der Verhaftung erscheint auch hier Jesus als Herr der Situation.

● 18,28–19,16a: *Verhandlung vor Pilatus*
Dieser Abschnitt ist kunstvoll komponiert. Vor dem Prätorium stehen die Juden, im Inneren des Hauses steht Jesus und zwischen den Parteien steht Pilatus. 7 × wechselt der Schauplatz:

  a) 18,28–32 außen: Pilatus nimmt die Anklage der Juden entgegen
  b) 33–38a innen: Pilatus verhört Jesus
  c) 38b–40 außen: Pilatus will Jesus freigeben, die Juden erbitten sich Barabbas
  d) 19,1–3 (Hof des Prätoriums?) Geißelung Jesu
  e) 4–8 außen: Pilatus führt den verhöhnten Judenkönig den Juden vor, 1. Kreuzigungsforderung
  f) 9–11 innen: Pilatus verhört Jesus
  g) 12–16a außen: Pilatus verurteilt Jesus auf die 2. Kreuzigungsforderung der Juden hin.

Dieser Abschnitt trägt stark johanneisches Gepräge. In 18,33–38a finden sich wichtige Motive der johanneischen Christologie und Soteriologie: Jesus ist »in die Welt gekommen« – vgl. 1,9; 3,19; 9,39 u.ö.

Jesus als »Zeuge für die Wahrheit« – vgl. 1,17; 3,31f. 8,32.47; 10,27 –
Der Königstitel ist im Mittelpunkt (12 ×) – in diesem Sinne gestaltet er die Erzählung von der Gerichtsverhandlung als »Königsepiphanie« (J. Blank):
Königsproklamation ≙ Jesus vor Pilatus (18,36f.)
Königsinthronisation und Investitur ≙ Verspottungsszene (19,2f.)
  Königsepiphanie vor dem Volk ≙ Purpurmantel + Dornenkrone (18,4f.)
  Königsakklamation ≙ Kreuzigungsforderung.

● 19,16b–30: *Jesus am Kreuz*
16b–18: Kreuzweg (Jesus trägt sein Kreuz selbst!) + Kreuzigung
19: Inschrift am Kreuz
20–22: Anstoß der Hohenpriester an der Inschrift
23f.: Kleiderverlosung als Erfüllung von Ps 22,19
25: Frauen beim Kreuz
26f.: Worte Jesu an seine Mutter und an den Lieblingsjünger
28: Durstruf Jesu als Erfüllung der Schrift

96

29: Tränkung Jesu mit Essig

30: Letztes Wort Jesu und Tod

Durch die johanneischen Verse 20–22 zeigt der Evangelist nochmals die Verblendung der Juden; die Inschrift zeigt dagegen den wahren Charakter Jesu – er ist »erhöht« und »verherrlicht«.

- 19,31–37: *Die Abnahme vom Kreuz.* Jesus wird als das wahre Passalamm dargestellt. »Wasser und Blut« aus der Seite Jesu werden entweder als Begründung der Sakramente oder als Hinweis auf den wirklich erfolgten Tod verstanden (siehe oben 11.3).

- 19,38–42: *Grablegung* durch Joseph von Arimathia (vgl. Mk 15,43) und Nikodemus.

Literatur: J. Blank: Die Verhandlung vor Pilatus Joh 18,28–19,16; im Lichte johanneischer Theologie, BZ N.F. 3, 1959, 60ff. – *Ferd. Hahn:* Der Prozeß Jesu nach dem Johannesevangelium, in: EKK Vorarbeiten 2, 1970, 23ff. – *A. Dauer:* Die Passionsgeschichte im Johannesevangelium, 1972.

---

21. Welche Ostergeschichten lesen wir bei Joh?

Stellen Sie auch Gemeinsamkeiten und Unterschiede zu den Synoptikern fest.

- 20,1–10: Maria Magdalena entdeckt als erste das leere Grab, erklärt es sich durch die Annahme einer Umbettung des Leichnams Jesu und gibt Simon Petrus und dem »Lieblingsjünger« davon Kunde. Die Jünger laufen um die Wette zum Grab, der Lieblingsjünger »sah und glaubte« Maria und Petrus dagegen verstehen noch nicht.

- 20,11–18: Maria Magdalena begegnet 2 Engeln und dem Auferstandenen. Wie bei Mt erscheint auch bei Joh der Auferstandene zuerst der Maria Magdalena; er beauftragt sie, »seinen Brüdern« zu melden: »Ich steige auf zu meinem Vater und zu eurem Vater, zu meinem Gott und zu eurem Gott« (Vers 17).

- 20,19–23: Noch am Abend des Ostertages erscheint Jesus den Jüngern; er weist sich durch die Wundmale an den Händen und der Seite aus, sendet sie, verleiht ihnen den Hl. Geist und bevollmächtigt sie zur Sündenvergebung.

- 20,24–29: Der Jünger Thomas, der bei dieser Erscheinung des Auferstandenen nicht anwesend war, glaubt den anderen nicht, sondern macht ein körperliches Berühren des Auferstandenen zur Voraussetzung. 1 Woche später erscheint Jesus abermals, und der Ungläubige anerkennt ihn als seinen »Herrn und Gott« (20,28). Thomas hört das tadelnde Wort Jesu »weil du mich gesehen hast, bist du zum Glauben gekommen. Selig sind, die zum Glauben kommen, ohne zu sehen!« (20,29).

- 20,30f.: Zweck des Evangeliums: Abschließende Wendung: Die Zeichen sind aufgeschrieben »damit ihr glaubt, daß Jesus der Messias, der Sohn Gottes ist und damit ihr durch den Glauben Leben habt in seinem Namen«.

- 21,1–14: Spielten die Ostergeschichten in Kap 20 alle in Jerusalem, so sind die

Jünger jetzt am See Genezareth und gehen – trotz Missionsauftrag – ihrem alten Beruf als Fischer nach.

Zwei Motive sind ineinandergearbeitet:

a) Jesus verschafft den Jüngern einen riesigen Fang.

b) Bei einem Mahl mit Brot und Fisch erkennen alle Jünger den Herrn (den vorher schon der »Lieblingsjünger« erkannt hatte).

● 21,15–23: wird durch die vorhergehende Erzählung vorbereitet: Jesus fragt Petrus dreimal »Hast du mich lieb?«, erteilt ihm dreimal den Auftrag, seine Schafe zu weiden und konfrontiert sein Schicksal mit dem des »Lieblingsjüngers«.

18f.: Voraussage des Märtyrertodes des Petrus.

Literatur: U. Wilckens: Auferstehung, 1970, 71ff. – *J. E. Alsup:* The Post-Resurrection Appearance Stories of the Gospel-Tradition, 1975, 95ff. – *R. Pesch* (s. zu Lk, Frage 9).

---

22. Bei Joh spielt ein namentlich nicht genannter »Jünger, den Jesus liebte«, eine besondere Rolle. Stellen Sie die Aussagen zusammen.

Der »Lieblingsjünger« kommt in folgenden Zusammenhängen vor:

● Joh 13,23–26: Beim letzten Mahl ist er unter den zu Tisch Liegenden der nächste an der Seite Jesu, d. h., er steht in einem besonderen Vertrauensverhältnis zu Jesus; ihm enthüllt Jesus den Verräter.

● 19,26f.: Der Gekreuzigte vertraut den geliebten Jünger seiner Mutter und die Mutter dem geliebten Jünger an.

● 20,2–10: Petrus und der »Lieblingsjünger« laufen am Ostermorgen zum leeren Grab; der Lieblingsjünger »sah und glaubte«.

● 21,7: In der Erzählung vom wunderbaren Fischfang erscheint Jesus den Jüngern; der »Lieblingsjünger« erkennt ihn als erster und sagt es Petrus weiter.

● 21,20–23: Es geht die Meinung um, der »Lieblingsjünger« werde bis zur Wiederkunft des Herrn nicht sterben; dies wird als Mißverständnis herausgestellt. Das »Bleiben« des »Lieblingsjüngers« meint wohl das Bleiben seiner Verkündigung, seines Evangeliums (Bultmann) oder der »Lieblingsjünger« ist als Repräsentant der johanneischen Gemeinde zu verstehen, welche die Verheißung ewiger Dauer empfangen soll (Wilckens).

● 21,24: Der geliebte Jünger ist Zeuge für die Überlieferung; seine Zuverlässigkeit wird vom »Herausgeberkreis« des Evangeliums bestätigt.

Literatur: R. Schnackenburg: Das Johannesevangelium III, 1975, Exkurs 18. – *H. Thyen:* Entwicklungen innerhalb der johanneischen Theologie und Kirche im Spiegel von Joh 21 und der Lieblingsjüngertexte des Evangeliums, in: *M. de Jonge* (Hg.): L'Evangile de Jean, 1977, 259ff.

---

22. Das Johannesevangelium verwendet öfter antithetische Begriffspaare zur Charakterisierung des Glaubens und Unglaubens

Stellen Sie diese Begriffe zusammen und versuchen Sie, ihre Funktion zu erheben.

Die dualistische Begrifflichkeit des Joh enthält:

- Licht–Finsternis (1,5; 3,19–21; 8,12; 12,35.46)
- Lüge–Wahrheit (8,44f.)
- Fleisch–Geist (3,5)
- himmlisch–irdisch (3,12; vgl. 3,31)
- Freiheit–Knechtschaft (8,33ff.)
- aus der Welt sein–nicht aus der Welt sein (15,18–25; 17,14–16)

  Mit J. Becker kann man drei Aussagereihen unterscheiden:
- eine vertikale Teilung der Menschheit in zwei Gruppen: wenn Menschen sich dem Licht versagen, entsteht Finsternis (1,5; 8,12): geschichtlicher Entscheidungsdualismus
- eine prinzipielle Scheidung der Menschen in Gut und Böse: 3,6.12.19–21: prädestinatianisch-ethischer Dualismus
- die Trennung von Kirche und Welt: 15,18–25: »verkirchlichter Dualismus«

Problemanzeige: Die Frage nach dem religionsgeschichtlichen Hintergrund des johanneischen Dualismus (Judentum: O. Böcher; Gnosis: L. Schottroff) kann durch die Beobachtungen J. Beckers gefördert werden, daß unterschiedliche Formen des Dualismus vorliegen: Der Entscheidungsdualismus entspricht dem qumranischen Denken, der prädestinatianische Dualismus der Gnosis.

Literatur: J. Becker: Beobachtungen zum Dualismus im Johannesevangelium, in: ZNW 65, 1974, 71ff. – *O. Böcher:* Der johanneische Dualismus im Zusammenhang des nachbiblischen Judentums, 1965. – *L. Schottroff:* Der Glaubende und die feindliche Welt. Beobachtungen zum gnostischen Dualismus und seiner Bedeutung für Paulus und das Johannesevangelium, 1970.

---

7. Zusammenfassende Fragen zu den Evangelien

1. Nennen Sie die sieben Worte Jesu am Kreuz

- »Mein Gott, mein Gott, warum hast du mich verlassen?« (Mk 15,34/Mt 27,46)
- »Vater, vergib ihnen, denn sie wissen nicht, was sie tun!« (Lk 23,34; Textkritisch unsicher)
- »Heute noch wirst du mit mir im Paradies sein!« (Lk 23,43; an den reuigen Schächer gerichtet)
- »Vater, in deine Hände befehle ich meinen Geist!« (Lk 23,46 = Ps 31,6)
- »Frau, sieh, das ist dein Sohn!« (zu Maria; Joh 19,26); »Sieh, das ist deine Mutter!« (zum Lieblingsjünger; Joh 19,27)
- »Mich dürstet« (Joh 19,28)
- »Es ist vollbracht« (Joh 19,30).

2. Vergleichen Sie die Tempelreinigung in den 4 Evangelien

- Bei den Synoptikern steht sie am Anfang der letzten Lebenswoche Jesu (Mk 11,15–17/Mt 12f./Lk 19,45f.), während Johannes sie an den Anfang der Wirksamkeit Jesu stellt (2,13–17; Jerusalembesuch Jesu).
- Mt gibt den Mk-Text weitgehend wieder; er streicht nur die Bemerkung, Jesus habe niemanden ein Gefäß durch den Tempel tragen lassen. In dem Jesuswort »Es steht geschrieben: Mein Haus wird ein Haus des Gebets heißen« fehlt gegenüber Mk der Hinweis auf die Heiden. Während bei Mk infolge der Tempelreinigung Hohenpriester und Schriftgelehrte einen Anschlag auf Jesus planen (Mk 11,18f.), erfolgt bei Mt keinerlei Reaktion; Jesus heilt Blinde und Lahme im Tempel und Kinder jubeln ihm zu: »Hosianna dem Sohne Davids!«.
- Lk hat die Erzählung stark gekürzt; im Jesuswort fehlt ebenfalls der Hinweis auf die Heiden.
- Joh hat die Erzählung dagegen ausgeschmückt (Jesus macht sich eine Geißel aus Stricken). Das Schriftzitat »Mein Haus wird ein Haus des Gebets heißen« fehlt. Statt dessen erinnern sich die Jünger an Ps 69,10. »Der Eifer um dein Haus wird mich aufzehren.« (2,14–17) Im Anschluß daran fragen die Juden nach der Legitimation Jesu zu dieser Handlung; er antwortet mit dem »Tempelwort« (2,19), das bei Mk und Mt erst im Prozeß Jesu fällt (Mk 14,58/Mt 26,61), im Lukasevangelium fehlt, dafür aber im Stephanusprozeß anklingt (Apg 6,14). Nach Joh ist das ein Hinweis auf die Auferstehung Jesu.

3. Welche Berührungen zwischen Lk und Joh sind Ihnen aufgefallen?

- Johannes der Täufer lehnt ausdrücklich ab, der Messias zu sein: Lk 3,15ff.; Joh 1,19f.; 3,28.
- Ein wunderbarer Fischzug des Petrus wird (vorösterlich) Luk 5,1–11 und (nachösterlich) Joh 21,1–14 erzählt.
- Maria und Martha werden nur erwähnt in Lk 10,38–42 und Joh 11,1f.; 12,2f., allerdings in ganz unterschiedlichen Erzählungen.
- Der Verrat des Judas wird auf satanische Einwirkung zurückgeführt (Lk 22,3; Joh 13,2).
- Die Verleugnung des Petrus wird während des letzten Mahles vorhergesagt (Lk 22,34; Joh 13,38); es fehlt bei beiden der Widerspruch des Petrus gegen die Vorhersage.
- Pilatus erklärt dreimal die Unschuld Jesu (Lk 23,4.14,22; Joh 18,38; 19,4.6).
- Jesus wird in einem neuen Grab bestattet, in dem noch niemand gelegen hatte (Lk 23,53; Joh 19,41).
- Petrus sieht als erster Jünger das leere Grab (Lk 24,12 – textkritisch nicht ganz sicher; Joh 20,3ff.)

4. Welches synoptische Jesuswort nennt man den »Aerolith aus dem johanneischen Himmel«?

Welche johanneischen Worte sind parallel?

»Alles ist mir übergeben von meinem Vater, und niemand kennt den Sohn, denn nur der Vater, und niemand kennt den Vater, denn nur der Sohn und wem der Sohn es offenbaren will.« Mt 11,27/Lk 10,22. Zu diesem johanneischen Logion aus Q ist vor allem Joh 10,15; 3,35 zu vergleichen.

5. Wo wird Jes 6,9f. zitiert und in welchen Zusammenhängen?

- Das älteste Zitat steht in Mk 4,11f.: »denen draußen geschieht alles in Gleichnissen, damit sie sehend sehen und doch nicht erkennen und hörend hören und doch nicht verstehen und daher auch nicht umkehren und Vergebung empfangen können« (sog. Parabeltheorie).
- Die Matthäusparallele dazu (13,13–15) bringt das Zitat noch wörtlicher als Mk, formuliert aber um: Die Gleichnisrede erfolgt nicht, *damit* sie *nicht* verstehen, sondern *weil* sie sehend nichts sehen und hörend nichts hören. Die Verstockung ist also Schuld der Ungläubigen.
- Die Lukasparallele kürzt das Zitat, so daß der die Umkehr ausschließende Satzteil

»und daher auch nicht umkehren und Vergebung empfangen können« wegfällt (Lk 8,10).

- In völlig anderem Kontext zitiert Joh das Jesajawort (12,37–43). Am Ende der gesamten öffentlichen Wirksamkeit Jesu wird festgestellt, daß das Volk nicht an Jesus glaubte, ja nicht glauben konnte. Joh hat den Wortlaut etwas geändert: »Geblendet hat *er* ihre Augen und verhärtet hat *er* ihr Herz, damit sie nicht sehen ... und nicht umkehren und *ich* sie heile« (12,40). Die Verstockung geht auf Gott zurück; der Sohn hätte Heilung bringen können – wie Vers 41 zeigt, war die Heilungsmöglichkeit tatsächlich auch gegeben.

6. In den Evangelien wird öfters berichtet, Jesus sei der Gotteslästerung geziehen worden. Um welche Texte handelt es sich?

- Nach Mk 2,7/Mt 9,3/Lk 5,21 fassen Schriftgelehrte die von Jesus ausgesprochene *Sündenvergebung* als Lästerung auf.
- Nach Mk 14,64/Mt 26,65 beurteilt der Hohepriester im Prozeß gegen Jesus die Bejahung der *Messiasfrage* und die Ankündigung der Wiederkunft auf den Wolken des Himmels (Mk 14,62) als Lästerung.
- Nach Joh 10,31ff. wollen die Juden Jesus steinigen, weil er durch seine Beanspruchung der *Gottessohnschaft* Gott gelästert habe.

8. Die Apostelgeschichte

1. Verschaffen Sie sich einen ersten Überblick über den Aufbau der Apg, indem Sie Apg 1,8 als »Inhaltsangabe« verwenden

Jesus verheißt 1,8 den Jüngern, sie würden seine Zeugen sein »in Jerusalem, in ganz Judäa und Samarien und bis ans Ende der Erde«. Dementsprechend ergibt sich folgender Aufbau:

1,1–14: Prolog (Widmung an Theophilus, Himmelfahrt Jesu nach 40 Tagen)
1,15–8,3: Die Apostel als Zeugen in Jerusalem
8,4–11,18: Ausbreitung des Evangeliums in Samarien und den Küstengebieten
11,19–15,35: Antiochien und die von dort ausgehende Mission
15,36–19,20: Mission in den Ländern um das Ägäische Meer
19,21–28,31: Von Jerusalem nach Rom.

2. Welche Begebenheiten werden so erzählt, als ob der Verfasser sie selbst miterlebt hätte?

In der zweiten Hälfte des Buches finden sich einige Abschnitte, die im Wir-Stil sprechen:
Das erste Wir-Stück umfaßt 16,10–17: Der Aufbruch des Paulus und seiner Mitarbeiter von Troas nach Europa und der Zusammenstoß in Philippi.
Das zweite Wir-Stück reicht von 20,5–21,18 (Abreise von Philippi bis zur Verhaftung des Paulus in Jerusalem, wobei die »Abschiedsrede« in Milet 20,16–38 ausgenommen ist). Das letzte Wir-Stück umfaßt 27,1–28,16 (vom Abtransport des Paulus nach Rom bis zur Ankunft).

Problemanzeige: Auf wen gehen diese Texte zurück?
(a) Paulus kann nicht der Verfasser sein, da in 16,17; 20,13f.; 21,14 Paulus den Erzählenden gegenübergestellt wird.
(b) Timotheus kann nicht ihr Verfasser sein, da er sich in 20,4 von der Wir-Gruppe trennt.
(c) Silas kommt wohl auch nicht in Frage, da er oft in Texten vorkommt, die nicht zur »Wir-Quelle« gehören.

Literatur: E. Haenchen: Das Wir in der Apostelgeschichte und das Itinerar, in: *ders.:* Gott und Mensch, 1965, 227ff.

3. Vergleichen Sie die Himmelfahrt Jesu nach dem Lukasevangelium und der Apg

Lk 24,50–53	Apg 1,9–12
Himmelfahrt am Abend des Ostersonntags	Himmelfahrt 40 Tage nach der Auferstehung
Ort der Himmelfahrt: Bethanien	Ort: Ölberg
Vorher: Missionsbefehl + Segen	Vorher: Missionsbefehl
Vorgang Jesus wird emporgehoben	Vorgang: Jesus wird emporgehoben, eine Wolke verbirgt ihn
Nachher: die Jünger kehren nach Jerusalem zurück und warten ständig im Tempel	Nachher: 2 Engel weisen auf die Wiederkunft Christi hin
	Die Jünger kehren nach Jerusalem zurück und halten sich ständig im Obergemach eines Hauses auf

Literatur: G. Lohfink: Die Himmelfahrt Jesu, 1971.

4. Das Ende des Judas bei Mt und in der Apg

Mt 27,3–10	Apg 1,18–20
Judas gibt den Verräterlohn den Hohenpriestern zurück und begeht Selbstmord; die Hohenpriester kaufen von dem »Blutpreis« einen Acker, der danach »Blutacker« genannt wird.	Judas kauft vom Verräterlohn ein Grundstück; auf diesem verunglückt er; danach heißt der Acker »Blutacker«.
Schriftbeweis: Sach 11,12	Schriftbeweis: Ps 69,26

5. Welches Bild der urchristlichen Gemeindestruktur zeichnet die Erzählung von der Nachwahl des zwölften Apostels?

• An der Spitze der Gemeinde stehen die zwölf Apostel, deren Führer Petrus ist (vgl. schon Lk 6,13f.)

• Ein Apostel muß von der Johannestaufe bis zur Himmelfahrt Jesus begleitet haben (Apg 1,21f.); folgerichtig wird Paulus in der Apg nur ausnahmsweise als Apostel bezeichnet (14,4.14).

• Die Gesamtgemeinde trifft mit der Aufstellung zweier Kandidaten zwar eine Vorentscheidung, hinter der eigentlichen Entscheidung durch das Los steht aber Christus selbst.

Literatur: K. H. Rengstorf: Die Zuwahl des Matthias, in: Studia Theologica 11, 1962, 35ff.

6. Die Pfingsterzählung

1. Worin besteht das Pfingstwunder?
2. Wie wird das Pfingstwunder gedeutet?

● Das Pfingstwunder besteht in der Begabung der Jüngerschar mit dem Heiligen Geist (2,1–13). Das Wunder wird von sichtbaren und hörbaren Erscheinungen begleitet (Vers 2f.), seine Äußerungen werden unterschiedlich beschrieben (Vers 4: ein Sprachenwunder; Vers 12f.15: ekstatisches, unverständliches »Reden in Zungen«; vielleicht ist in Vers 6 nur ein Hörwunder vorausgesetzt). Der überwältigende Charakter des Wunders wird durch eine »Völkerliste« in Vers 9–11 unterstrichen.

● Die Deutung des Pfingstwunders wird in einer Petrusrede gegeben:

●● Das Pfingstwunder ist Erfüllung der alttestamentlichen Verheißung, wie das Zitat von Joel 3,1–5 (nach dem griechischen AT) belegt (2,14–21)

●● Die Erfüllung dieser Verheißung ist an das Geschick Jesu, des Nazoräers, gebunden: Er war durch »Krafttaten, Wunder und Zeichen« als Gesandter Gottes ausgewiesen; die Juden hatten ihn gemäß dem göttlichen Ratschluß töten lassen, Gott aber hat ihn auferstehen lassen, was schon David in Ps 16,8–11 vorhergesagt hatte und die Apostel bezeugen: Gott hat ihn zu seiner Rechten erhöht, und als Mitregent Gottes hat Jesus nun die endzeitliche Verheißung erfüllt (2,22–36).

●● »Alle, die Buße tun und sich im Namen Jesu Christi zur Vergebung ihrer Sünden taufen lassen, werden dieser endzeitlichen Verheißung teilhaftig« (2,38–40).

> *Literatur: E. Lohse:* Die Bedeutung des Pfingstberichtes im Rahmen des lukanischen Geschichtswerkes, in: *ders.:* Die Einheit des Neuen Testaments, 1973, 178ff. – *U. Wilckens:* Die Missionsreden der Apostelgeschichte, 3. Aufl., 1974, 32ff.; 56ff.

7. Was erfahren wir aus der Apg über die Tätigkeit des Petrus?

Vergleichen Sie die Petrusreden der Apg.

●● Petrus ist Wortführer des Apostelgremiums; als solcher hält er die entscheidende Rede bei der Nachwahl des Matthias (1,16–21), er deutet das Pfingstgeschehen (2,14–40), predigt dem Volk nach der Heilung des Lahmen (3,12–26), verteidigt die Apostel vor dem Hohen Rat (4,8–12; 5,29–32), entlarvt Ananias und Sapphira (5,1–11), bekehrt und tauft den heidnischen Hauptmann Cornelius auf Weisung des Herrn hin (10/11).

●● Petrus tritt ebensosehr als Wundertäter hervor:
Petrus heilt einen Lahmen (3,2ff.)
Von Petrus geht magische Heilwirkung aus (5,15)
Petrus treibt Dämonen aus (5,16)
Petrus weckt einen Toten auf (9,40f.).

- Die Petrusreden sind alle nach einem Schema gebildet:
(1) Anknüpfung an die Situation + Schriftzitat
(2) Das Handeln der Juden bei der Passion Jesu
(3) Die Auferweckung Jesu (mit Schriftbeweis oder Hinweis auf die Zeugenschaft der Apostel)
(4) Rückbezug auf die Situation
(5) Bußruf.

Literatur: U. Wilckens: Die Missionsreden (siehe zu 5).

---

8. Man hat gelegentlich vom »Kommunismus« der Urgemeinde gesprochen – welche Texte der Apg geben dazu Anlaß?

Die Apg beschreibt in drei kurzen zusammenfassenden Notizen (Summarien) das Gemeindeleben: 2,42–47; 4,32–37; 5,12–16. In den beiden ersten Summarien wird ausdrücklich die Gütergemeinschaft genannt. Allerdings ist hier kein prinzipieller Eigentumsverzicht vorausgesetzt, wie 4,34f.; 5,4 zeigen. Wahrscheinlich hat Lukas, «der Evangelist der Armen«, dieses Motiv verstärkt.

Literatur: H. Zimmermann: Die Sammelberichte der Apostelgeschichte, BZ N.F. 5, 1961, 71ff. – *M. Hengel:* Eigentum und Reichtum in der frühen Kirche, 1973, 39ff.

---

9. Die Wahl der Sieben (Apg 6,1–6)

- Wie kam es zu ihrer Bestellung?
- Welches war ihre Funktion?
- Was erfahren wir sonst über kirchliche Amtsträger?

●● Ausgangspunkt ist ein Streit zwischen »Hebräern« und »Hellenisten«, weil die tägliche Versorgung der Witwen der Hellenisten nicht gut geregelt war.
●● Daraufhin berufen die Zwölf eine Gemeindeversammlung ein und schlagen die Wahl von sieben Männern zum Versehen des Tischdienstes vor, um selbst sich ganz dem Gebet und dem Dienst am Wort widmen zu können.
●● Die ganze Gemeinde wählt dann sieben Männer, an ihrer Spitze Stephanus, welcher die Apostel durch Handauflegung und Gebet in ihr Amt einsetzt.
●● Nach Apg 6,1–6 wäre die Funktion der Sieben auf die Witwenversorgung beschränkt gewesen. Doch schildert Apg 6,8ff. Stephanus als Mann von Wunderkraft und geistlicher Weisheit, dem die Juden vorwerfen, er halte unablässig Reden gegen den Tempel und gegen das Gesetz (6,13)! Ebenso ist Philippus nach 8,4ff. in Samarien als Missionar tätig.

So scheint die Beschränkung auf karitative Dienste dem Bestreben des Lk zu entspringen, keine Konkurrenz zur Autorität der Zwölf auftreten zu lassen.

•• Man hat die Sieben oft als die ersten Diakone bezeichnet. Lk selbst verwendet diese Bezeichnung nicht; das entsprechende Substantiv Diakonia (Dienst) bezeichnet bei ihm ebenso das Apostelamt (1,17.25) wie die »Diakonie der Tische« (6,2) und die »Diakonie des Wortes« (6,2.4). In Apg 21,8 wird Philippus als einer der Sieben bezeichnet, so daß »die Sieben« wohl Amtsbezeichnung war.

Problemanzeige: Wenn Lk die Bedeutung der Sieben zu Unrecht auf karitative Tätigkeit beschränkt, ist wohl der Hintergrund dieser Auseinandersetzung von ihm auch verharmlost worden. Hier steht wohl ein theologischer Gegensatz zwischen den palästinischen Judenchristen (= Hebräern) und den diaspora-jüdischen Christen (= Hellenisten) im Hintergrund; die ersteren waren gesetzestreu, die letzteren gesetzes- kritisch, wie die Verfolgung des Stephanus zeigt.

Literatur: M. Hengel: Zwischen Jesus und Paulus, ZThK 72, 1975, 151ff.

• Das wichtigste gemeindliche Amt nach der Apg ist das Ältestenamt:

11,30: werden Älteste der Jerusalemer Gemeinde erwähnt:

14,23: heißt es, Paulus und Barnabas hätten in jeder Gemeinde Älteste ausgewählt;

20,17: hält Paulus seine Abschiedsrede vor den Ältesten der Gemeinde von Ephesus.

21,18: erfährt man, daß die Jerusalemer Gemeinde von Jakobus und Ältesten geleitet wird.

Da in den unbestritten echten Paulusbriefen nie das Ältestenamt erwähnt wird, hat Lk wohl die Verhältnisse zu seiner Zeit in die Frühzeit zurückprojiziert.

10. Die Rede des Stephanus, Apg 7,2–53

1. Was führte zur Steinigung des Stephanus?

2. Wie schildert die Apg das Martyrium?

•• Stephanus, ein Glied des Siebenerkreises, tritt als Wundertäter und Verkündiger auf.

•• Hellenistische Juden wiegeln das Volk, die Ältesten und Schriftgelehrten gegen Stephanus auf, weil er angeblich »lästerliche Reden gegen Mose und Gott« führe. Man schleppt Stephanus gewaltsam vor den Hohen Rat.

•• Dort treten falsche Zeugen auf, die ihm vorwerfen, er habe gesagt, Jesus, der Nazoräer, werde den Tempel zerstören und die Ordnungen des Mose ändern (An- spielung auf das Tempelwort Jesu Mk 14,58, das Lk im Prozeßbericht ausgelassen hat).

•• Darauf hält Stephanus die längste Rede der Apg (7,2–53), die die Geschichte Israels von Abraham an zusammenfaßt:

7,2–8: Abraham und der »Bund der Beschneidung«

7,9–16: Joseph in Ägypten

7,17–43: Mose, der »Führer und Erlöser« der Israeliten, der Ungehorsam des Volkes und das göttliche Gericht.

7,44–49: Die Stiftshütte als legitimer, der Tempel als illegitimer Kultort

7,51–53 Scheltrede an die ungehorsamen Israeliten: Jesus als der letzte der verfolgten und ermordeten Propheten

Literatur: U. Wilckens: Die Missionsreden der Apostelgeschichte, 3 Aufl., 1974, 208ff.

●● Auf diese Rede hin hat Stephanus eine Vision: Er sieht den Menschensohn zur Rechten Gottes stehen (7,55f.). Steht der Menschensohn als Zeuge für seinen Bekenner vor Gott, oder erhebt er sich zur Begrüßung seines Bekenners oder macht er sich zum Gericht gegen seine Feinde auf, so daß hier – vor der in 8,4ff. berichteten Samaritanermission – eine heilsgeschichtliche Wende signalisiert würde (Pesch)?

Literatur: R. Pesch: Die Vision des Stephanus, 1966.

●● Daraufhin wird er ohne regelrechten Urteilsspruch vor die Stadt geschleppt und gesteinigt. Stephanus übergibt seinen Geist an Jesus (Vers 59), bittet für seine Mörder (Vers 60) und stirbt. Hier sind Parallelen zur Passionsgeschichte unverkennbar: Nach Lk 22,71 hat der Hohe Rat gegen Jesus kein regelrechtes Urteil gefällt; Jesus hat für seine Feinde gebetet (Lk 23,34) und seinen Geist dem Vater übergeben (Lk 23,46).

●● Die Zeugen der Steinigung legen ihre Kleider zu Füßen eines hier zum ersten Mal genannten jungen Mannes namens Saulus nieder (7,58), der zwar unbeteiligt ist, aber das Vorgehen gutheißt (8,1).

11. Die Heidenmission in der Apg

1. Welche Vorstufen zeichnet Lk?
2. Wo wird die Frage grundsätzlich entschieden?
3. Welche weiteren Etappen zeichnet Lk?

●● Nach der Tötung des Stephanus werden die »Hellenisten« verfolgt und fliehen nach Judäa und Samaria (8.1). Philippus, ein Mann des Siebenerkreises, kommt so nach Samaria und predigt, heilt und treibt Dämonen aus (8,4–8). Viele lassen sich taufen, auch der Magier Simon (8,12f.). Die Jerusalemer Apostel senden daraufhin Petrus und Johannes, die den Neugetauften den Heiligen Geist mitteilen. Damit ist das zweite Stadium von 1,8 erreicht: Das Christuszeugnis wird unter den halbheidnischen Samaritanern angenommen.

●● Auf Weisung des Geistes bekehrt Philippus sodann den Kämmerer der Königin von Äthiopien (8,26ff.). Auch er ist kein richtiger Heide, eher als »Gottesfürchtiger«

vorzustellen, d. h. als Sympathisant des jüdischen Glaubens, der zwar die ethischen Gebote hält, sich aber nicht beschneiden läßt. Als Philippus ihm begegnet, liest er gerade Jes 53,7f., und Philippus deutet das als Weissagung auf Jesus Christus.

Der Äthiopier bittet um die Taufe – Philippus tauft ihn. (In einigen Zeugen des »westlichen« Textes ist Vers 37 eingeschoben: eine Tauffrage und ein Taufbekenntnis: »Ich glaube, daß Jesus Christus der Sohn Gottes ist«. In 8,39 ist von wenigen Zeugen ergänzt worden, daß der Heilige Geist auf den Eunuchen fiel).

Literatur: E. Dinkler: Philippus und der ANHP ΑΙΘΙΟΨ (Apg 8,26–40), in: Jesus und Paulus (FS W. G. Kümmel), 1975, 85ff.

● Nach diesen beiden Episoden fällt die grundsätzliche Entscheidung bei der Bekehrung des römischen Hauptmanns Kornelius durch Petrus (10,1–11,18)

Kornelius, ein gottesfürchtiger römischer Hauptmann in Cäsarea, erhält beim Gebet durch einen Engel die Weisung, Simon Petrus aus Joppe herbeiholen zu lassen.

Als sich die Boten am nächsten Tag der Stadt näherten, hatte Petrus beim Gebet eine Vision, er solle reine und unreine Tiere schlachten und essen. Auf seine Weigerung hin wiederholt sich die Vision zweimal. Das Erscheinen der Boten läßt Petrus klarwerden, was mit der Vision gemeint war: Er darf zu den Heiden gehen (10,1–23).

Als Petrus von der Weisung des Engels an den Hauptmann erfährt, verkündigt er Jesus als »aller Menschen Herrn« (10,34–43).

Noch während dieser Rede fällt der Heilige Geist auf Kornelius und seine Verwandten und Bekannten, erkennbar daran, daß sie alle »in himmlischen Zungen« reden. Daraufhin befiehlt Petrus, sie zu taufen (10,44–48). Die Jerusalemer Judenchristen greifen Petrus deswegen an; Petrus erzählt den ganzen Vorgang und folgert: Die Taufverweigerung hätte bedeutet, Gott selbst zu hindern (11,1–17). Dem stimmen die Jerusalemer zu und stellen grundsätzlich fest: Gott hat auch den Heiden die Umkehr zum Leben gegeben (11,18).

Problemanzeige: Seit M. Dibelius nimmt man öfters an, Lk habe hier zwei ursprünglich nicht zusammengehörige Geschichten verbunden: Eine Vision des Petrus, die das Problem der reinen und unreinen Speisen klären sollte, und eine Bekehrungsgeschichte. Für ursprüngliche Zusammengehörigkeit plädiert K. Löning.

Literatur: M. Dibelius: Die Bekehrung des Cornelius in: *ders.:* Aufsätze zur Apostelgeschichte, 5. Aufl., 1968, 96ff. – *K. Löning:* Die Korneliustradition, BZ N.F. 18, 1974, 1ff.

●● Sofort im Anschluß an die Korneliuserzählung spricht Lk von der missionarischen Tätigkeit anderer Hellenisten, die nach Stephanus' Tötung bis nach Phönizien, Zypern und Antiochia gekommen waren und dabei auch viele Heiden gewonnen hatten (11,19–21). Damit ist das Zentrum der Heidenmission Antiochia in den Blick gekommen. Freilich wird auch diese Gemeinde durch einen Jerusalemer Delegaten, Barnabas, legitimiert (11,22–24).

•• Barnabas holt Saulus zu sich, und diese beiden werden später von der antiochenischen Gemeinde auf Weisung des Heiligen Geistes hin zur Mission ausgesandt (13,1–3). In 13,4–14,28 schildert die Apg die sog. 1. Missionsreise. Immer noch hat die Judenmission Vorrang: Anknüpfungsort ist stets die örtliche Synagoge. Erst nach ihrer Ablehnung durch die Mehrheit der Juden wenden sie sich an die Heiden.

•• Noch in Rom lädt Paulus die Führer der dortigen Judenschaft zu sich ein (28,17ff.) und versucht, sie vom Mosegesetz und den Propheten aus für die Sache Jesu zu gewinnen (28,23) – ohne großen Erfolg. Daraufhin zitiert Paulus das Jesajawort von der Verstockung des Volkes (Jes 6,9f.); damit ist der Übergang des Heils zu den Heidenvölkern endgültig (28,25–28).

Literatur: J. Gnilka: Die Verstockung Israels, 1961, 130ff. – *W. Eltester:* Israel im lukanischen Werk und die Nazarethperikope, in: *ders. (Hg.):* Jesus in Nazareth, 1972, 76ff.

---

12. Die »Bekehrung« des Paulus nach der Apg

1. Lesen und vergleichen Sie die drei Erzählungen in Apg 9; 22; 26.
2. Wodurch sind die unterschiedlichen Darstellungen bedingt?

• Die drei Berichte Apg 9,1–19; 22,6–21; 26,4–20 haben eine ähnliche Grundstruktur:
Die Bekehrung bzw. Berufung des Paulus erfolgt auf dem Weg nach Damaskus;
sie ist begleitet von einer Lichterscheinung;
eine Himmelsstimme fragt: »Saul, Saul, was verfolgst du mich?«
Auf die Gegenfrage Sauls: »Wer bist du, Herr?« lautet die Antwort: »Ich bin Jesus, den du verfolgst.«

•• Erzählerische Unterschiede:
Nach 9,7 sehen die Begleiter niemanden, sondern hören nur die Stimme;
Nach 22,9 und 26,14 sehen die Begleiter das Licht, hören aber nichts.
Nach 9,10ff. und 22,12ff. wird Paulus von dem damaszenischen Christen Ananias geheilt und getauft;
in Kap. 26 wird Ananias nicht erwähnt.
Nur in 22,17ff. hat Paulus danach noch eine zusätzliche Vision und Audition im Jerusalemer Tempel, durch die er zum Heidenmissionar berufen wird.

• Die drei Berichte sind nach Form und Funktion unterschieden:
•• Apg 9,3–19 stellt einen Bekehrungsbericht dar: der Verfolger läßt sich taufen.
Eine Beauftragung erhält Saulus noch nicht; nur dem Ananias sagt der Herr im Traum, daß Saulus ein »auserwähltes Werkzeug« sei (9,15), der den Namen Jesu vor aller Welt bezeugen soll.
•• Den zweiten Bericht (22,6–21) legt Lk dem Paulus [dieser Name seit 13,9!] selbst in den Mund zur Verteidigung vor den Jerusalemern. Er dient der Rechtfertigung gegenüber dem Vorwurf, er mißachte den Tempel und das Gesetz. Deshalb wird

schon Ananias als »frommer Mann nach dem Gesetz« eingeführt (22,12); er erklärt Paulus: »Der Gott unserer Väter hat dich erwählt, seinen Willen zu erkennen und den Gerechten zu sehen ... Du sollst sein Zeuge sein vor allen Menschen ...« (22,14f.) Darauf folgt – der Verteidigungssituation angemessen – die Erzählung von einer Vision im Tempel (22,17–21), die Paulus ausdrücklich zu den Heiden sendet, da die Juden sein Zeugnis ablehnen. Dies entspricht der lukanischen Darstellung des paulinischen Wirkens: Nach der Ablehnung durch die Juden verläßt Paulus die Synagoge und geht zu den Heiden (13,44–48; 18,5–7; 28,23–28).

•• Den dritten Bericht (26,4–20) gibt Paulus vor dem jüdischen König Agrippa II. und dem römischen Statthalter Festus. Hauptziel der Verteidigungsrede ist, den Glauben an die Auferstehung zu begründen. Dazu verweist Paulus auf seine Verfolgertätigkeit, die dadurch beendet wurde, daß ihm der auferstandene Jesus erschien und ihn zum Zeugen seiner Erscheinung macht (26,16). Der Auferstandene selbst sendet Paulus, um Glauben zu wecken unter seinem Volk und allen Völkern (26,17).

> *Literatur: Chr. Burchard:* Der dreizehnte Zeuge. Traditions- und kompositionsgeschichtliche Untersuchungen zu Lukas' Darstellung der Frühzeit des Paulus, 1970. – *H. Löning:* Die Saulustradition in der Apostelgeschichte, 1973.

13. Was erfahren wir aus der Apg über die vorchristliche Zeit des Paulus?

Paulus stammte aus Tarsus in Kilikien, er wurde in Jerusalem erzogen und war Schüler des Rabbi Gamaliel (22,3); er war Pharisäer, dem Gesetz der Väter eifrig zugetan (22,3; 26,4f.). Er war bei der Steinigung des Stephanus anwesend (7,58), billigte das Vorgehen und begann daraufhin selbst, die Christen zu verfolgen (8,3; 9,1f.; 22,4f.; 19f.; 26,9–11). Sein Beruf war Zeltmacher oder Sattler (18,3 σκηνοποιός); er besaß das römische Bürgerrecht (16,37–39; 21,39; 22,25–29; 23,27).

14. Wie stellt die Apg den Magier Simon dar?

Philippus bekehrt bei seiner Predigttätigkeit in Samaria auch einen Magier Simon (8,9–25). Er war vorher aufgetreten mit der Behauptung, er sei etwas ganz Großes (εἶναί τινα ἑαυτὸν μέγαν), und die Menge hatte ihn als »die große Kraft Gottes« (ἡ δύναμις τοῦ θεοῦ ἡ καλουμένη Μεγάλη) verehrt (8,9f.)

Als Simon sieht, daß durch die Handauflegung der Apostel Petrus und Johannes der Heilige Geist auf die Gläubigen kam, bietet er den Aposteln Geld, damit er auch die Macht bekäme, den Heiligen Geist zu verleihen (8,18f.). Petrus schleudert ob dieses Ansinnens einen Fluch über Simon; denn der göttliche Geist ist menschlich unverfügbar. Ob dieser böse Einfall seines Herzens vergebbar ist, ist nicht sicher (8,20–22). Simon bittet die Apostel um Fürbitte – so endet die Erzählung offen.

Problemanzeige: In gnostischen Quellen und bei Kirchenvätern taucht im 2. Jh. die Vorstellung auf, Simon Magus sei Ahnherr der Gnosis gewesen. Da in der Apg noch kein Zusammenhang zwischen Simon und der aufkommenden gnostischen Irrlehre dargestellt wird, ist zu fragen, ob »es nicht taktisch überlegte Zurückhaltung (des Lukas) war, die das Bild des Samaritaners aus einem gnostischen Offenbarer zu dem eines bloßen Magus entschärft hat? Oder sollten wirklich erst spätere Gnostiker den einstigen Wundermann zum gnostischen Erlöser potenziert haben?« (K. Beyschlag, S. 5).

Literatur: K. Beyschlag: Simon Magus und die christliche Gnosis, 1974.

---

15. Wie stellt die Apg Anlaß, Verlauf und Ergebnis des »Apostelkonzils« (Apg 15) dar?

● Nach Apg 15,1ff. ist der Anlaß die von judäischen Christen erhobene Forderung, die antiochenischen Heidenchristen müßten sich beschneiden lassen. Paulus und Barnabas lehnen das entschieden ab.

● Die Antiochener entsenden Paulus und Barnabas zu den Aposteln und Ältesten in Jerusalem, um ihnen diese Streitfrage vorzulegen.

● Als auch unter den Jerusalemern die Meinungen darüber heftig aufeinanderprallen, ergreift Petrus das Wort (15,7ff.): Gott hat den Unterschied zwischen Juden und Heiden schon längst aufgehoben (Kornelius!); so hieße es Gott herausfordern, wollte man den Heidenchristen das »Joch des Gesetzes« auferlegen.

● Daraufhin erzählen Paulus und Barnabas von den Zeichen und Wundern, die Gott durch sie unter den Heiden gewirkt hatte (15,12).

● Jakobus bestätigt die Petrusrede mit einem Schriftbeweis: Gott will die zerfallene Hütte Davids wieder aufbauen, damit auch die Heidenvölker den Herrn suchen können (Am 9,11f.). Daher soll man den Heiden keine besonderen Schwierigkeiten machen, sondern nur vier Grundforderungen an sie richten: Enthaltung von Opferfleisch, Unzucht, Ersticktem (= nicht geschächtetem Fleisch) und Blutgenuß (15,13–21).

● Apostel, Älteste und die ganze Gemeinde nehmen diese Empfehlung an und teilen sie den Antiochenern brieflich mit (15,22–30): sog. Aposteldekret. (Im »westlichen« Text fehlt die Erwähnung des nicht geschächteten Fleisches, so daß die kultischen Verbote dort ethischen Sinn erhalten: man muß Götzendienst, Unzucht und Mord meiden.)

Literatur: Ferd. Hahn: Das Verständnis der Mission im Neuen Testament, 1963, 65ff. – *W. G. Kümmel:* Die älteste Form des Aposteldekrets, in: *ders.:* Heilsgeschehen und Geschichte, 1965, 278ff.

---

16. Skizzieren Sie die drei »Missionsreisen« des Paulus in ihrem Verlauf. Legen Sie dazu eine Karte des Mittelmeerraumes vor sich

● Die erste Missionsreise wird Apg 13,4–14,28 erzählt.
●● Saulus, (Paulus) Barnabas und Johannes Markus setzen nach Zypern über. Dort überwindet Paulus den Magier Barjesus / Elymas und bekehrt dadurch den Statthalter Sergius Paulus. (Ab 13,9 wird nur noch der Name Paulus verwendet!)
●● Die drei segeln von Zypern aus nach Kleinasien: Johannes Markus trennt sich von ihnen (13,13: warum?); erste Missionsstation ist Antiochia in Pisidien (13,14ff.). Dort hält Paulus in der Synagoge am Sabbat eine Rede, die im Typ den Petrusreden entspricht:
(1) Heilsgeschichtliche Einleitung
(2) Das Zeugnis des Johannes als des letzten Propheten
(3) Jesu Leiden und Sterben als Schuld der Juden und Erfüllung der Schrift, seine Auferstehung und seine Erscheinungen als Tat Gottes
(4) Schriftbeweis für die Auferstehung Jesu
(5) Verkündigung der Sündenvergebung
(6) Abschließende heilsgeschichtliche Warnung an die Juden
Als die Juden am nächsten Sabbat die Predigt ablehnen, erklärt Paulus: Die Juden erweisen sich des ewigen Lebens unwert – daher wenden sich die Verkündiger jetzt den Heiden zu (13,46–48). Viele Heiden kommen zum Glauben; die Juden aber verursachen, daß Paulus und Barnabas vertrieben werden.
●● In Ikonien wiederholt sich dieses Geschehen (14,1–7). In Lystra heilt Paulus einen Lahmen, wird als Gott in Menschengestalt verehrt (ebenso Barnabas), hält eine kurze monotheistische Predigt und wird auf Anstiften der Juden gesteinigt, überlebt aber (14,8–20).
●● Die Reise geht weiter nach Derbe und von dort zurück über Lystra und Ikonium nach Antiochia in Pisidien. In jeder Gemeinde setzen sie Älteste ein. Nach einer summarischen Notiz über weitere Wirksamkeit in Pisidien und Pamphylien segeln sie nach Antiochien zurück.

● Die zweite Missionsreise wird in Apg 15,40–18,22 erzählt.
●● Paulus und Barnabas trennen sich; neuer Mitarbeiter des Paulus wird Silas, ein angesehener Jerusalemer Christ (vgl. 15,22.27.32). Sie ziehen durch Syrien und Kilikien (15,40f.). In Lystra nimmt Paulus den Timotheus als Mitarbeiter an, läßt ihn, den Sohn einer Judenchristin und eines heidnischen Vaters, aus Rücksicht gegenüber den Juden beschneiden (16,1–3). In allen Städten machen sie das Aposteldekret bekannt (16,4).
»Mit der Timotheusgeschichte und der Nachricht von der Übergabe der δόγματα (Verordnungen) der Apostel und Ältesten wird deutlich, daß die jetzt anlaufende Mission in vollstem Einklang mit den jerusalemischen Judenchristen erfolgt. So harmonisch in die gesamtkirchliche Arbeit eingegliedert sieht Lukas die paulinische

Mission, die von nun ab sein eigentliches Thema wird« (E. Haenchen: Die Apostelge-schichte, 5. Aufl., 1965, 423).

●● Phrygien, Galatien, Mysien sind die nächsten Landschaften, die Paulus mit seinen Mitarbeitern durchzieht, wobei der Geist zweimal bestimmte Pläne negiert.

●● In Troas wird Paulus durch ein Traumgesicht nach Makedonien gerufen (16,9). In 16,10 beginnt der erste Abschnitt im Wir-Stil!

●● Erste Station in Europa ist Philippi (16,11–40). Dort bekehrt Paulus die Purpur-händlerin Lydia, treibt den Wahrsagegeist einer Sklavin aus, wird deshalb als Unruhe-stifter angeklagt, mit Silas zusammen eingekerkert und wunderbar aus dem Gefängnis befreit, wodurch der Kerkermeister mit seinem ganzen Haus bekehrt wird.

●● Nächste Station ist Thessalonich (17,1–9), wo Paulus wenige Juden und viele gottesfürchtige Griechen gewinnt, aber einer jüdischen Intrige entfliehen muß. Auch in Beröa wird seine Predigt bereitwillig aufgenommen, doch die Juden aus Thessalo-nich reisen nach und wiegeln die Massen auf, so daß Paulus sich nach Athen absetzt (7,10–15).

●● In Athen sucht Paulus wieder zuerst die Synagoge auf, dann disputiert er mit Philosophen, die ihn interessiert befragen (17,16ff.). Er legt in einer Rede auf dem Areopag seine Verkündigung dar (17,22–31).

(1) Anknüpfungspunkt: ein »dem unbekannten Gott« geweihter Altar.

(2) Diesen Gott, den Schöpfer und Lebensspender, darf man nicht mit Götzenbil-dern verehren – jetzt ist die Zeit der Buße. Ein Zitat des Stoikers Arat belegt die Gottesverwandtschaft des Menschen.

(3) Hinweis auf das Weltgericht, das Gott durch einen Mann halten will, den er dazu bestimmt hat; durch seine Auferweckung ist dies bestätigt.

Literatur: U. Wilckens: Die Missionsreden (siehe zu 5), 87ff. – H. Conzelmann: Die Rede des Paulus auf dem Areopag, in: ders.: Theologie als Schriftauslegung, 1974, 91ff.

Die Rede wird von den philosophischen Hörern z. T. verspottet; Paulus gewinnt nur wenige, darunter einen Areopagiten Dionysius (unter dessen Namen eine Sammlung mystischer Schriften seit dem 6. Jh. n. Chr. bekannt ist).

●● In Korinth findet Paulus das jüdische Ehepaar Aquila und Priscilla, die durch das Judenedikt des Kaisers Claudius 49 n. Chr. aus Rom vertrieben worden waren. Nach 1½ Jahren Lehrtätigkeit klagen ihn die Juden vor dem Statthalter Gallio an, aber ohne Erfolg (18,1–17). Diese Stelle ist für die absolute Chronologie wichtig, da die Statthalterschaft Gallios auf 51/52 n. Chr. (vielleicht auch 52/53) datiert werden kann (Gallio-Inschrift!).

●● Von Korinth aus reist Paulus mit Priscilla und Aquila über Syrien nach Ephesus, läßt das Ehepaar dort zurück, reist nach Cäsarea und kehrt nach Antiochia zurück (18,18–22).

●● Ohne Übergang wird die 3. Missionsreise begonnen: Paulus zieht durch das galatische Land und Phrygien (18,23).

•• Paulus kommt dabei nach Ephesus. Dort trifft er »ungefähr zwölf« »Jünger«, die mit der Johannestaufe getauft waren, aber noch nichts vom Heiligen Geist wußten. Er tauft sie auf den Namen des Herrn Jesus, und als er ihnen die Hände auflegt, erhalten sie den Geist (19,1–7). Diese Erzählung knüpft an 18,24–28 an, wo der Jude Apollos in Ephesus »genau über Jesus lehrt, obwohl er nur die Taufe des Johannes kannte«. Erst Priscilla und Aquila »setzen ihm den Weg Gottes noch genauer auseinander«.

> *Literatur: E. Käsemann:* Die Johannesjünger in Ephesus, in: *ders.:* Exegetische Versuche und Besinnungen I, 4. Aufl., 1965, 158ff. – *E. Schweizer:* Die Bekehrung des Apollos, Ag. 18,24–26, in: EvTh 15,1955,247ff.

•• Nach drei Monaten erfolgt der Bruch mit der Synagoge; Paulus verkündigt noch 2 Jahre in einem gemieteten Hörsaal (19,8–10) und vollbringt ungewöhnliche Machttaten, sogar durch seine Kopftücher und Taschentücher (19,11f.; vgl. den heilenden Schatten des Petrus 5,15). Die 7 Söhne des Skeuas, die Paulus nachahmen wollen, erleiden ein böses Mißgeschick (19,13–17). In einer öffentlichen Bücherverbrennung werden Zauberbücher vernichtet (19,18–20). Paulus plant, nach Jerusalem und dann nach Rom zu reisen (19,21f.). Doch der Silberschmied Demetrius zettelt einen Aufruhr gegen Paulus an, da durch die christliche Verkündigung der Handel mit Devotionalien zurückgegangen war. Doch der Tumult wird durch den Ratsschreiber niedergeschlagen (19,23–40).
•• Danach reist Paulus nach Mazedonien, Griechenland (Achaja) und segelt dann nach Troas in Kleinasien (20,1–6). In Troas erweckt er Eutychos, der während einer langen Predigt eingeschlafen und vom dritten Stock des Hauses heruntergefallen war (20,7–12).
•• Die Reise geht, teils zu Fuß, teils zu Schiff, weiter nach Milet (20,13–16). Dorthin ließ Paulus die Ältesten von Ephesus kommen, um eine Abschiedsrede zu halten.
  Die Ältesten werden ermahnt, »die Gemeinde Gottes zu weiden, die er durch das Blut seines eigenen (Sohnes) erworben hat« (20,28 – einzige Stelle der Apg, wo eine soteriologische Bedeutung des Todes Jesu ausgesagt wird!). Paulus verteidigt seine Uneigennützigkeit, warnt vor Irrlehrern und weist auf sein bevorstehendes Martyrium hin (20,17–38).

Problemanzeige: Wie alle Reden der Apg spiegelt auch die »Abschiedsrede« des Paulus primär die Verhältnisse zur Zeit des Lukas; er »überträgt dabei großkirchliche Strukturen der Gemeinden des griechisch-kleinasiatischen Raumes am Ende des ersten Jahrhunderts auf die Zeit der paulinischen Mission und benützt diese Strukturen theologisch, um im Kampf gegen vielfältige Gefährdungen der apostolischen Überlieferung in seiner Zeit, vor allem durch frühgnostische Häretiker, diese Glaubenstradition der Kirche am Ende des ersten Jahrhunderts vor Verfälschung, Aushöhlung oder illegitimer Erweiterung zu retten«. (O. Knoch, 39f.). Neuerdings wird die sachliche Nähe zu Paulus betont (C. K. Barrett).

Literatur: O. Knoch: Die »Testamente« des Petrus und Paulus, 1973,32ff. – *C. K. Barrett:* Paul's Address to the Ephesian Elders, in: God's Christ and His People (FS N. A. Dahl), 1977, 107ff.

●● Die Reise von Milet nach Cäsarea bringt viele Abschiedsszenen zwischen Paulus und seinen Gemeinden. In Tyrus wird er gewarnt, nicht nach Jerusalem zu gehen; in Cäsarea sagt der Prophet Agabus mit einer symbolischen Handlung die Gefangennahme des Paulus voraus; Paulus aber ist zum Tod für den Namen des Herrn Jesus bereit (21,1–14).

●● Bei der Ankunft in Jerusalem werden Paulus und seine Reisegefährten durch Jakobus und die Ältesten begrüßt; Paulus muß sich sofort gegen den Vorwurf wenden, er lehre Abfall von Mose. Er tut das, indem er für vier mittellose Männer, die ein Nasiräatsgelübde auf sich genommen haben, das Ausweihungsopfer übernimmt. Dabei wird er von den Juden zu Unrecht beschuldigt, er habe durch Mitnahme eines Griechen den Tempel entweiht. Der Kommandant der römischen Garnison rettet Paulus vor der Lynchjustiz der aufgebrachten Juden (21,27–36).

Paulus hält eine Verteidigungsrede (22,2–21), aber die aufgebrachte Menge fordert seine Beseitigung. Paulus wird in Haft genommen (22,24f.); seine Berufung auf das römische Bürgerrecht bewahrt ihn vor der Geißelung (22,25f.).

17. Wie beschreibt die Apg das weitere Schicksal des Paulus

1. Paulus wird mit dem Hohen Rat konfrontiert; seine Hoffnung auf die Auferstehung spaltet den Hohen Rat (23,1–10). Eine Christusvision bekräftigt dem Paulus, er müsse wie in Jerusalem so auch in Rom Zeugnis ablegen (23,11).
2. Mehr als 40 Juden verschwören sich gegen Paulus, aber sein Neffe deckt den Plan auf. Daraufhin wird Paulus zum Statthalter in Cäsarea gebracht (23,12–35).
3. Der Hohepriester und einige Älteste reisen Paulus nach. In ihrem Auftrag erhebt der Anwalt Tertullus Anklage gegen Paulus: er errege in aller Welt Aufruhr und habe versucht, den Tempel zu entweihen. Paulus verteidigt sich, indem er seine volle Loyalität gegenüber dem Judentum betont. »Die Erklärung über das Christentum ist grundsätzlich: Es ist die wahre Erfüllung des Judentums. Als zentrale Lehre erscheint neben dem Gottesgedanken und dem Gedanken von Verheißung und Erfüllung ... der Auferstehungsglaube in seiner allgemein-lukanischen Form« (H. Conzelmann, Die Apostelgeschichte, 1963,133).
   Der Statthalter Felix vertagt daraufhin die Entscheidung (24,1–23). Er steht der Sache zunächst wohlwollend gegenüber, aber die Rede des Paulus von »Gerechtigkeit, Enthaltsamkeit und dem künftigen Gericht« läßt ihn in Distanz treten. Nach 2 Jahren wird Felix abberufen, er läßt Paulus als Gefangenen zurück (23,24–27).
4. Vor dem neuen Statthalter Festus appelliert Paulus an den Kaiser (25,1–12). Als der jüdische König Agrippa II. einige Tage darauf Festus besucht, stellt ihm dieser den

Fall des Paulus dar (man habe Paulus keine Schandtaten zur Last gelegt, sondern es gehe nur um religiöse Streitfragen und um einen gewissen Jesus, der zwar schon lange tot sei, von dem Paulus aber behauptete, er lebe). Festus bittet Agrippa um seinen Rat (25,13–22).

5. So wird Paulus am folgenden Tag einem großen Auditorium vorgestellt. Paulus hält eine große Rede, in der er durch einen biographischen Rückblick seine Unschuld erweist (siehe oben Frage 13). Fast hätte er den König Agrippa für das Christentum gewonnen. Alle Instanzen sind sich einig, daß Paulus nichts Strafbares begangen hat – aber aufgrund der Appellation an den Kaiser kann er nicht freigelassen werden (25,23–26,32).

»Die Szene erinnert in ihrem Rahmen lebhaft an die Sendung Jesu zu Herodes Antipas (Lk 23,7ff.), sowohl in ihrer Begründung, der Ratlosigkeit des römischen Statthalters, der die Neugier des jüdischen Königs entgegenkam, als auch in ihrem Ausgang, der gemeinsamen Überzeugung von der Schuldlosigkeit des von den Juden so hart Verklagten, nur mit dem Unterschied, daß Jesus die ganze Szene mit seinem Schweigen, Paulus dagegen mit seiner Rede beherrscht« (G. Stählin: Die Apostelgeschichte, NTD 5,1962,305).

6. Die Seefahrt nach Rom, von einem Schiffbruch vor Malta unterbrochen, wird in Apg 27–28,16 geschildert.

7. In Rom ist Paulus nur in leichter Haft und disputiert zweimal ergebnislos mit den Juden. Zwei Jahre lang kann er die Botschaft von der Gottesherrschaft und von dem Herrn Jesus Christus ungehindert verkündigen (28,17–31). Über den Ausgang des Prozesses und das weitere Schicksal des Paulus erfahren wir nichts.

Problemanzeige: Mit welcher Intention hat Lk den Prozeßbericht des Paulus gestaltet? Geht es ihm dabei
● um die Verteidigung des Paulus als des Lehrers Israels, wodurch der Kirche ihr Heimatrecht im Gottesvolk gesichert werden solle (Jervell)
● oder um »das Verhältnis zwischen Rom, den Juden und den Christen«, so daß die lukanische Darstellung den Christen »eine Lebensmöglichkeit innerhalb des Imperiums« erwirken wollte (Haenchen, 618f.; vgl. Delling)
● oder ist die Paulusdarstellung des Prozeßberichts »in theologisch-evangelistischer Weise ganz und gar christologisch ausgerichtet« (Stolle, 284)?

Literatur: J. Jervell: Paulus – der Lehrer Israels, in NovTest 10,1968, 164ff. – E. Haenchen: Die Apostelgeschichte, 10. Aufl., 1968. – G. Delling: Das letzte Wort der Apostelgeschichte, in: NovTest 15,1973, 193ff. – V. Stolle: Der Zeuge als Angeklagter, 1973. – Chr. Burchard: Paulus in der Apostelgeschichte, in ThLZ 100, 1975, 881ff.

9. Die Paulusbriefe

1. Welche Briefe unter dem Namen des Paulus stehen im Neuen Testament?

13 Briefe tragen den Namen des Paulus: Römerbrief, 1. und 2. Korintherbrief, Galaterbrief, Epheserbrief, Philipperbrief, Kolosserbrief, Philemonbrief, 1. und 2. Thessalonicherbrief, 1. und 2. Timotheusbrief, Titusbrief.

2. Sind Ihnen zusammenfassende Bezeichnungen für einzelne Briefgruppen bekannt?

• Kolosser, Epheser, Philipper und Philemon setzen voraus, daß Paulus gefangen ist, daher heißen sie in älterer Literatur Gefangenschaftsbriefe. Da die Echtheit von Kolosser und Epheser umstritten ist, wird dieser Sammelname heute nicht mehr verwendet.
• 1. + 2. Timotheus und Titus heißen seit dem 18. Jh. Pastoralbriefe, da diese drei Briefe Anweisungen für die Gemeindeleitung enthalten.

3. Verschaffen Sie sich mit einer »Einleitung« in das Neue Testament einen Überblick über Echtheitsfrage, Entstehungszeit und -ort der Paulusbriefe Siehe Tabelle auf den Seiten 119 f.

> *Literatur: Kümmel, Lohse, Marxsen, Vielhauer, Wikenhauser-Schmid* siehe zu 1 – *A. Suhl:* Paulus und seine Briefe, 1975.

4. Suchen Sie gemeinsame Formelemente der Paulusbriefe

• Der Brief beginnt mit dem *Präskript*, das 3 Elemente enthält:
Absender (superscriptio) im Nominativ
Adressat (adscriptio) im Dativ
Gruß (salutatio) prädikatloser Satz in der 2. Person
• Auf das Präskript folgt bei Paulus ein *Proömium*. Es ist meist eine Danksagung an Gott (εὐχαριστῶ τῷ θεῷ »ich danke Gott ...), gelegentlich eine Benediktion oder Eulogie (»gepriesen sei Gott«, εὐλογητὸς ὁ θεός).
• Der Briefschluß *(Eschatokoll)* enthält 2 Elemente:
Grüße an die Empfänger
Schlußwunsch.

	Kümmel	Lohse	Marxsen
1 Thess	echt 50 Korinth	echt 50 Korinth	echt 50 Athen o. Korinth
2 Thess	echt 50/51	unecht Ende 1. Jh.	unecht bald nach 70
Gal	echt 54/55 Ephesus o. Mazedonien	echt 53–55 Ephesus	echt Ephesus
1 Kor	echt Frühjahr 54/55 Ephesus	echt Frühjahr 55 Ephesus	echt Ephesus
2 Kor	echt Herbst 55 (56) Mazedonien	echt, aber Teilung 55 Ephesus 56 Mazedonien	echt, aber Teilung
Röm	echt Frühjahr 55 (56) Korinth	echt 56 Korinth	echt Korinth
Phil	echt 53–55 Ephesus o. 56–58 Cäsarea	echt, aber Teilung 55 Ephesus bzw. 56 Korinth	echt, aber Teilung Ephesus
Kol	echt 56–58 Cäsarea 58–60 Rom	unecht 80 Ephesus	unecht
Philm	echt 56–58 Cäsarea 58–60 Rom	echt ~ 55 Ephesus	echt Ephesus
Eph	unecht 80–100 Kleinasien	unecht Ende 1. Jh.	unecht
Past	unecht Anfang 2. Jh.	unecht ~ 100 Kleinasien/Ephesus	unecht nach 100

	Vielhauer	Wikenhauser/Schmid	Suhl
1 Thess	echt 50/51 Korinth	echt 51/52 Korinth	echt Frühjahr 50 Korinth
2 Thess	unecht ~ 85 Mazedonien o. Kleinasien	wahrscheinlich unecht	unecht
Gal	echt Ephesus	echt 54 Ephesus	echt Juni 54
1 Kor	echt Frühjahr 55 (56) (57) Ephesus	echt 57 Ephesus	echt, aber Teilung Mai 54 Ephesus
2 Kor	echt, aber Teilung 56/58	echt	echt, aber Teilung 54/55
Röm	echt 56/59 Korinth	echt Anfang 58 Korinth	echt 55 Makedonien
Phil	echt, aber Teilung Ephesus	echt; Teilung? 61–63? Rom?	echt, aber Teilung 53/54
Kol	unecht	echt? 58? Rom?	Verf.: Epaphras Sommer 53 Ephesus
Philm	echt Ephesus	echt Mitte der 50er Jahre Ephesus	echt Sommer 53 Ephesus
Eph	unecht ~ 100 westl. Kleinasien	unecht ~ 90	unecht
Past	unecht ~ 140 Kleinasien	unecht ~ 100	unecht

10. Der 1. Thessalonicherbrief

1. Versuchen Sie nach der Lektüre des Briefes den Inhalt in groben Umrissen wiederzugeben

1,1: Präskript: Paulus, Silvanus und Timotheus grüßen die Gemeinde
1,2–10: Danksagung für Glaube, Liebe und Hoffnung der Gemeinde
2,1–12: Paulus verteidigt sein Auftreten in Thessalonich
2,13–16: Dank für die Annahme des Evangeliums trotz Verfolgung
2,17–20: Wunsch des Paulus, die Gemeinde wiederzusehen
3,1–10: Die Sendung des Timotheus nach Thessalonich
3,11–13: Fürbitte für die Gemeinde
4,1–12: Mahnung zur Heiligung des geschlechtlichen Lebens, zur Bruderliebe und zur Arbeit
4,13–18: Tröstlicher Zuspruch im Hinblick auf die inzwischen verstorbenen Christen
5,1–11: Belehrung über den »Tag des Herrn«
5,12–22: Mahnungen für das Gemeindeleben
5,23f.: Bitte um Heiligung der Gläubigen
5,25–28: Postskript: Grüße, Aufforderung zur Verlesung des Briefes, Gnaden-wunsch.

2. Was erfahren wir über die Beziehung des Paulus zur Gemeinde von Thessalonich?

Paulus hat die Gemeinde gegründet (1,5ff.). Während seiner Missionstätigkeit hat er keinen materiellen Gewinn gesucht, sondern sich durch seiner Hände Arbeit ernährt (2,9). Die Gemeinde setzt sich aus ehemaligen Heiden zusammen (1,9; 2,14); sie haben die Verkündigung in rechter Weise als Gottes Wort angenommen (2,13), ihr Glaubensstand ist vorbildlich (1,7f.).

Paulus hat die Gemeinde erst vor kurzem verlassen und wiederholt gewünscht, sie wiederzusehen, was der Satan verhindert hat (2,17f.).

Daher bleibt Paulus allein in Athen und sendet Timotheus nach Thessalonich (3,1f.). Auf die guten Nachrichten hin, die Timotheus gebracht hat, schreibt Paulus den Brief. *1 Thess ist der älteste erhaltene Paulusbrief.*

3. Was hören wir vom Schicksal der Gemeinde seit dem Weggang des Paulus?

Die Gemeinde ist durch Verfolgungen von seiten ihrer heidnischen Umwelt bedroht (2,14; vgl. 1,6; 3,2f.), hat sich dadurch aber nicht wankend machen lassen.

4. Was erfahren wir über die paulinische Missionspredigt in Thessalonich?

In 1,9f. erinnert Paulus die Gemeinde an seinen »Eingang«, d. h. er gibt »in formelhafter Sprache Inhalt und Schema der hellenistisch-christlichen, monotheistischen Missions- und Bekehrungspredigt« wieder (P. Stuhlmacher, 259).
Inhalt dieser Predigt:
1. Abkehr von den nichtigen Götzen und Hinwendung zu dem einen lebendigen und wahren Gott
2. Die Auferweckung Jesu von den Toten ermöglicht Umkehr und Errettung vor dem künftigen Zorngericht Gottes
3. Naherwartung der Wiederkunft (Parusie) des Gottessohnes.

Problemanzeige: Die Formel 1. Thess 1,9f. wurde entweder als »Tauflied hellenistischer Judenchristen« (G. Friedrich) oder als Zusammenfassung der antiochenischen Missionsverkündigung (Becker) näher bestimmt. Möglich ist, daß die Formel ursprünglich vom Menschensohn statt vom Gottessohn sprach (Friedrich, Becker).

Literatur: P. Stuhlmacher: Das paulinische Evangelium I, 1968. – *G. Friedrich:* Ein Tauflied hellenistischer Judenchristen, in: ThZ 21, 1965, 502ff. – *J. Becker:* Auferstehung der Toten im Urchristentum, 1976, 32ff.

5. Das Schicksal der Verstorbenen

Warum waren die Thessalonicher über das Ableben einiger Mitchristen bekümmert? Wie tröstet sie Paulus?

● Die Gemeinde lebte zwar in glühender Erwartung der baldigen Parusie des Herrn, war aber im unklaren, was mit den vor der Parusie verstorbenen Christen geschehen würde. Wahrscheinlich hatte Paulus die Auferstehung der Toten nicht gelehrt (J. Becker).
Andere Erklärungen: Die Thessalonicher konnten die Vorstellung von der künftigen Auferstehung der Gläubigen nicht systematisch – apokalyptisch mit der Parusieerwartung zusammendenken (U. Luz). Oder hatte nach der Predigt des Paulus eine gnostische Agitation gegen den Auferstehungsglauben eingesetzt und Hoffnungslosigkeit aufkommen lassen (W. Harnisch)?
● Paulus argumentiert zuerst vom Bekenntnis zur Auferstehung Jesu aus: Wenn Gott den toten Jesus hat auferstehen lassen, dann wird er auch die Entschlafenen in Gemeinschaft mit Christus führen (4,14).
Ein zweites Argument liefert ein »Wort des Herrn« (4,15–17), das eine Heilszusage für die Gläubigen enthält und wohl von Paulus selbst um die Aussage der Totenauferweckung bei der Parusie erweitert wurde (Becker).

Literatur: J. Becker: (s. oben zu Frage 4), 46ff. – *U. Luz:* Das Geschichtsverständnis des Paulus, 1968, 318ff. – *W. Harnisch:* Eschatologische Existenz. Ein exegetischer Beitrag zum Sachanliegen von 1. Thess 4,13–5,11, 1973.

6. Was sagt Paulus über die Verfolgertätigkeit der Juden?

Nach 2,14 erleben die Thessalonicher von seiten ihrer Landsleute dasselbe wie die Gemeinden in Judäa, die von den Juden verfolgt werden. Diese Bemerkung leitet einen schroff antijüdischen Exkurs ein:

- Die Juden sind allen Menschen feind (vgl. Tacitus, Historien V,4f.)
- sie sind Mörder der Propheten und des Herrn Jesus (vgl. Mt 21,33ff.; 23,39ff.; Apg 2,23; 7,52 u.ö.)
- sie sabotieren Gottes Heilsplan, indem sie die Heidenmission behindern; damit machen sie das Maß ihrer Sünden voll.
- Der Zorn Gottes kommt über die Juden εἰς τέλος (völlig? – endgültig? – um ihnen ein Ende zu machen?).

Problemanzeige: 1 Thess 2,14–16 fällt durch seinen antijüdischen Ton aus dem Rahmen der Paulusbriefe, so daß man diese Verse als Interpolation ansehen wollte (zuletzt B. A. Pearson). Doch gibt die Textüberlieferung dazu nicht den geringsten Anlaß. Paulus hat vorchristlich-antijüdische Topoi und apokalyptische Motive aufgenommen (Bammel, Michel). Welche historische Situation im Hintergrund steht, ist nur hypothetisch zu sagen.

Literatur: B. A. Pearson: 1 Thessalonians 2,13–16a Deuteropauline Interpolation, HThR 64, 1971, 79ff. – *E. Bammel:* Judenverfolgung und Naherwartung, in: ZThK 56, 1959, 294ff. – *O. Michel:* Fragen zu 1 Thessalonicher 2,14–16: Antijüdische Polemik bei Paulus, in: W. Eckert u. a. (Hg.), Antijudaismus im Neuen Testament? 1967, 50ff.

7. Wie schildert Paulus die Endereignisse in 1 Thess 4,16f.?

Unter Berufung auf ein »Wort des Herrn« schildert Paulus die Vorgänge in einer »Miniaturapokalypse« (Vielhauer):

a) Zuerst steigt der Herr vom Himmel herab auf einen Befehlsruf, den Ruf des Erzengels und den Schall der Posaune Gottes hin

b) Dann erfolgt die Auferstehung der verstorbenen Christen

c) Die auferstandenen und die noch lebenden Christen werden in die Luft entrückt, um den Herrn einzuholen.

Problemanzeige: Da in der Evangelienüberlieferung kein derartiges Herrenwort überliefert ist, hält man 1 Thess 4,16f. meist für ein urchristliches Prophetenwort (B. Henneken, U. B. Müller), seltener für ein auf Jesus zurückführbares Wort (J. Jeremias).

Wahrscheinlich hat Paulus das übernommene Wort um Glied (b) erweitert (J. Becker).

Literatur: Ph. Vielhauer: Apokalyptik des Urchristentums, in: Hennecke-Schneemelcher: Neutestamentliche Apokryphen II, 1964, 428ff. – *B. Henneken:* Verkündigung und Prophetie im 1. Thessalonicherbrief, 1969, 73ff. – *J. Becker:* Auferstehung der Toten (siehe oben), 51ff. – *U. B. Müller:* Prophetie und Predigt im Neuen Testament, 1975, 220ff. – *J. Jeremias:* Unbekannte Jesusworte, 4. Aufl., 1965, 77ff.

8. Was sagt Paulus über den Termin der Parusie?

● Der »Tag des Herrn« kommt überraschend und unberechenbar wie der Dieb in der Nacht (5,2)
● Der Tag des Herrn überfällt die Welt wie die Wehen eine schwangere Frau überfallen (5,3)

Beide Bilder sind traditionell:

● zum »Dieb in der Nacht« vgl. Mt 24,42–44; Lk 12,39f.; 2 Petr 3,10; Apk 3,3; 16,15.
● zu den Wehen vgl. Mk 13,8; Joh 16,21, auch schon Jes 13,8; 26,17; Hos 13,13 u. ö.

Problemanzeige: Aufgrund der konventionellen Sprache hat G. Friedrich den Abschnitt 5,1–11 als späteren Einschub beurteilt, der das Problem der Parusieverzögerung zum Hintergrund habe (dagegen: B. Rigaux). Oder wendet sich Paulus gegen gnostisch motivierte Mißachtung der Naherwartung (W. Harnisch)? Oder ist vorauszusetzen, »daß einige in der Gemeinde *noch gar nicht ernsthaft* realisiert haben, daß der Herr bald kommt«, so daß Paulus die eschatologische Erwartung samt ihren praktischen Konsequenzen erst richtig entfachen muß (U. B. Müller)?

Literatur: G. Friedrich: 1. Thessalonicher 5,1–11, der apologetische Einschub eines Späteren, in: ZThK 70, 1973, 288ff. – *W. Harnisch* (siehe oben), 8off. – *U. B. Müller* (siehe oben), 148ff. – *B. Rigaux:* Tradition et rédaction dans I Th. V 1–10, in: NTS 21, 1974/75, 318ff.

9. Welche Haltung ist angesichts der Parusie gefordert?

Die Christen sollen nicht in der Finsternis leben, sondern im Licht, nicht schlafen, sondern wachen, nüchtern sein und gerüstet mit Glaube, Liebe und Hoffnung (5,8; diese Trias schon in 1,3, ferner in 1 Kor 13,13; Kol 1,4f.).

10. Was erfahren wir über die Organisation der Gemeinde?

● Nach 5,12 gibt es Leute, »die sich um euch mühen, euch vorstehen und euch zurechtweisen«.

● Die verbalen Umschreibungen der Aufgaben zeigen, daß keine festen »Ämter« gemeint sind. Ehrerbietung und Liebe verdienen diese Leute »um ihrer Leistung willen« (5,13) – nicht allein aufgrund eines »Amtes«!

● Schließlich wird auch die Gesamtgemeinde dazu ermuntert, Haltlose zurechtzuweisen (5,14); sie soll also eine Funktion ausüben, die einige in besonderem Maße versehen. Die »Erbauung« der Gemeinde (οἰκοδομεῖν 5,11) ist Sache aller.

Literatur: H. Greeven: Propheten, Lehrer, Vorsteher bei Paulus (1952/53), jetzt in: *K. Kertelge (Hg.):* Das kirchliche Amt im Neuen Testament, 1977, 305ff. – *E. Schweizer:* Gemeinde und Gemeindeordnung im Neuen Testament, 2. Aufl., 1962, Abschn. 23c/24e. – *J. Hainz:* Ekklesia. Strukturen paulinischer Gemeinde-Theologie und Gemeinde-Ordnung, 1972, 37ff.

11. Der 1. Korintherbrief

1. Geben Sie einen Überblick über den Inhalt des 1 Kor

2. Was erfahren wir aus 1 Kor über die Beziehungen zwischen Paulus und den Korinthern?

● Paulus hat die Gemeinde gegründet (3,6; 4,15), den Synagogenvorsteher Krispus, Gaius und das Haus des Stephanas getauft (1,14–16).
● Nach seinem Weggang waren andere Missionare in Korinth tätig, besonders Apollos (3,6), und es kam zu »Personalgemeinden« (1,10–17).
● Vor unserem 1 Kor hat Paulus der Gemeinde schon einmal geschrieben (5,9), um sie vor dem Umgang mit Unzüchtigen und Götzendienern zu warnen.
● Paulus will Timotheus nach Korinth senden (16,10), um auf die Gegner einzuwirken (4,17), plant aber auch selbst einen Besuch (4,19).

3. Welches ist der Anlaß des 1 Kor?

● Die Korinther haben Paulus schriftlich um Rat für bestimmte Probleme gefragt (7,1: »Worüber ihr geschrieben habt ...«); wahrscheinlich wird auch 7,25; 8,1; 12,1; 16,1 und 16,12 auf Anfragen aus Korinth geantwortet.

● Daneben hat Paulus auch Informationen durch die »Leute der Chloe« (1,11) erhalten (vgl. 5,1 »Überhaupt hört man ...«).

4. Die »Parteien« in Korinth

1. Welche Spaltungen sind aufgetreten?
2. Was erfahren wir über ihre Anliegen?
3. Mit welchen Argumenten bekämpft Paulus das Parteiwesen?

● Paulus nennt in 1,12 vier »Parteien«:
Anhänger des Paulus
Anhänger des Kephas (= Petrus)
Anhänger des Apollos
Anhänger des Christus
In 3,4 werden allerdings nur Paulus- und Apollosanhänger angesprochen, während 3,22 Paulus und Kephas genannt werden.

● Ausgangspunkt dieser Parteiungen könnte die Tatsache sein, daß man sich mit den Männern, von denen man getauft worden war, besondes verbunden fühlte. Außerdem scheinen einige der Gruppenführer durch besondere »Weisheitsrede« hervorgetreten zu sein.

Es bleibt unklar, was die »Christuspartei« bedeutet. (Hat Paulus diese »Christuspartei« nur ad hoc erfunden, um das Parteiwesen als unsinnig zu entlarven, oder handelt es sich bei den Worten »ich gehöre zu Christus« um eine alte Glosse?).

Oder handelt es sich um Gnostiker, die sich auf den himmlischen Christus (im Gegensatz zum irdischen Jesus) berufen?

●● Paulus weist darauf hin, daß die Taufe immer auf den Namen Christi erfolgt, nicht auf den des jeweiligen Täufers. Eine Teilung der Gemeinde bedeutet Teilung des Christus (1,14).

●● Das Parteienwesen ist Anzeichen der geistlichen Unreife der Korinther (3,1–4).

●● Menschenwerk verdient keine Verherrlichung; es untersteht dem eschatologischen Urteil Gottes (3,5–15).

●● Die Gemeinde Gottes gehört keiner der irdischen Autoritäten, sondern Christus und damit Gott (3,16–23).

Literatur: W. Schmithals: Die Gnosis in Korinth, 3. Aufl., 1969. – *R. Baumann:* Mitte und Norm des Christlichen, 1968.

5. Paulinische Verkündigung und menschliche Weisheit

1. Was ist das ausschließliche Thema der paulinischen Verkündigung?
2. Mit welchen Gründen grenzt sich Paulus gegen menschliche Weisheitsrede ab?
3. Warum bringt Paulus in 2,6ff. dennoch eine Weisheitsrede?
4. Welches ist der Inhalt dieser paulinischen Weisheitsrede?

● Verkündigung des Evangeliums ist ausschließlich Verkündigung des Kreuzes Christi, des »Wortes vom Kreuz« (λόγος τοῦ σταυροῦ): 1,18.

● Paulus begründet den Gegensatz von Kreuzesverkündigung und Weisheitsrede mit Argumenten.

●● Er entspricht dem in der Schrift (Jes 19,14 LXX) geoffenbarten Willen Gottes: Gott will die »Weisheit der Weisen« und den »Verstand der Verständigen« zunichte machen (1,19).

●● Das entspricht der Tatsache, daß die Welt faktisch nicht zur Erkenntnis Gottes gekommen ist, obwohl ihr in der Schöpfung die Möglichkeit dazu gegeben gewesen wäre (1,21f.).

●● Die Zusammensetzung der korinthischen Gemeinde zeigt, daß Gott irdische Größe und Weisheit zunichte macht; denn vor allem die sozial und bildungsmäßig Tieferstehenden sind in die Gemeinde berufen worden (1,26–31).

●● Schließlich stand auch das Wirken des Paulus in Korinth im Gegensatz zur menschlichen Weisheit. Paulus gehen Beredsamkeit und Weisheit ab, sein Auftreten ist schwach und ängstlich (2,1–5).

● Wenn Paulus in 2,6–16 doch noch eine Weisheitsrede hält, so tut er es unter zwei Voraussetzungen:

●● Diese Weisheitsrede gilt »vollkommenen« Christen (2,6).

●● Diese Weisheitsrede enthält nicht weltliche Weisheit, sondern »Gottes geheimnisvolle Weisheit« (2,7).

● Inhalt dieser göttlichen Weisheit ist das Christusgeschehen. Es entspringt Gottes vorweltlichem Ratschluß, wird aber jetzt erst offenbar und ist bestimmt zur Verherrlichung der Erwählten. Nicht einmal die Geistermächte, die diese Welt beherrschen, haben dieses göttliche Geheimnis erkannt. Erkennbar ist es nur für Menschen, die den Geist Gottes besitzen (2,8–16).

Literatur: K. Müller: 1 Kor 1,18–25. Die eschatologisch-kritische Funktion der Verkündigung des Kreuzes, in: BZ N. F. 10, 1966, 246ff. – *U. Wilckens:* Weisheit und Torheit. Eine exegetisch-religionsgeschichtliche Untersuchung zu 1 Kor 1 und 2, 1959. – *B. A. Pearson:* The Pneumatikos-Psychikos-Terminology in 1 Corinthians. A Study in the Theology of the Corinthian Opponents of Paul and its Relation to Gnosticism, 1974. – *M. Winter:* Pneumatiker und Psychiker in Korinth. Zum religionsgeschichtlichen Hintergrund von 1 Kor 2,6–3,4, 1975.

6. Welche Bilder verwendet Paulus für die Gemeinde bzw. die Arbeit der Gemeindeleiter?

Paulus verwendet
- Metaphern aus dem Ackerbau:
  Die Gemeinde ist Gottes Ackerfeld (3,9); er hat gepflanzt, sein Mitarbeiter Apollos begossen (3,6).
- Metaphern aus dem Bauwesen:
  Die Gemeinde ist Gottes Bau; Paulus vergleicht sich dem sachverständigen Architekten, der das Fundament legte (3,10), andere bauen dann weiter. Die Qualität ihrer Baumaterialien wird am Gerichtstag erprobt werden (3,12f.).
- Das wichtigste Bild ist das des »Leibes« (12,14ff.). Wie der Leib viele Glieder hat, die unterschiedliche Funktionen ausüben, so sind auch die Gemeindeglieder trotz unterschiedlicher Charismen ein Leib. Paulus gebraucht dieses Bild in paränetischer Abzweckung: Es darf in der Gemeinde keine Spaltung geben, und alle Glieder sollen gleicherweise füreinander Sorge tragen (12,25).

Allerdings ist die Einheit der Christen in einem Leib nicht nur ein Bild, sondern eschatologische Wirklichkeit durch den Geist, den die Gläubigen bei der Taufe erhalten haben (12,13). In 12,27 kann Paulus sagen: »Ihr seid der Leib Christi«.

Nach 10,16f. »gibt ... das eucharistische Element derart Anteil am Leibe des gekreuzigten Christus, daß damit unsere Gliedschaft am Christusleibe der Kirche neu bekundet und ergriffen wird« (E. Käsemann, S. 192).

Problemanzeige: Läßt sich die Vorstellung vom Leib Christi als rein christliche Schöpfung verstehen (Reuß) oder genügt der allgemein hellenistische, besonders stoische, Sprachgebrauch als Voraussetzung (E. Schweizer) oder ist mit gnostischer Mythologie als Ausgangspunkt zu rechnen (Schlier; Käsemann)?

Literatur: J. Reuß: Die Kirche als »Leib Christi« und die Herkunft dieser Vorstellung bei dem Apostel Paulus, in: BZ N. F. 3, 1958, 103ff. – *E. Schweizer:* Die Kirche als Leib Christi in den paulinischen Homologumena, in: ders.: Neotestamentica, 1963, 272ff. – *H. Schlier:* Corpus Christi, in: RAC III, 1957, 437ff. – *E. Käsemann:* Das theologische Problem des Motivs vom Leibe Christi, in: ders.: Paulinische Perspektiven, 1969, 178ff.

7. Womit begründet Paulus die Gleichwertigkeit der Apostel? Welche Konsequenzen ergeben sich daraus?

- Alle Apostel sind nur »Diener Christi« und »Verwalter der Geheimnisse Gottes« (4,1). Als solche unterstehen sie ihrem Herrn, der erst am Gerichtstag sein Urteil sprechen wird (4,3–5).

• Das gilt genauso für die Gemeinde: Auch sie hat keinen Grund zur Überheblichkeit. Alles, was sie besitzt, ist Gottes Geschenk. Von daher polemisiert Paulus gegen die Auffassung, man sei bereits am Ziel, man sei schon reich und gesättigt, man habe schon teil an der Herrschaft Christi (4,6–8).

8. Was sagt Paulus über sein eigenes Geschick?

Während die Korinther sich schon am Ziel wähnen, beschreibt Paulus seine eigene Existenz als vom Leiden gezeichnete: Er ist wie ein zum Tode Verurteilter. Er ist um Christi willen »töricht, schwach, verachtet«, damit entspricht seine Existenz dem, was er in 1,18ff. über das »Wort vom Kreuz« gesagt hatte (4,9f.). In 4,11–13 zählt Paulus katalogartig seine Nöte und Leiden auf (»hungrig, durstig, nackt, geschlagen, unstet ...«): ein sog. Peristasenkatalog. Vgl. dazu die Peristasenkataloge in 2 Kor 4,7–10; 6,4–10; 11,23–29.

9. Der »Fall« des Blutschänders (1 Kor 5)

1. Um welches Vergehen handelte es sich?
2. Was veranlaßte Paulus zu seinem scharfen Eingreifen?
3. Welches Vorgehen schreibt Paulus vor?

• Ein Christ »hat die Frau seines Vaters« – das kann bedeuten: Er hat nach dem Tod seines Vaters die Stiefmutter geheiratet oder er hat die von seinem Vater geschiedene Stiefmutter geheiratet. Beides galt nach jüdischem wie römischem Recht als Blutschande.
• Paulus ist empört, daß die Gemeinde angesichts dieses Falles von Unzucht keine »Trauer« empfindet, d. h. nichts unternimmt. Paulus fürchtet um die Reinheit der Gemeinde, die durch einen derartigen Fall angesteckt werden könnte (Bild vom Sauerteig!). In Präzisierung einer früher geschriebenen Warnung vor Unzüchtigen, Habgierigen und Räubern erklärt Paulus, man solle den Umgang mit unzüchtigen oder habgierigen Mitchristen meiden. Die Nichtchristen wird Gott richten; für ihre Reinheit ist die Gemeinde selbst verantwortlich, wie Paulus mit einer alttestamentlichen Formel (vgl. Dtn 17,7 u. ö.) unterstreicht. (5,6–13)
• Die Gemeinde soll den Blutschänder in einer Gemeindeversammlung »dem Satan übergeben«, d. h. aus der Gemeinde ausstoßen. Außerhalb des Heilsbereichs wird ihn der Unheilsfluch so treffen, daß sein Leib vernichtet wird, während sein Geist am Gerichtstag noch gerettet werden kann.

Literatur: S. Meurer: Das Recht im Dienst der Versöhnung und des Friedens, 1972, 177ff.

10. Mit welchen Überlegungen nimmt Paulus zu Prozessen zwischen Gemeindegliedern Stellung?

● Rechtsstreitigkeiten unter Christen sind innerhalb der Gemeinde, nicht vor heidnischen Gerichten zu schlichten. Begründung: Im Endgericht werden Christen über Heiden und sogar Engel zu richten haben (6,1–6).
● Noch besser wäre es, wenn Christen auf Durchsetzung ihres Rechts verzichteten (6,7f.).
● Wer Unrecht tut, wird das Reich Gottes nicht erben (6,9f.). Paulus zählt katalogartig auf, welche Sünden vom Reich Gottes ausschließen: ein sog. Lasterkatalog. Doch hat der neue Wandel der Gemeinde seinen Grund in der bereits erfolgten Reinigung und Rechtfertigung (Vers 11).

Literatur: E. Dinkler: Zum Problem der Ethik bei Paulus – Rechtsnahme und Rechtsverzicht (1 Kor 6,1–11), in: *ders.:* Signum crucis, 1967, 204ff.

11. Mit dem Schlagwort »Alles steht mir frei« haben korinthische Christen außerehelichen Geschlechtsverkehr zu legitimieren versucht. Wie antwortet Paulus?

● Paulus lehnt die Prämisse nicht ab (vgl. 3,23), schränkt sie aber ein: Mag auch prinzipiell alles freistehen, so nützt doch nicht alles, und die Freiheit darf nicht dazu führen, daß man wieder unfrei wird (6,12).
● Der Christ ist Glied am Leib Christi; durch den Verkehr mit der Dirne wird er mit ihr ein Leib und entzieht sich so dem Christusleib (6,15ff.).
● Unzucht ist ein Vergehen gegen den eigenen Leib, der doch ein Tempel Gottes ist. Daher ist Unzucht ein Vergehen gegen Gottes Eigentum (6,18b–20).

Literatur: Chr. Maurer: Ehe und Unzucht nach 1 Kor 6,12–7,7, WuD N.F. 6, 1959, 159ff.

12. Welche Verhaltensweisen rät Paulus

1. den Verheirateten
2. den Unverheirateten
3. den Verlobten
4. im Fall einer »Mischehe«?

● Zwar hält Paulus die Ehelosigkeit für besser als den Ehestand, doch ist Ehelosigkeit ein Charisma, das von Gott kommt. Zur Vermeidung von Unzucht ist die Ehe daher gestattet; den Eheleuten wird nur zeitweilige Enthaltsamkeit angeraten (7,1–7).

Literatur: K. Niederwimmer: Zur Analyse der asketischen Motivation in 1 Kor 7, in: ThLZ 99, 1974, 241ff. – *W. Schrage:* Zur Frontstellung der paulinischen Ehebewertung in 1 Kor 7,1–7, in: ZNW 67, 1976, 214ff.

• Unverheiratete (und Verwitwete) sollen ehelos bleiben; wer nicht enthaltsam leben kann, soll heiraten (7,8f.). Begründung: Unverheiratete sollen ehelos bleiben, da die eschatologische Not (ἀνάγκη) bevorsteht. Wer dennoch heiratet, sündigt nicht, schafft sich aber Sorgen und steht dem Herrn Christus nicht mehr ungeteilt zur Verfügung (7,25–35).

• Verlobte sollen nur dann heiraten, wenn die gesellschaftlichen Umstände es fordern oder wenn die Enthaltsamkeit zu schwer fällt; besser ist freilich, sich selbst in der Gewalt zu haben (7,36–38).

Problemanzeige: Dieser Text wird gelegentlich auch so verstanden, als handle er vom Verhältnis Vater/Tochter oder von sog. »geistlichen Verlöbnissen«, die mit asketischer Absicht eingegangen wurden (Syneisakten).

Literatur: W. G. Kümmel: Verlobung und Heirat bei Paulus, in: *ders.:* Heilsgeschehen und Geschichte, 1965, 310ff.

• Da für Verheiratete das Scheidungsverbot Jesu gilt, soll ein christlicher Ehepartner nicht auf Scheidung vom heidnisch verbleibenden drängen. Wünscht dagegen der heidnische Partner die Scheidung, so darf sie erfolgen.

Problemanzeige: Nach 7,14 wird der nichtchristliche Ehepartner im christlichen »geheiligt«, auch Kinder einer heidnisch-christlichen Mischehe sind »heilig«. In der Debatte um die Kindertaufe hat dieser Vers eine große Rolle gespielt. Meint Paulus die uneingeschränkte Zugehörigkeit dieser Kinder zur Gemeinde (Aland) oder nur deren kultische Reinheit, so daß der christliche Elternteil mit ihnen zusammenleben kann (Delling)?

Literatur: K. Aland: Die Stellung der Kinder in den frühen christlichen Gemeinden – und ihre Taufe, 1967, 13ff. – *G. Delling:* Nun aber sind sie heilig, in: *ders.:* Studien zum Neuen Testament und zum hellenistischen Judentum, 1970, 257ff. – *G. Delling:* Lexikalisches zu τέκνον, ebd., 270ff.

13. Welche Weisung gibt Paulus den Sklaven?

Grundsätzlich gilt: Jeder soll in dem Beruf, in dem er berufen wurde, bleiben (7,20). Im Raum der Gemeinde sind die weltlichen Unterschiede bedeutungslos; wesentlich ist allein die Bindung an den Herrn Christus (7,21–24). Schwierig ist die Auslegung des unvollständigen Satzes 7,21: »Auch wenn du frei werden kannst, mach' umso lieber Gebrauch« – wovon? Gebrauch vom Freiwerden (so neuerdings P. Stuhlmacher) oder Gebrauch vom Sklavenstand?

Literatur: P. Stuhlmacher: Der Brief an Philemon, 1975, 44f.

14. Was meint Paulus mit der Aufforderung, zu »haben, als hätte man nicht«, und wie ist sie begründet?

Da die Welt ihrem Ende entgegeneilt, sollen die Christen jetzt schon Distanz gegenüber der Welt haben: Die da Frauen haben, sollen sein, als hätten sie schon keine mehr; die da weinen, als weinten sie schon nicht mehr ... (7,29–31). Vor alles Weltliche wird ein »eschatologischer Vorbehalt« gesetzt.

Literatur: W. Schrage: Die Stellung zur Welt bei Paulus, Epiktet und in der Apokalyptik, ZThK 61, 1964, 125ff.

15. Der Streit zwischen »Starken« und »Schwachen« in Korinth:

1. Worum ging es in diesem Streit?
2. Wie nimmt Paulus dazu Stellung?
3. Warum verzichtet Paulus auf materielle Unterstützung durch die Gemeinde?
4. Warum spricht Paulus über die Väter in der Wüste?
5. Welches ist die endgültige Stellungnahme?

●● Es gab Christen in Korinth, die unbedenklich Fleisch auf dem Markt kauften, obwohl Schlachtungen normalerweise mit heidnischen Opferriten verbunden waren; ebenso unbedenklich nahmen sie an halbreligiösen Gemeinschaftsmahlen mit heidnischen Verwandten und Freunden teil. Ihre Argumente: »Wir haben alle Erkenntnis« (8,1) und: »Wir wissen, daß kein Götze in der Welt existiert« (8,4).
●● Daneben gab es aber auch Christen, deren Gewissen »schwach« war, die sich noch vor Befleckung und Gefährdung durch den Götzendienst fürchteten.
● Paulus stellt fest, die von den Korinthern beanspruchte Erkenntnis sei noch nicht sachgemäß, da die Funktion der Liebe für den Erkenntnisvorgang verkannt werde (8,1–6). In der Tat ist das Essen von Opferfleisch grundsätzlich berechtigt, aber es darf dem Bruder nicht zum Anstoß werden oder sein schwaches Gewissen verletzen. Die Liebe schränkt also eine Berechtigung ein (8,7–13).
● Als Beispiel für einen von der Liebe geforderten Verzicht auf eine Berechtigung nennt Paulus seinen Verzicht auf das »apostolische Unterhaltsrecht«. Daß er das Recht auf Unterstützung hätte, betont er aufs stärkste:

●● durch das Beispiel der anderen Apostel (9,1–6)

●● durch das Naturrecht (9,7)

●● durch einen Schriftbeweis (»Du sollst dem Ochsen, der drischt, nicht das Maul verbinden«) (9,8–10)

●● durch das Vorbild der Priester (9,13)

●● durch ein Herrenwort (9,14)

Dennoch hat er keinen Gebrauch von diesem Recht gemacht, um die Missionsarbeit durch materielle Dinge nicht zu belasten (9,15–18). Ja, Paulus hat sogar seine Freiheit ganz und gar aufgegeben, er ist allen alles geworden, um auf jeden Fall einige zu retten (9,19–23). Und diese Entsagung hat er sich um der Missionsarbeit willen auferlegt, wie ein Athlet sich Askese auferlegt, um zu siegen (9,24–27).

Literatur: E. Käsemann: Eine paulinische Variation des »amor fati«, in: *ders.:* Exegetische Versuche und Besinnungen II, 2. Aufl., 1965, 223ff. – *G. Dautzenberg:* Der Verzicht auf das apostolische Unterhaltsrecht, in: Bibl 50, 1969, 212ff. – *G. Theißen:* Legitimation und Lebensunterhalt: Ein Beitrag zur Soziologie urchristlicher Missionare, in: NTS 21, 1974/75, 192ff.

● Paulus nimmt das Problem des Götzenopferfleisches in Kap. 10 nochmals auf und leitet die endgültige Stellungnahme mit einem Hinweis auf die Wüstenwanderung Israels ein (10,1–13): Die Israeliten hatten zwar die Sakramente (»Taufe auf Mose« – »geistliche Speise« und »geistlichen Trank«), fanden aber doch größtenteils nicht das Wohlgefallen Gottes, da sie »Lust nach Bösem« hatten. »Das ist jenen vorbildlich (τυπικῶς) geschehen, uns zur Ermahnung aufgeschrieben ...« (Vers 11). Möglicherweise hatten die Korinther ein übersteigertes Sakramentsverständnis und glaubten sich vor allem gefeit.

Problemanzeige: Die Weise, in der Paulus hier alttestamentliches Geschehen und seine Gegenwart in Beziehung setzt, nennt man Typologie. »Unter Typologie als hermeneutischer Methode versteht man die ... Auslegung des Alten Testaments, die in Personen, Ereignissen oder Einrichtungen, von denen dieses berichtet, Vorabbildungen, Vorausdarstellungen entsprechender Personen, Ereignisse oder Einrichtungen der mit dem Kommen Jesu Christi angebrochenen Heilszeit findet« (R. Bultmann, 369).

Die Typologie ist eine im NT verbreitete Methode (Goppelt), wenngleich andere Auslegungsmethoden wie Allegorese, Weissagungsbeweis und bloß paränetische Parallelisierung davon zu unterscheiden sind (vgl. Bultmanns Kritik an Goppelt).

In 1 Kor 10,4 berührt sich die Auffassung vom nachfolgenden Felsen mit rabbinischen Auslegungen, ohne daß sicher zu entscheiden wäre, ob Paulus diese direkt aufgenommen hat (so Neuenzeit, 50f.) oder selbständig gebildet hat (so E. E. Ellis).

Literatur: R. Bultmann: Ursprung und Sinn der Typologie als Hermeneutischer Methode, in: *ders.:* Exegetica, 1967, 369ff. – *L. Goppelt:* Typos. Die typologische Deutung des Alten Testaments im Neuen, 2. Aufl., 1969. – *E. E. Ellis:* A Note on First Corinthians 10,4, in: JBL 76, 1957, 53ff. – *P. Neuenzeit:* Das Herrenmahl. Studien zur paulinischen Eucharistieauffassung, 1960, 44ff.

• Die endgültige Stellungnahme des Paulus lautet: »Fliehet den Götzendienst!« Denn obschon Gott allein der Herr ist, gibt es doch Dämonen. Wer aber durch das Herrenmahl Gemeinschaft mit Gott hat, kann nicht teilhaben am Tisch der Dämonen (10,14–22). Das bedeutet konkret: Ein skrupulöses Nachforschen, ob das Fleisch wirklich nicht Götzenopferfleisch ist, ist unnötig. Wird man aber darauf aufmerksam gemacht, daß es sich um Götzenopferfleisch handelt, dann soll man es nicht essen.

Literatur: H. v. Soden: Sakrament und Ethik bei Paulus, zuletzt abgedruckt in: K. H. Rengstorf (Hg.): Das Paulusbild in der neueren deutschen Forschung, 2. Aufl., 1969, 338ff.

16. Im gottesdienstlichen Leben der Korinther gab es verschiedene Mißstände

1. Welche nennt Paulus?
2. Wie regelt er sie?

•• Man glaubte unter Berufung auf die Einheit aller Christen in Christus, die Unterschiede zwischen Mann und Frau seien aufgehoben; daher ließen einige Frauen beim Beten und Prophezeien von dem alten Brauch der Verschleierung ab (11,2–16).

•• Schlimmere Mißstände gab es beim Herrenmahl, das im Rahmen eines gemeindlichen Sättigungsmahles gefeiert wurde. Die Reichen machten jedoch ein Gelage aus dieser Feier und warteten nicht auf die ärmeren Gemeindeglieder (11,17–34).

•• Unter den Gaben des Geistes schätzten die Korinther besonders die ekstatische »Zungenrede« (Glossolalie). Dadurch scheint in die Gemeindeversammlungen eine gewisse Unordnung, ja Turbulenz gekommen zu sein (14,1–33).

•• Gegen das unverschleierte Auftreten von Frauen argumentiert Paulus dreifach:
Der Mann ist der Frau übergeordnet; die Rangfolge ist Gott – Christus – Mann – Frau (11,2ff.).

Die Schöpfungsordnung stellt die Frau unter den Mann. Der Mann ist Abbild und Abglanz Gottes, die Frau (nur) Abglanz des Mannes (11,7–9).

Die Kopfbedeckung stellt einen Schutz dar »wegen der Engel«. Ist hier an die gefallenen Engel von Gen 6 gedacht? Oder an Dämonen? (11,10)

Schließlich »lehrt die Natur«, daß langes Haar für den Mann Schande, für die Frau aber Ehre bedeutet. Das ist als Hinweis darauf anzusehen, daß die Frau sich verschleiern soll (11,11–15).

135

Zuletzt verweist Paulus auf die Sitte in allen Gemeinden (11,16).

●● Paulus rügt die Korinther, weil der Ausschluß der Ärmeren vom Sättigungsmahl eine Spaltung der Gemeinde darstellt. Die durch das Herrenmahl konstituierte Gemeinschaft ist aber »ein Leib« (10,17!); in ihrer Rücksichtslosigkeit gegenüber den Ärmeren vergehen sich die Reichen an dieser Sinngebung des Mahles.

Literatur: G. Bornkamm: Herrenmahl und Kirche bei Paulus, in: *ders.:* Studien zu Antike und Urchristentum (Ges. Aufsätze II), 3. Aufl., 1970, 141ff.

●● Paulus anerkennt die ekstatische Zungenrede zwar grundsätzlich als Geistesgabe, aber er schränkt sie wesentlich ein. Da das Hauptziel des Gottesdienstes die Erbauung der Gemeinde ist, hat die eindeutige prophetische Rede den Vorrang. Wer in Zungen spricht, muß in der Lage sein, die Rede im Klartext wiederzugeben oder einen Dolmetscher bei sich haben. Grundsatz des Paulus ist, er wolle in der Gemeindeversammlung lieber fünf verständliche Worte sprechen als tausend Worte in Zungen (14,1–19)!

Die korinthische Bevorzugung der Glossolalie ist ein Zeichen von Unreife; sie ist ja für die Mission ungeeignet, während die Prophetie auch den Ungläubigen überführt (14,10–25).

Abschließend folgt eine dreiteilige Gemeinderegel (14,26–40):

1. 2–3 Glossolalen sollen nacheinander sprechen, dann soll die Glossolalie gedeutet werden. Ist kein Dolmetscher da, sollen die Glossolalen schweigen, da sie in diesem Fall nicht zur Erbauung der Gemeinde beitragen.

2. Ebenso sollen 2–3 Propheten sprechen, die Prophetie soll gedeutet werden. Ein Durcheinander soll vermieden werden.

3. Die Frauen sollen in der Gemeindeversammlung überhaupt schweigen.

Problemanzeige: Dieses Schweigegebot stößt sich mit 1 Kor 11,5, wo Paulus ohne Frage betende und prophezeiende Frauen im Gemeindegottesdienst voraussetzt. Andererseits stimmt diese Regel mit 1 Tim 2,11–15 sachlich überein. Daher ist es möglich, sie als spätere Interpolation anzusehen.

Literatur: G. Fitzer: Das Weib schweige in der Gemeinde, 1963. *Literatur zur Glossolalie: G. Dautzenberg:* Urchristliche Prophetie, 1975, 226ff. – *Ferd. Hahn:* Der urchristliche Gottesdienst, 1970, 58ff.

17. Die Abendmahlsüberlieferung nach dem 1 Kor und ihr Verhältnis zu den synoptischen Abendmahlsberichten

1. In 1 Kor 11,23b–25 zitiert Paulus eine ihm aus liturgischer Tradition überkommene Formel (vgl. 11,23a; J. Jeremias, 98f., hat die unpaulinische Sprache des Abschnitts als zusätzliches Argument für vorpaulinische Herkunft herausgestellt).

2. Die vorpaulinische Abendmahlsüberlieferung ist vierteilig:
   (a) Einleitendes Wort: Zeitangabe (»in der Nacht, da er verraten ward«).
   (b) Längeres Brotwort (»Für euch«) + Wiederholungsbefehl.
   (c) Kelchwort (»Dieser Becher ist der neue Bund kraft meines Blutes«) + Wiederholungsbefehl.
   (d) Der eschatologische Ausblick schimmert in 11,26 noch durch (»bis daß er
   kommt«).
3. 1 Kor 11,23b–25 ist literarisch die älteste Wiedergabe der Abendmahlsüberlieferung; dennoch ist dieser Text traditionsgeschichtlich an einigen Stellen jünger als
   die Mk-Überlieferung:
   • Das zweimalige Auftreten des Wiederholungsbefehls zeigt liturgische Stilisierung
   • Bei Paulus taucht erstmals das Verbum εὐχαριστεῖν (danksagen) auf, von dem sich
   die spätere Bezeichnung Eucharistie herleitet; dem semitischen Hintergrund entspricht
   das bei den Synoptikern gebrauchte Verb εὐλογεῖν (den Segen sprechen); vgl. dazu J.
   Jeremias, 106.167.170.
4. Auffällige Berührungen inhaltlicher Art finden wir zum lukanischen Langtext:
   • Bei Paulus und Lukas ist das Brotwort durch die Formel »für euch« erweitert
   • Bei Paulus und Lukas schließt sich an das Brotwort der Wiederholungsbefehl an
   • Bei Paulus und Lukas spricht das Kelchwort vom neuen Bund
   • Paulus und Lukas lassen erkennen, daß zwischen Brot und Kelch ursprünglich eine
   Sättigungsmahlzeit stattfand (μετὰ τὸ δειπνῆσαι: nach der Mahlzeit!). Schon in der
   korinthischen Gemeinde z. Zt. des Paulus war das nicht mehr üblich (siehe
   1 Kor 11,21f.33f.).

Literatur: J. Jeremias: Die Abendmahlsworte Jesu, 4. Aufl., 1967. – *O. Hofius:* »Bis daß er
kommt« 1 Kor XI.26, in: NTS 14,1967/68,437ff.

18. Das »Hohelied der Liebe«

1. Welche Themen kommen im Text zur Sprache?
2. Wie fügt sich das »Hohelied« in den Zusammenhang des 1 Kor ein?

• Das »Hohelied der Liebe« bringt 3 Themen:
•• Die Liebe ἀγάπη überragt qualitativ alle anderen Werte wie Zungenrede, Prophetie, Glaube, Almosengeben und Martyrium (13,1–3).
   Eine derartige Gegenüberstellung von allgemein anerkannten Werten und einem
darüber hinausragenden Höchstwert nennt man Wertepriamel.

Literatur: B. W. Dombrowski: Wertepriameln in hellenistisch-jüdischer und urchristlicher
Literatur, in: ThZ 22, 1966, 396ff.

●● Beschreibung der Wesensart der Liebe: Sie ist langmütig, gütig, eifert nicht ... (13,4–7).

●● Die Charismen Prophetie, Glossolalie, Erkenntnis haben vorläufigen Charakter, sind Stückwerk, während die Liebe nicht eschatologisch zunichte werden wird (13,9–12).

13,13: Die Trias Glaube – Hoffnung – Liebe (vgl. schon 1 Thess 1,3; 5,8).

● Kap. 13 ist zwar eine in sich geschlossene Einheit, aber Bezüge zum Vorhergehenden und Folgenden sind deutlich: Daß die Liebe der Erkenntnis übergeordnet ist, war Thema von Kap. 8–10, daß Glossolalie und Prophetie ihr nachgeordnet sind, entspricht Kap. 12 und 14.

Literatur: G. Bornkamm: Der köstlichere Weg, in: *ders.:* Das Ende des Gesetzes, Ges. Aufsätze I, 5. Aufl., 1966, 93ff.

---

19. Die Auferstehung der Toten

1. Gliedern Sie Kap. 15 nach Sinneinheiten.
2. Stellen Sie die Argumentation des Paulus fest.
3. Vergleichen Sie die Schilderung der Endereignisse mit 1 Thess 4.

● Man kann 6 Einheiten feststellen:

1. 15,1–11: Das gemeinsame Bekenntnis zur Auferstehung Jesu Christi (Nennung der Auferstehungszeugen von Kephas = Petrus bis zu Paulus selbst) (Vers 3–10).
2. 15,12–19: Einige Korinther sagen: Eine Auferstehung Toter gibt es nicht. Diese Position wird ad absurdum geführt.
3. 15,20–28: Christus ist auferweckt worden als »Erstling der Entschlafenen«. Er ist der neue Adam, der eine neue Menschheit anführt, so wie Adam die todverfallene Menschheit anführt. Allerdings wird die Auferstehung der Christen erst zukünftig statthaben, wenn der Tod, der letzte Feind, vernichtet sein wird. Dann wird Gott »alles in allem« sein.
4. 15,29–34: Weitere Argumente für die Auferstehungshoffnung:
   1. Die »Vikariatstaufe«, die stellvertretend für einen vor der Taufe verstorbenen Gläubigen empfangen werden kann (15,29).
   2. Die ständig gefährdete Existenz des Apostels.
5. 15,35–49: Wie werden die Toten auferstehen? Auf jeden Fall mit einer neuen Leiblichkeit. Der irdische Vorgang des Säens zeigt, daß neues Leben aus dem Sterben kommt und daß zwischen gesätem Leib und Leib der späteren Pflanze ein Unterschied besteht. Ebenso ist es bei der Auferstehung: »Es wird gesät in Vergänglichkeit, auferweckt in Unvergänglichkeit.« Dies wird aus der Schrift begründet: Gott hat den ersten und den zweiten Adam als Repräsentanten der Menschheit geschaffen: den irdischen Adam als Repräsentanten der unteren Welt und Christus als zweiten Adam und Repräsentanten der himmlischen Welt.

6. 15,50–58: Da »Fleisch und Blut« das Reich Gottes nicht erben können, müssen alle Christen bei der Parusie verwandelt werden, ob sie dann noch leben oder vorher schon verstorben waren. Das ist die eschatologische Überwindung des Todes; dann wird auch die Befreiung von der Sünde und dem Gesetz voll verwirklicht.

● Zunächst stellt Paulus eine gemeinsame Grundlage aller urchristlichen Verkündigung fest: das Bekenntnis zur Auferstehung Jesu Christi.

Von dieser Basis aus wird die gegnerische These »Eine Auferstehung Toter gibt es nicht« abgewiesen; denn dann könnte Christus nicht auferstanden sein. In Christus sind ja die Glaubenden eingeschlossen – wer ihre Auferstehung leugnet, muß auch die Auferstehung Christi bestreiten! Weiterhin gilt:

»Auferstehung der Toten ist deshalb zu verkündigen, weil die auf die Alleinherrschaft Gottes zielende Herrschaft des Auferstandenen sich über alles erstrecken muß« (G. Barth zu 15,20–28).

Das Wie der Auferstehung wird in Analogie zur ersten Schöpfung (Saat – Pflanzen) als Schöpfung einer neuen Leiblichkeit erklärt. Diese neue, unvergängliche Leiblichkeit wird den lebenden und früher verstorbenen Christen bei der Parusie durch einen Akt der Verwandlung verliehen.

●● War in 1 Thess 4 der Tod von einzelnen Christen ein Problem, so wird in 1 Kor 15 der Tod als Problem der gesamten von Adam bestimmten Menschheit angesehen.

●● Die unmittelbare Nähe der Parusie wird in 1 Kor 15 nicht mehr betont.

●● Gegenüber 1 Thess 4 ist neu das Motiv der Verwandlung als Überwindung der Vergänglichkeit.   ＇

Literatur: J. Becker: Auferstehung der Toten im Urchristentum, 1976, 66ff. – *G. Barth:* Erwägungen zu 1 Korinther 15,20–28, in: EvTh 30, 1970, 515ff. – *G. Klein:* Apokalyptische Naherwartung bei Paulus, in: H. D. Betz/L. Schottroff (Hg.), Neues Testament und christliche Existenz (FS H. Braun), 1973, 241ff. (bes. 250ff.).

12. Der 2. Korintherbrief

1. Verschaffen Sie sich einen Überblick über den Inhalt des 2 Kor

1,1f.: Präskript
1,3–11: Danksagung
1,12–2,13: Die Vorgeschichte des Briefes
2,14–7,4: Eine Apologie des Apostelamtes:
  seine Herrlichkeit (2,14–4,6)
  und seine Niedrigkeit (4,7–6,10),
  gefolgt von einer Bitte um volle Wiederherstellung der Gemeinschaft zwischen Apostel und Gemeinde (6,11–7,4).
8,1–24: Erste Behandlung der »Kollekte« für die Heiligen in Jerusalem
9,1–15: Zweite Behandlung der »Kollekte«
10–13: Paulus verteidigt die Legitimität seines Apostolats
  durch Abwehr von Verleumdungen (10,1–11,15)
  durch Hinweis auf seine Leiden (11,16–33)
  durch Hinweis auf seine pneumatischen Erfahrungen (12,1–10).

2. Was erfahren wir über Briefwechsel und Besuche seit dem 1 Kor?

• Nach 1 Kor 16,8 hatte Paulus noch länger in Ephesus bleiben wollen. Da er in 2 Kor 12,14; 13,1 seinen Besuch aber als dritten ankündigt, muß er seine Pläne geändert und Korinth zwischendurch besucht haben. Dieser »Zwischenbesuch« brachte Paulus eine schwere Kränkung durch ein Gemeindeglied (2 Kor 2,5; 7,12).
• Nach Ephesus zurückgekehrt, schrieb Paulus unter großer innerer Bedrängnis einen Brief nach Korinth, den sog. Zwischenbrief oder Tränenbrief (2 Kor 2,4; 7,8–12).
• Durch Lebensgefahr aus Ephesus vertrieben (2 Kor 1,8–11) reist Paulus nach Makedonien und erfährt durch Titus von der Reue der Korinther (2 Kor 7,5–12).

Problemanzeige: Wenn man die Tatsache ins Auge faßt, daß 2 Kor »einen sehr widerspruchsvollen Eindruck« macht (W. G. Kümmel), vor allem durch den unerklärlichen Wechsel im Ton zwischen Kap 1–9 und 10–13, wird die Annahme nicht unwahrscheinlich, daß 2 Kor aus zwei oder mehreren paulinischen Briefen zusammengestellt worden sein könnte. Wenn man die obige Situationsanalyse voraussetzt, kann man mit G. Bornkamm u. a. folgende Rekonstruktion versuchen:
1. Brief: 2,14–7,4: Erste *Apologie des apostolischen Amtes,* durch in Korinth eingedrungene Gegner des Paulus veranlaßt.
  Trotz dieses Briefes verschärfte sich die Lage, so daß Paulus den »Zwischenbesuch«

unternahm, der aber scheiterte. Darauf folgte als

2. Brief: 10–13, der sog. *Tränenbrief* oder Vierkapitelbrief, der die akute Gefährdung der Gemeinde durch die Eindringlinge zeigt, auf die Paulus mit äußerster Schärfe reagiert.

Daraufhin kam die Gemeinde zur Besinnung, und Paulus schrieb den

3. Brief: 1,3–2,13 + 7,5–16: den *Versöhnungsbrief*; der Streit ist beigelegt, selbst für seinen Beleidiger findet Paulus ein gutes Wort.

Kap 8 und 9 stellen zwei selbständige Empfehlungen der Kollekte dar; da 8,20 auf die Schwierigkeiten zurückblickt, könnte Kap 8 zum Versöhnungsbrief gehören. Kap 9 dürfte später abgefaßt und für die übrigen Gemeinden in Achaja bestimmt gewesen sein.

Eine noch weitergehende Rekonstruktion des Briefwechsels schlägt z. B. W. Schmithals vor, während W. G. Kümmel trotz der offenkundigen Probleme die Einheitlichkeit des 2 Kor verteidigt.

Literatur: G. Bornkamm: Die Vorgeschichte des sog. Zweiten Korintherbriefes, in: *ders.:* Glaube und Geschichte 2. Teil, (Ges. Aufsätze Bd. IV), 1971, 162ff. – *W. Schmithals:* Die Korintherbriefe als Briefsammlung, ZNW 64, 1973, 263ff. – *W. G. Kümmel:* Einleitung in das NT, 18. Aufl., 1976, 249ff.

---

3. Das Proömium des 2 Kor

1. Wovon spricht Paulus?
2. Wie unterscheidet sich dieses Proömium von dem des 1 Kor?

● Paulus preist Gott, der ihn tröstet und dadurch befähigt, andere zu trösten. Er ist in Kleinasien aus Todesgefahr gerettet worden. Indirekte Aufforderung an die Gemeinde, seiner fürbittend zu gedenken.

●● Während das Proömium meist eine Danksagung ist (εὐχαριστῶ bzw. εὐχαριστοῦμεν), ist es hier als Lobpreis (Eulogie) formuliert (εὐλογητὸς ὁ θεός...; vgl. Eph 1,3; 1 Petr 1,3).

● Dankt Paulus sonst für den Glaubensstand der Gemeinde, so hier für seine Errettung (durch die allerdings auch die Gemeinde Trost erfährt).

●● Versichert Paulus sonst die Gemeinden seines Gedenkens und seiner Fürbitte, so fordert er sie hier indirekt zur Fürbitte für ihn selbst auf.

4. Wie verteidigt sich Paulus gegen den Vorwurf der Unzuverlässigkeit?

● Infolge der nicht eingehaltenen Reisepläne hat man Paulus vorgeworfen, er sei leichtsinnig und plane »auf fleischliche Weise«, d. h. nicht wie ein Mensch, der den Geist Gottes besitzt (1,15–17).

Paulus weist 1,18–22 diesen Vorwurf zunächst grundsätzlich ab. Wie das Wort der Verkündigung und das Christusereignis eindeutig sind, so auch die Worte derer, die mit Christus durch die Taufe (1,21f.) verbunden sind; unmöglich kann ihr Ja ein »Ja und Nein« zugleich sein (Vers 17c in der von F. Hahn rekonstruierten Fassung).

● Erst nach dieser grundsätzlichen Aussage erklärt Paulus in 1,23–2,4 konkret, warum er seine Reisepläne änderte: Er kam nicht nach Korinth, um die Korinther zu schonen. Sein Kommen hätte ja ein Strafgericht werden müssen, da der vorhergehende Besuch (der »Zwischenbesuch«) so betrüblich verlaufen war. Aus dem Glauben soll christliche Freude fließen, und die konnte er damals den Korinthern nicht bringen.

2,4: Hinweis auf den »Tränenbrief«.

Literatur: Ferd. Hahn: Das Ja des Paulus und das Ja Gottes, in: Neues Testament und christliche Existenz (FS für H. Braun), 1973, 229ff. – *E. Dinkler:* Die Taufterminologie in 2 Kor 1,21f., in: *ders.:* Signum Crucis (Ges. Aufsätze) 1967, 99ff.

---

5. Was erfahren wir über den Streitfall zwischen Paulus und einem Gemeindeglied?

Bei seinem letzten Besuch in Korinth hatte ein Gemeindeglied den Apostel gekränkt (2,5) bzw. ihm Unrecht getan (7,12). Da sich die Gemeinde nicht hinter Paulus stellte, trübte sich das Verhältnis. Paulus schrieb einen scharfen Brief (2,3f.), der in Korinth Trauer auslöste, die zur Buße führte (7,8ff.), d. h. zu einer Zurechtweisung des Beleidigers durch die Mehrheit der Gemeinde (2,6). Damit soll der Fall erledigt sein; das Verhältnis des Apostels zur Gemeinde ist wieder in Ordnung (2,6–11).

6. Lesen Sie Ex 34,29–35 und vergleichen Sie damit 2 Kor 3,7–18. Wie legt Paulus den alttestamentlichen Text aus?

● Paulus zitiert den atl. Text nicht ganz in seiner ursprünglichen Fassung.

●● Er behauptet, die Herrlichkeit des Mose sei vergänglich gewesen (3,7), das steht nicht im atl. Text.

●● Paulus begründet die Verhüllung des Mose damit, daß die Israeliten nicht die Vergänglichkeit der Herrlichkeit sehen sollten (3,13), während Ex 34,40 die Verhüllung mit der Furcht der Israeliten begründet wird.

●● Die Verheißung, die Decke werde weggenommen, wenn Israel sich zum Herrn bekehrt (3,16), ist Umformung des Satzes »Sooft Mose hineinging vor den Herrn, um mit ihm zu reden, legte er die Hülle ab, bis er wieder hinaustrat« (Ex 34,34).

● Das Motiv der »Hülle« über dem Gesicht des Mose verwendet Paulus dreifach:

●● Es ist die Hülle auf Moses' Gesicht (3,13), wie im AT.

•• Es meint eine »Hülle«, die auf der Verlesung des At's liegt, die nur in Christus abgetan wird (3,14).

•• Es meint eine »Hülle«, die »bis heute« auf den Herzen der Israeliten liegt (3,15).

• Ziel dieser Stelle ist es, die Herrlichkeit des Mose und die des christlichen Apostolats zu parallelisieren. Dabei ist auf die größere Herrlichkeit des Apostelamtes abgehoben, man kann also von einem antithetischen Parallelismus sprechen.

Eine solche Betrachtungsweise heißt Typologie (vgl. das zu 1 Kor 10,1–13 Ausgeführte, 11, Frage 15,4).

Problemanzeige: Öfters wird angenommen, Paulus habe in diesem Abschnitt eine Vorlage seiner Gegner »kommentiert« (z. B. S. Schulz; D. Georgi), oder es handle sich um einen vorgeprägten Text, den Paulus insgesamt übernommen habe (so zuletzt H. Conzelmann). Doch spricht vieles für die Annahme, Paulus habe den Text für seinen jetzigen Zusammenhang selbst konzipiert (van Unnik; Luz).

Literatur: S. *Schulz:* Die Decke des Moses, in: ZNW 49, 1958, 3ff. – D. *Georgi:* Die Gegner des Paulus im 2. Korintherbrief, 1964, 258ff. – H. *Conzelmann:* Paulus und die Weisheit, in: *ders.:* Theologie als Schriftauslegung, 1974, 177ff. – W. C. *van Unnik:* »With unveiled face«, an exegesis of 2 Corinthians III 12–18, in: NovTest 6, 1963, 153ff. – U. *Luz:* Der alte und der neue Bund bei Paulus und im Hebräerbrief, in: EvTh 27, 1967, 318ff.

7. Was bedeutet die Antithese »Buchstabe« – »Geist«?

Diese Antithese ist zu verstehen im Zusammenhang der Gegenüberstellung Alter Bund – Neuer Bund. Der Alte Bund ist gekennzeichnet durch das Gesetz (= γράμμα, »Buchstabe«), der Neue Bund durch den Geist Gottes. Daher kann Paulus sagen: Der Buchstabe tötet, der Geist macht lebendig (2 Kor 3,6).

Es geht also nicht um eine Antithese von »geschriebenem« und »ungeschriebenem« Gesetz oder von »Form« und »Inhalt« oder dergl.!

Literatur: E. *Käsemann:* Geist und Buchstabe, in: *ders.:* Paulinische Perspektiven, 1969, 237ff.

8. Mit welchen Charakteristika setzt Paulus den Alten und den Neuen Bund
   entgegen?

Der Alte Bund ist charakterisiert als		Der Neue Bund ist charakterisiert als
Buchstabe	3,6	Geist
Tod	3,8	Leben
Verdammnis	3,9	Gerechtigkeit
vergänglich	3,11	bleibend

9. Die Leiden des Apostels

1. In welchem Zusammenhang kommt Paulus auf seine Leiden zu sprechen?
2. Wie beurteilt Paulus seine Leiden?

• Paulus kommt in 2 Kor wiederholt auf seine Leiden zu sprechen:
•• Nachdem Paulus die Herrlichkeit des Apostelamtes in 2,14–4,6 dargestellt hat,
handelt er in 4,7–5,10 von der »Verborgenheit des Lebens in der Hülle des alten Äon«
(Bultmann). Zum Dienst des Apostels Jesu Christi gehört das Leiden. Deshalb nennt
Paulus 2 Kor 4,8–11 in einem sog. Peristasenkatalog ihm widerfahrene Leiden.
•• Ebenfalls im Zusammenhang mit Ausführungen über das apostolische Amt steht
ein zweiter Peristasenkatalog in 2 Kor 6,4–10 unter der Überschrift »In allem erwei-
sen wir uns als Diener Gottes«. In Vers 6–8 ist ein Tugendkatalog eingeflochten.
•• Ein dritter Peristasenkatalog findet sich 2 Kor 11,23–29. Hier setzt sich Paulus
mit dem Anspruch der Gegner auseinander, sie seien »Diener Christi«. Unter Hinweis auf seine Leiden behauptet Paulus seine Überlegenheit über die Gegner.
• Paulus beurteilt seine Leiden nicht unter dem Gesichtspunkt des persönlichen
Heroismus oder stoischer Erhabenheit über das äußere Ergehen, sondern er verbindet
sie mit seinem apostolischen Dienst: Indem der Tod in Paulus wirkt, entsteht bei den
Hörern der Verkündigung das Leben (4,12). Diese leidende Existenz entspricht dem
zentralen Inhalt der Verkündigung, dem gekreuzigten Christus. 4,10: »Allezeit tra-
gen wir das Sterben Jesu am Leibe herum.« »Daß der Gekreuzigte die Christen in die
Nachfolge stellt, wird gerade in den Peristasenkatalogen anschaulich bezeugt« (W.
Schrage, 164).

Literatur: W. Schrage: Leid, Kreuz und Eschaton. Die Peristasenkataloge als Merkmale
paulinischer theologia crucis und Eschatologie, in: EvTh 34, 1974, 141ff.

10. Wie entfaltet Paulus die Auferstehungshoffnung im 2 Kor?

2 Kor 5,1–10 spricht Paulus mit drei Bildern die Zuversicht auf eine postmortale Existenz aus:
- Beim Abbruch des irdischen Zeltes steht eine Behausung von Gott her im Himmel bereit (5,1).
- Das irdische Gewand wird durch ein unvergängliches ersetzt werden (5,2–4).
- Die irdische Existenz ist Leben in der Fremde, die postmortale Existenz Zu-Hause-Sein (5,8).

Erkenntnisgrund für diese Zuversicht ist das Seufzen der Schöpfung (5,2), Realgrund ist das Geschenk des Geistes (5,5).

Wann dieses Neu-Bekleidet-Werden stattfindet, ob bei der Parusie oder schon beim Tod des Christen, wird nicht gesagt. Auf jeden Fall ist ein Zurücktreten der apokalyptischen Bilder festzustellen.

> *Literatur: C.-H. Hunzinger:* Die Hoffnung angesichts des Todes im Wandel der paulinischen Aussagen, in: Leben angesichts des Todes (FS H. Thielicke), 1968, 69ff., bes. 76ff. – *W. Wiefel:* Die Hauptrichtung des Wandels im eschatologischen Denken des Paulus, in: ThZ 30, 1974, 65ff., bes. 74ff.

11. Was meint Paulus, wenn er vom »Dienst der Versöhnung« spricht?

2 Kor 5,14–21 ist der grundlegende Text.

Die Liebe, die Christus uns erzeigt, beherrscht den Apostel; das stellvertretende Leiden und Sterben Jesu für alle ist der Erweis dieser Liebe, Neuschöpfung ihre Folge. Urheber dieser Neuschöpfung ist Gott, der durch Christus die Welt mit sich selbst versöhnte, d. h. die personale Beziehung wiederherstellt, und die Sünde nicht zurechnete. Gleichzeitig hat Gott den »Dienst der Versöhnung« gegeben und das »Wort von der Versöhnung« aufgerichtet. Die Apostel rufen an Christi statt »Laßt euch versöhnen mit Gott!«

> *Literatur: M. Hengel:* Der Kreuzestod Jesu Christi als Gott souveräne Erlösungstat, in: Theologie und Kirche (Reichenau-Gespräch, hg. von der Evang. Landessynode in Württemberg), 2. Auflage 1967, 6off. – *Ferd. Hahn:* »Siehe, jetzt ist der Tag des Heils«, Ev Th 33, 1973, 244ff.

12. Mit welchen Argumenten empfiehlt Paulus die Kollekte in 2 Kor 8?

- »In Vers 1–6 wird am Beispiel der makedonischen Gemeinden gezeigt, daß wohltätiges Geben eine Gnade Gottes ist, gerade wenn es aus eigener Not und Armut kommt und wenn es freiwillig ist. Es setzt dann voraus, bzw. es kommt dabei zutage (Vers 5), daß man sich selbst erst dem Herrn übergeben hat« (R. Bultmann, Kommentar, S. 255).

• »Der Grund für das wohltätige Geben ist zutiefst die den Glaubenden zuteilgewordene Gnade Jesu Christi, der, obwohl er reich war, um euretwillen arm wurde, damit ihr durch seine Armut reich würdet« (Vers 9).

• Schließlich führt Paulus noch das Motiv der »Gleichheit« (ἰσότης) an: Der Überfluß der einen soll den Mangel der anderen ausgleichen, wie es bei den Israeliten war, als sie das Manna in der Wüste sammelten (Vers 13–15).

13. Wie argumentiert Paulus in der Kollektensache in 2 Kor 9?

• Paulus hat die Korinther als Vorbild für die Makedonier hingestellt; sie sollen nun Paulus nicht beschämen, sondern die versprochene Sammlung durchführen, und zwar »wie eine Gabe des Segens und nicht wie eine des Geizes« (Vers 1–5).

• (Vers 6):»Wer kärglich sät, wird auch kärglich ernten.« Die Korinther sollen im Vertrauen auf Gottes Gaben reichlich und gern geben (»Einen fröhlichen Geber hat Gott lieb«, Vers 7): (Vers 6–10).

• Die Gabe wird zudem auch bei den Empfängern den Lobpreis Gottes hervorrufen (Vers 11–15).

> *Literatur: zu (12) und (13)* D. Georgi: Die Geschichte der Kollekte des Paulus für Jerusalem, 1965, 51ff.

14. In 2 Kor 10–13 verteidigt sich Paulus gegen verschiedene Vorwürfe. Um welche handelt es sich?

• Vorwürfe mehr persönlicher Art:
Paulus sei feig (10,1), sein Auftreten sei schwächlich, während seine Briefe gewichtig seien (10,10), er sei Laie in der geschulten Rede (11,6), er sei schwach (11,21) und arglistig (12,16).

• Vorwürfe mehr sachlicher Art:
Paulus empfehle sich selbst (12,11), ihm fehlten die »Zeichen des Apostels« (d. h. die Fähigkeit zum Wunderwirken) und die Vollmacht (10,8; 13,10), sein Verzicht auf das apostolische Unterhaltsrecht sei ein Zeichen der Kälte gegen die Korinther und zugleich das Eingeständnis seiner Unterlegenheit gegenüber anderen Aposteln (11,5–12,13).

15. Wie bezeichnet Paulus in demselben Textstück seine Gegner?

Als
Überapostel (ὑπερλίαν ἀπόστολοι 11,5; 12,11
Lügenapostel (11,13)
Arglistige Arbeiter (11,13)
Satansdiener (11,14f.), sie »knechten« die Gemeinde, nützen sie aus, sind überheblich (11,20).

16. Mit welchem Anspruch sind die Gegner aufgetreten?

• Aus 2 Kor 11,22 kann man ersehen, daß sie auf ihre palästinajüdische Abstammung stolz waren und sich »Hebräer, Israeliten, Abrahams Same« nannten.
• Sie nannten sich »Diener Christi« (11,23), und der Anspruch, sie seien wirkliche Apostel im Gegensatz zu Paulus, scheint ihre Hauptwaffe gewesen zu sein, wie aus den polemischen Äußerungen des Paulus hervorgeht (11,5. 13; 12,11).
• Sie rühmen sich ihrer Redegabe (die in jener Zeit als Zeichen der Begabung mit göttlichem Geist galt; 10,10; 11,6), ihrer »Apostelzeichen« (auch Wunder galten als geistgewirkt: 12,12), und ihrer visionären Erlebnisse (12,1).

Problemanzeige: Umstritten ist die religionsgeschichtliche Einordnung der Gegner: Sind sie Gnostiker (W. Schmithals) oder hellenistische Judenchristen (D. Georgi) oder Abgesandte der Jerusalemer Urapostel (E. Käsemann)?

Literatur: W. Schmithals: Die Gnosis in Korinth, 2. Aufl., 1965, 110ff. – *D. Georgi:* Die Gegner des Paulus im 2. Korintherbrief, 1964. – *E. Käsemann:* Die Legitimität des Apostels, zuletzt abgedruckt in: K. H. Rengstorf (Hg.): Das Paulusbild in der neueren deutschen Forschung, 2. Aufl., 1969, 475ff.

---

17. Wie verteidigt sich Paulus gegen die Vorwürfe seiner Gegner?

• Einerseits entgegnet Paulus, daß ihm die vermißte Vollmacht doch nicht ganz abgeht:
10,4–11: Er kann auch imponierend auftreten
11,6: Der Mangel an geschulter Rede bedeutet keinen Mangel an Erkenntnis
11,7–11: Der Verzicht auf das apostolische Unterhaltsrecht geschah aus Rücksicht auf die Korinther und bedeutet daher keine Unterlegenheit gegenüber anderen Aposteln.
11,22f.: Er kann es mit den Ruhmestiteln der Gegner aufnehmen.

12,1ff.: Er hatte ebenfalls ein visionäres Erlebnis (Entrückung in den dritten Himmel).

12,12: Er hat auch »Apostelzeichen« (»mit Zeichen, Wundern, Kräften«) gewirkt

● Andererseits bejaht Paulus die Schwachheit:

»Die Gegner konstatieren die am Apostel sichtbaren Zuständlichkeiten ... richtig: Mühe, Gefahr, Leid und Sorge sind nach 11,22ff. die apostolischen Merkmale ... Aber – und damit schlägt Paulus den ihm gemachten Vorwurf dialektisch nieder – der Gegner Recht ist zugleich sein Ruhm. Er will, kann und muß sich gerade seiner Schwachheit rühmen« [11,30; 12,9] (E. Käsemann, 501). Denn damit entspricht er seinem Herrn, der in Schwachheit gekreuzigt wurde (13,4); im echten Apostel »kommt die Seinsweise des Gekreuzigten erneut zum Vorschein« (E. Käsemann, 503).

Literatur: E. Käsemann: Die Legitimität des Apostels (siehe zu 16).

13. Der Galaterbrief

1. Skizzieren Sie den Aufbau des Galaterbriefes

1,1–5: Präskript
6–9: Anklage und Gerichtsdrohung
1,10–24: Der göttliche Ursprung des paulinischen Evangeliums
2,1–10: Die Anerkennung des paulinischen Evangeliums auf dem Apostelkonvent
2,11–21: Der Streit zwischen Petrus und Paulus in Antiochien
3,1–5: Die Erfahrung der Galater mit der Glaubensbotschaft
3,6–18: Der Segen Abrahams gehört den aus Glauben Lebenden
3,19–29: Das Gesetz als Zuchtmeister bis zum Kommen Christi
4,1–7: Sohnschaft bedeutet Freiheit von den Weltelementen
4,8–20: Erneuter Appell an die Galater
4,21–31: Das Gesetz selbst lehrt an den beiden Frauen Abrahams, daß die Christen frei vom Gesetz sind
5,1–12: Appell zum Verbleiben in der Freiheit des Glaubens
5,13–6,10: Ethik der Freiheit in Liebe und Geist
6,11–18: Eigenhändiges Postskript des Paulus: Polemik gegen die Beschneidungsprediger und Appell an die Galater.

2. Das Formular des Gal ist gegenüber den anderen Briefen etwas verändert. Was fällt Ihnen auf?

• Paulus nennt keine Mitabsender (1,2 spricht er nur allgemein von den »Brüdern, die bei ihm sind«).
• Ebenso fehlt eine Grußliste am Schluß
• Es fehlt eine Danksagung oder eine Eulogie, wie sie sonst in allen Briefen nach dem Präskript zu finden sind.

3. Was erfahren wir über die Beziehungen des Paulus zum Empfängerkreis des Briefes?

• Paulus hat die Gemeinden gegründet (1,8; 4,12–20); sie besteht aus Heidenchristen (4,8).
• Beim Gründungsaufenthalt scheint ein gutes Einvernehmen zwischen Apostel und Gemeinden geherrscht zu haben (4,12–20); auch Geisterfahrungen gab es (3,1–5).
• Aus 4,13 schließen manche Exegeten, Paulus habe die Gemeinden nach der Erstmission noch ein zweites Mal besucht.

- Zur Zeit der Abfassung des Briefes ist es Paulus nicht möglich, nach Galatien zu kommen (4,20).

4. Welche gegnerische Front läßt der Gal erkennen?

- In den Gemeinden treten von außen kommende Agitatoren auf, die ein »anderes Evangelium« verkündigen und die Gemeinden »verwirren« (1,6f.; 5,10) und gegen Paulus »aufwiegeln« (5,12).
- Die Gegner setzen Paulus herab:
Er »überredet Menschen« und suche »Menschen zu gefallen« (1,10); sein Evangelium sei »nach Menschenart« (1,11), er habe es »von einem Menschen empfangen« (1,12).
- Die Gegner fordern von den Heidenchristen, sie sollten sich beschneiden lassen (5,2; 6,12f.).
- Die Gegner wollen damit überhaupt die Geltung des alttestamentlichen Gesetzes einführen (4,21; 5,4; 6,13).
- Zudem fordern sie die Beachtung bestimmter »Tage, Monate, Zeiten und Jahre« (4,10).

Problemanzeige: Welchen religionsgeschichtlichen Standort die Gegner einnehmen ist umstritten; z. B. hält W. Schmithals sie für judenchristliche Gnostiker, Fr. Mußner dagegen für judaisierende Judenchristen.

> *Literatur: W. Schmithals:* Paulus und die Gnostiker, 1965, 9ff. – *Fr. Mußner:* Der Galater-brief, 1974, 11ff. (mit ausführl. Literaturüberblick).

5. Wie setzt sich Paulus mit den persönlichen Anklagen auseinander?

Die Widerlegung der persönlichen Anklagen erfolgt in 1,10–2,21.

Wie bereits die apologetische Erweiterung des Präskripts (1,1: Apostel »nicht von Menschen noch durch einen Menschen«) erkennen läßt, war der Apostolat des Paulus umstritten, damit aber zugleich sein Evangelium (1,12). Demgegenüber argumentiert Paulus dreifach:
- Sein Evangelium entspringt göttlicher Offenbarung des erhöhten Christus (1,15f.). Beachte den Anklang an prophetische Berufungen (bes. Jes 49,1). Diese Bekehrung bedeutete gleichzeitig seine Berufung zum Heidenmissionar. Dabei war Paulus von keiner menschlichen Instanz abhängig.
- Sein Evangelium ist von den Jerusalemer Autoritäten (Jakobus, Kephas, Johannes) anerkannt worden, als er es ihnen vorlegte (2,1–10).
- Auch bei einer Auseinandersetzung mit Petrus hat er sein Evangelium bewährt (2,11–21).

Literatur: P. *Stuhlmacher:* Das paulinische Evangelium I, 1968, 63ff.

6. Welche biographischen Angaben über Paulus mach Gal 1?

● Paulus berichtet aus seiner vorchristlichen Zeit, er sei ein »Eiferer für die Überliefe-rungen der Väter« gewesen und habe deswegen »die Gemeinde Gottes maßlos ver-folgt« und »sie zu vernichten« gesucht (Gal 1,13f.).
● Durch eine Offenbarung des Gottessohnes wird Paulus zum Heidenmissionar bestimmt. Er nimmt diesen Auftrag sofort wahr, ohne sich mit den Aposteln zu besprechen (Gal 1,15–17).
● Erst drei Jahre später zieht er nach Jerusalem, wo er zwei Wochen mit Kephas Kontakt hat, außerdem Jakobus, den Herrenbruder, kennenlernt (Gal 1,18–20).
● Daraufhin treibt Paulus Missionsarbeit in Syrien und Kilikien (Gal 1,21). In der Hauptstadt Syriens, Antiochia, war damals schon eine rege christliche Gemeinde.
● Nach »14 Jahren« zieht Paulus mit dem führenden antiochenischen Christen Barnabas nach Jerusalem, um dort sein Evangelium den »Angesehenen« vorzulegen.

Problemanzeige: Aus diesen Angaben läßt sich eine relative Chronologie der paulini-schen Frühzeit erheben. Eine absolute Chronologie ergibt sich mit Hilfe der »Gallio-Inschrift«. Danach läßt sich die Apg 18,12–18 erwähnte Anklage des Paulus vor dem Statthalter Gallio in die erste Hälfte des Jahres 51 datieren; damals dürfte Paulus schon etwa 1 1/2 Jahre in Korinth gewesen sein, seine Ankunft dort erfolgte also Ende 49. Im Jahr vorher ist die Zusammenkunft in Jerusalem anzusetzen, also 48, der 14jährige Aufenthalt in Syrien und Kilikien währte dann von 34/35–48, der erste Jerusalembesuch war 34 oder 35, die Bekehrung 3 Jahre früher, also 31 oder 32.

Literatur: W. G. *Kümmel:* Einleitung in das NT, 18. Aufl., 1976, 217ff.

7. Anlaß, Verlauf und Ergebnis der Zusammenkunft des Paulus mit den Jerusalemer Autoritäten (»Apostelkonvent«)

● Nach Gal 2,2 ist Anlaß eine »Offenbarung«; ob sie an Paulus persönlich erging oder aus der Gemeinde kam, wird nicht gesagt. Gegenstand der Verhandlung ist das paulinische Evangelium. Vermutlich hatten Jerusalemer Judenchristen, die nach An-tiochien gekommen waren, die von Paulus gelehrte Freiheit vom Gesetz angeklagt (Gal 2,4).
● Von seiten der Antiochener nahmen Paulus, Barnabas und Titus, ein unbeschnitte-ner Heidenchrist, teil; von seiten der Jerusalemer nahmen die »Angesehenen«

(οἱ δοκοῦντες) teil, womit wohl alle Apostel gemeint sind (Gal 2,2.6). Die abschließende Vereinbarung trifft Paulus mit einem Dreierkreis, mit »denen, die als Säulen
galten«(οἱ δοκοῦντες στῦλοι εἶναι, Gal 2,9), nämlich Jakobus, Petrus und Johannes.
● Die »Säulenapostel« bestätigen die Heidenmission des Paulus: sie ist gleichberech-
tigt neben der Judenmission des Petrus (Gal 2,7–9). Paulus unterstreicht, daß er
keinerlei Auflagen bekommen hat (Gal 2,6). Freiwillig übernimmt Paulus die Sammlung einer Kollekte für die »Armen« (Gal 2,10).

Literatur: G. *Klein:* Galater 2,6–9 und die Geschichte der Jerusalemer Urgemeinde, in:
ders.: Rekonstruktion und Interpretation, 1969, 99ff. – G. *Bornkamm:* Paulus, 1969, 52ff. –
W. *Schmithals:* Paulus und Jakobus, 1963, 29ff.

8. Worum ging es bei der Auseinandersetzung zwischen Paulus und Petrus in Antiochien?

Als Petrus nach Antiochien kam, hielt er zunächst Tischgemeinschaft mit den Heidenchristen, ohne sich über die damit zusammenhängenden gesetzlichen Fragen
Gedanken zu machen (Verbot bestimmter Fleischsorten Lev 11; Dtn 14, kein unge-
schächtetes Fleisch Ex 23,19).

Als aber »einige Leute von Jakobus« nach Antiochien kamen, ließ Petrus von der
Tischgemeinschaft mit den Heidenchristen ab und veranlaßte dadurch auch andere
Judenchristen sich zurückzuziehen. In den Augen des Paulus hat Petrus sich durch
dieses »Heucheln« schuldig gemacht; daher stellt Paulus ihn in einer Gemeindeversammlung zur Rede (Gal 2,11–14).

Für Paulus ist dies keine beliebige Frage, sondern eine Abweichung vom »geraden
Weg auf die Wahrheit des Evangeliums« (2,14). Denn Petrus verleugnet dadurch die
Grunderkenntnis »daß ein Mensch nicht aus Werken des Gesetzes gerecht gespro-
chen wird, sondern allein durch Glauben an Christus Jesus« (2,16).

Problemanzeige: Der »antiochenische Zwischenfall« hat eine Fülle von abschwä-
chenden und umdeutenden Auslegungen erfahren, über die Fr. Mußner in einem
instruktiven Exkurs berichtet. Die hier angeschnittene theologische Grundaussage.
»Aus Werken des Gesetzes wird ein Mensch nicht gerechtgesprochen«, wird bis zur
Stunde kontrovers ausgelegt: Ist damit das Gesetz für den Christen abgeschafft
(Blank) oder nicht (Wilckens)? Oder geht es um das eschatologisch erneuerte Gesetz
(Hahn)?

Literatur: Fr. *Mußner:* Der Galaterbrief, 1974, 146ff. – U. *Wilckens:* Was heißt bei Paulus:
»Aus Werken des Gesetzes wird kein Mensch gerecht«? in: EKK Vorarbeiten I, 1969, 51ff. –
J. *Blank:* Warum sagt Paulus: »Aus Werken des Gesetzes wird niemand gerecht«? in: EKK
Vorarbeiten 1, 1969, 79ff. – Ferd. *Hahn:* Das Gesetzesverständnis im Römer- und Galater-
brief, ZNW 67, 1967, 29ff.

9. Wie argumentiert Paulus gegenüber dem »anderen Evangelium«?

● Er erinnert daran, daß die galatischen Gemeinden den Geist als Folge der Glaubensbotschaft erhalten haben, nicht aber aufgrund von Werken des Gesetzes. Die Anfänge im »Geist« Gottes würden damit in die Sphäre des »Fleisches«, d. h. des Widergöttlichen verkehrt (Gal 3,1–5).

● Der Glaube wurde Abraham als Gerechtigkeit angerechnet; daher sind die glaubenden Heiden in Wahrheit Söhne Abrahams, nicht die leiblichen Nachkommen (3,6–9). Wer durch das Tun des Gesetzes den Segen Gottes erhalten will, geht fehl – er steht vielmehr unter dem Fluch des Gesetzes. Nur der durch den Glauben Gerechte wird leben, sagt Paulus mit Hab 2,4 (Gal 3,10–12). Die Belastung mit dem Fluch des Gesetzes hat Christus von uns genommen (3,13f.).

Was hat aber Christus mit Abraham zu tun? Die Verheißung gilt (nach Gen 13,15 u. ö.) »Abraham und seinem Samen«, wobei Paulus den Ton darauf legt, daß »Same« im Singular gebraucht wird. Also können nicht Isaak, Jakob und die weiteren Nachkommen Abrahams gemeint sein, sondern nur ein einziger, nämlich Christus.

Wie nach dem jüdischen Erbrecht ein einmal erlassenes Testament nicht mehr ungültig gemacht werden kann, so kann auch die Abrahamsverheißung nicht durch das 430 Jahre später gegebene Gesetz außer Kraft gesetzt werden (3,15–18).

Literatur: J. Becker: Der Galaterbrief, NTD 8, 1976, 39ff. (»Paulus und das Alte Testament«). – *E. Bammel:* Gottes διαθήκη (Gal 3,15–17) und das jüdische Rechtsdenken, NTS 6, 1959/60, 313ff. – *G. Eichholz:* Die Theologie des Paulus im Umriß, 1972, 246–251. – *J. Eckert:* Die urchristliche Verkündigung im Streit zwischen Paulus und seinen Gegnern nach dem Galaterbrief, 1971, 73ff.

● Nachdem durch diese schriftgelehrten Überlegungen sichergestellt ist, daß die Glaubensgerechtigkeit nichts mit dem Gesetz zu tun hat, handelt Paulus von der wahren Bedeutung des Gesetzes (Gal 3,19–29):

Das Gesetz ist »um der Übertretungen willen hinzugefügt worden«, d. h. »es sollte die Sünde *als Sünde* und als Übertretung eines Gebotes offenbar machen« (Fr. Mußner: Der Galaterbrief, 1976, 246). Auch diese Funktion ist limitiert bis zum Kommen Christi, und sie entspricht einer Anordnung (nur) von Engeln (3,19).

Das derart depotenzierte Gesetz ist nur einem »Zuchtmeister«(παιδαγωγός)zu vergleichen, der die unmündigen Kinder zu beaufsichtigen hat (3,23f.). Doch bedürfen die Glaubenden dieses Zuchtmeisters nun nicht mehr; sie sind ja »durch den Glauben Söhne Gottes in Christus Jesus« (3,26). Und diese in der Taufe vollzogene Eingliederung in den Leib Christi bedeutet, daß sie Erben der Abrahamsverheißung sind (3,29)! Alle früheren Differenzierungen sind jetzt überholt, für das Heil ist nicht entscheidend, ob einer Mann oder Frau, Sklave oder Freier ist und auch nicht, ob er Jude oder Grieche war (3,28).

● Ein weiteres Beispiel aus dem Rechtsleben veranschaulicht die Lage: Wie der unmündige Sohn sich bis zur Volljährigkeit nicht von einem Sklaven unterscheidet, so waren die Christen unmündig, bis Gott seinen Sohn sandte, der sie loskaufte, zu Söhnen Gottes machte, mit dem Geist begabte und zu Erben machte (4,1–7). 4,6: Der aramäische Ruf »Abba« (Vater).

• Die Irrlehrer veranlassen die Galater zu einem Rückfall in den Dienst der »armen Elemente«, der mit einem bestimmten Festkalender verbunden ist (4,8–11).

Schon in 4,3 hatte Paulus von der früheren Versklavung unter die »Elemente der Welt« (τὰ στοιχεῖα τοῦ Κόσμου) gesprochen, der in 4,5 mit der Versklavung unter das Gesetz parallelisiert war.

Problemanzeige: Handelt es sich bei den »Elementen« um mythische Wesen (Schmithals) oder nur um eine Bezeichnung für die heillose Welt (Vielhauer)?

> *Literatur: Ph. Vielhauer:* Gesetzesdienst und Stoicheiadienst im Galaterbrief, in: Rechtfertigung (FS für E. Käsemann) 1976, 543ff. – *W. Schmithals:* Paulus und die Gnostiker, 1965, 9ff.

• Paulus appelliert nochmals an die Gemeinde, die ihn beim ersten Aufenthalt »wie einen Gottesboten« aufgenommen hat, obwohl er krank war (Augenleiden?) 4,12–20.
• Darauf folgt ein weiterer Schriftbeweis, der die allegorische Auslegung der beiden Frauen Abrahams zur Grundlage hat:

Hagar	Sara
Unfreie	Freie
Sinaibund	(Neuer Bund)
Jetziges Jerusalem	Oberes Jerusalem
Ismael	Isaak
Auf natürliche Weise gezeugt	Kraft der Verheißung gezeugt

Die christliche Gemeinde gehört zu den Kindern der Freien (4,21–31).
• Das Fazit lautet: Zur Freiheit hat uns Christus befreit. Wer wieder zum Gesetz zurückkehrt, fällt aus der Gnade heraus. Paulus greift die Beschneidungsprediger scharf an, indem er sie mit Kastraten gleichsetzt (5,1–12).

> *Literatur: O. Merk:* Der Beginn der Paränese im Galaterbrief, ZNW 60, 1969, 83ff. – *Fr. Mußner:* Theologie der Freiheit nach Paulus, 1976.

10. Wie ist die Paränese des Galaterbriefs aufgebaut?

Der paränetische Teil 5,13–6,10 umfaßt
- Prinzipielle Aussage: Freiheit ist Freiheit zum Dienst am Nächsten (5,13–15).
- Die Berufung zur Freiheit bedeutet Wandel im Geist, nicht im Fleisch. Das wird negativ durch einen Lasterkatalog (Werke des Fleisches) und positiv durch einen Tugendkatalog (Frucht des Geistes) verdeutlicht (5,16–24).
- Weitere Konkretionen für das »Leben im Geist«: Einer trage des anderen Last! (5,25–6,6)
- Der Wandel im Geist hat die Verheißung des ewigen Lebens (6,7–10).

> Literatur: O. Merk: Handeln aus Glauben, 1968, 68ff.

11. Was bezweckt Paulus mit dem eigenhändigen Postskript? Vergleichen Sie damit die Gerichtsrede 1,6–9

Das eigenhändige Postskript 6,11–18 hat 3 Teile:
- Paulus klagt die Irrlehrer an, sie wollten durch ihre Beschneidungsforderung der Verfolgung entgehen und doch selbst dem Gesetz nicht voll entsprechen (6,12f.).
- Demgegenüber unterstreicht Paulus, daß das Kreuz Jesu Christi sein einziger Ruhm ist (6,16f.).
- Schließlich folgt ein Segenswunsch über alle Christen, die sich an diesem »Kanon« ausrichten (6,16).
- Mit Hinweis auf die »Wundmale Jesu« an seinem Leibe verbittet sich Paulus weitere Schwierigkeiten in dieser Sache (6,17).
- Ein Segenswunsch beschließt den Brief (6,18).
J. Becker (NTD 8, S. 79) hat eine antithetische Parallelität zwischen 1,6–9 und 6,12–16 erkannt: Anklagende Beschreibung der Gegner: 1,6f./6,12f. Das paulin. Evangelium als Maßstab: 1,7–9/6,14f. Fluch über die Gegner: 1,8f. – Segen über die Christen 6,16.

14. Der Römerbrief

1. Wie ist der Römerbrief gegliedert?

Im Anschluß an E. Käsemann schlage ich folgende Gliederung vor:
A. 1,1–17 Briefeingang
    I. 1,1–7: Das Präskript
    II. 1,8–15: Das Proömium
    III. 1,16–17: Thema
B. 1,18–3,20: Die Notwendigkeit für die Offenbarung der Gerechtigkeit Gottes
    I. 1,18–32: Gottes Zornoffenbarung über den Heiden
    II. 2,1–3,20: Das Gericht über die Juden
C. 3,21–4,25: Die Gottesgerechtigkeit als Glaubensgerechtigkeit
    I. 3,21–26: Die These
    II. 3,27–31: Polemische Zuspitzung
    III. 4,1–25: Der Schriftbeweis aus der Geschichte Abrahams
D. 5,1–8,39: Die Glaubensgerechtigkeit als Wirklichkeit eschatologischer Freiheit
    I. 5,1–21: Freiheit von der Todesmacht
    II. 6,1–23: Freiheit von der Sündenmacht
    III. 7,1–8,39: Das Ende des Gesetzes in der Macht des Geistes
E. 9,1–11,36: Die Gottesgerechtigkeit und das Problem Israels
    I. 9,1–5: Die Klage des Apostels
    II. 9,6–29: Das Recht und vorläufige Ziel der göttlichen Erwählung
    III. 9,30–10,21: Israels Schuld und Fall
    IV. 11,1–36: Das Geheimnis der Heilsgeschichte
F. 12,1–15,13: Gottesgerechtigkeit im christlichen Alltag
    I. 12,1–13,14: Allgemeine Paränese: Christlicher Alltag in verschiedenen Dimensionen
    II. 14,1–15,13: Spezielle Paränese: Die Starken und Schwachen in der Gemeinde.
G. 15,14–33: Der Briefschluß
    I. 15,14–21: Die Richtschnur des Apostels und der Stand seines Werkes
    II. 15,22–29: Die Beweggründe für die Romreise und den Umweg über Jerusalem
    III. 15,30–33: Die Dringlichkeit der Fürbitte für den Apostel und Schlußsegen
H. 16,1–27: Anhang. Ein Empfehlungsschreiben.

Literatur: E. Käsemann: An die Römer, 3. Aufl., 1974, Vf.

2. Was erfahren wir aus dem Römerbrief über die Beziehungen zwischen Paulus und der Gemeinde?

Paulus äußert sich im Proömium 1,8–15 und im Briefschluß 15,14–33 über seine Beziehung zur römischen Gemeinde.

- Er ist ihr persönlich unbekannt (1,10–13).
- Als von Gott bestimmter Heidenapostel möchte er aber auch in Rom verkündigen (1,14f.).
- Im Briefschluß tritt eine weitere Motivation hervor: Paulus möchte nach Ablieferung der Kollekte in Jerusalem in Spanien missionieren und die Römer sollen ihm dafür aktive Unterstützung geben (15,24–28).

Problemanzeige: Da Paulus im Briefschluß ausdrücklich darauf hinweist, daß er nicht in fremdes Missionsgebiet eindringen wolle, ist die im Proömium genannte Verkündigungsabsicht in der nicht von ihm selbst gegründeten Gemeinde von Rom problematisch. Löst sich dieser Widerspruch dadurch, daß die römische Gemeinde noch der »apostolischen Signatur« entbehrt (G. Klein) oder dadurch, daß der Schluß des Römerbriefs in einer anderen Situation geschrieben wurde (P. von der Osten-Sacken)?

> *Literatur: G. Klein:* Der Abfassungszweck des Römerbriefes, in: *ders.:* Rekonstruktion und Interpretation, 1969, 129ff. – *P. von der Osten-Sacken:* Erwägungen zur Abfassungsgeschichte und zum literarisch-theologischen Charakter des Römerbriefes, in: Theol Viat 12, 1975, 109ff.

3. Das Präskript des Röm ist das längste aller Paulusbriefe. Welche Aussagen bringt es?

- Paulus betont seinen Apostelrang (»berufener Apostel für das Evangelium Gottes«, 1,1) und die universale Ausstrahlung seines Apostolates (1,5).
- Paulus faßt das Evangelium zusammen: Es handelt vom Sohn Gottes, geboren aus Davids Samen nach dem Fleisch, eingesetzt zum Sohne Gottes in Macht nach dem Geist der Heiligkeit seit der Auferstehung von den Toten (1,3–4).

Problemanzeige: Röm 1,3–4 wird allgemein als vorpaulinische Formel angesehen. Indizien: stilistische Eigenheiten (Partizipialstil, Voranstellung des Verbums, Fehlen des Artikels), unpaulinische Ausdrucksweise (Geist der Heiligkeit), bei Paulus sonst nicht zu findende christologische Auffassungen (Davidssohnschaft Jesu; der Geist ist Jesus gegenüber tätig; »Adoptianismus«). Unterschiedlich beurteilt wird die Frage, wieweit Paulus die judenchristliche Formel durch Zusätze bearbeitet hat.

Literatur: P. *Stuhlmacher:* Theologische Probleme des Römerbriefpräskripts, EvTh 27, 1967, 374ff. – H. *Schlier:* Zu Röm 1,3f., in: Neues Testament und Geschichte (FS O. Cullmann zum 70. Geburtstag) 1972, 207ff. – M. *Hengel:* Der Sohn Gottes, 1975, 93ff. – *J. Becker:* Auferstehung der Toten im Urchristentum, 1976, 18ff.

- Die römischen Christen werden als »Berufene Jesu Christi«, »Geliebte Gottes« und »berufene Heilige« bezeichnet; die Bezeichnung »Kirche« (ἐκκλησία) fehlt dagegen.
- Paulus nennt keine Mitarbeiter. Er »tritt als Einzelner vor die Gemeinde ..., weil er Rechenschaft über die eigene Botschaft zu geben gedenkt« (E. Käsemann: An die Römer, 11).

4. Gottes Zornesoffenbarung über den Heiden

1. Wie ist sie begründet?
2. Worin besteht sie?

- Die Schuld der Heiden liegt darin, daß sie Gottes ewige Macht und Gottheit zwar erkennen, ihn aber nicht als Gott ehren. Vielmehr verehren sie die Geschöpfe anstelle des Schöpfers (1,19–21).
- Gott gibt die Menschheit an widernatürliche Laster preis (1,29–31: Lasterkatalog!). Immoralität ist also nicht Schuld, sondern Strafe (E. Käsemann: An die Römer, S. 34). Die Strafe entspricht jeweils der Verfehlung (Prinzip der »adäquaten Vergeltung«; 1,22–32).

Problemanzeige: Man hat viel darüber diskutiert, ob Paulus in Röm 1,19–21 eine »natürliche Theologie« lehre. In der Tat gibt es Parallelen in der Stoa. Aber G. Bornkamm hat mit Recht den völlig anderen Kontext dieser Aussagen bei Paulus herausgestellt: »Nicht um die Gotteserkenntnis als Frage und erschließbare Möglichkeit geht es ihm, sondern um die Frage, ob diese Erkenntnis bewährt sei (1,28), ob die Wahrheit Gottes Wahrheit geblieben und ihr Macht gelassen sei (1,18.25). So geht es im Röm 1,18ff. also gar nicht um die Enthüllung des göttlichen Seins, sondern um die Aufdeckung der menschlichen Existenz. Diese ist im Grunde verkehrt, weil der Mensch Gott nicht gedankt und ihn nicht gepriesen hat ... (S. 21).

Literatur: E. *Klostermann:* Die adäquate Vergeltung in Rm 1,22–32, ZNW 32, 1933, 1ff. – G. *Bornkamm:* Die Offenbarung des Zornes Gottes, in: *ders.:* Das Ende des Gesetzes, 5. Aufl., 1966, 9ff.

5. Welche Begründung hat die Zornesoffenbarung Gottes über den Juden?

• Nicht nur der Heide, der der Immoralität sogar applaudiert, sondern auch der Jude, der solches Tun verurteilt, steht vor dem Gericht Gottes nach den Werken: »Denn es gibt kein Ansehen der Person vor Gott« (2,1–11).

Problemanzeige: Wie läßt sich die Rede vom Gericht nach den Werken (vgl. auch 1 Kor 3–4; 2 Kor 5,10; Gal 6,1–10; Röm 14,10–12 u. ö.) mit der Rechtfertigungslehre vereinbaren? Auf zwei neue Lösungsversuche dieses viel diskutierten Problems sei hingewiesen.
• Das Gericht über den Christen tangiert zwar die Heilsfrage nicht, aber es gibt ein Lohn- und Strafgericht über den unterschiedlichen Standard des Christseins (Mattern).
• Paulus hat den übernommenen Gerichts- und Vergeltungsgedanken als Argumentationsmittel in unterschiedlicher Weise verwendet (Synofzik).

> *Literatur: L. Mattern:* Das Verständnis des Gerichts bei Paulus, 1966. – *E. Synofzik:* Die Gerichts- und Vergeltungsaussagen bei Paulus, 1977.

• Wenn der Jude demgegenüber auf den Besitz der Tora verweist, so betont Paulus,
1. daß es auf das Tun des Gesetzes ankommt (2,12f.),
2. daß auch Heiden das Gottesgesetz kennen und sogar erfüllen (2,14–16). Hierbei greift Paulus griechische Tradition auf (Vorstellung von der lex naturae, Gewissen), gibt ihnen aber »durch die Beziehung auf Gottesgesetz und Gericht eine neue, völlig ungriechische Deutung und Ausrichtung« (G. Bornkamm, S. 117).

> *Literatur: G. Bornkamm:* Gesetz und Natur Röm 2,14–16, in: *ders.:* Studien zu Antike und Urchristentum, 3. Aufl., 1970, 93ff.

• Der Jude verläßt sich auf das Gesetz, er kennt den Willen Gottes, hält sich für einen »Führer der Blinden«, lehrt die anderen, aber er übertritt selbst das Gesetz (2,17–24). Insofern ist die Anklage von Vers 3 (der Jude richtet heidnisches Wesen, tut es aber selbst) hier verstärkt.
• Nach dieser Demonstration jüdischer Gesetzesübertretung greift Paulus die Heilssicherheit auf Grund der Beschneidung an: Er »stellt fest, daß ohne Gehorsam Beschneidung annulliert ist ..., der Unbeschnittene jedoch auf Grund seines Gehorsams im Gericht dem jüdischen Frommen gleichgestellt werden wird« (E. Käsemann; An die Römer, 67). Denn vor Gott gilt nur die »Herzensbeschneidung« im *Geist* Gottes, nicht die dem *Buchstaben* (des Gesetzes) nach am Fleisch vollzogene Beschneidung.

Literatur: E. *Käsemann:* Geist und Buchstabe, in: *ders.:* Paulinische Perspektiven, 1969, 236ff. – E. *Schweizer:* »Der Jude im Verborgenen ..., dessen Lob nicht vom Menschen, sondern von Gott kommt«. Zu Röm 2,28ff. und Mt 6,1–8, in: Neues Testament und Kirche (FS R. Schnackenburg), 1974, 115ff.

● Der nächste Abschnitt 3,1–8 bringt 2 Einwände:

●● Ist der heilsgeschichtliche Vorrang der Juden aufgehoben? Nein, die Untreue der Menschen macht Gottes Treue nicht zunichte (3,1–4).

●● Ist Gott also ein ungerechter Richter und soll man Böses tun, damit das Gute komme? Nein – das ist lästerlich (3,5–8).

● Daß alle, Juden wie Griechen, unter der Macht der Sünde stehen, wird abschließend mit einer Zitatenkombination aus Psalmstellen und Jes 59,7f. untermauert (3,10–18), und Paulus folgert: »Aus Gesetzeswerken wird kein Fleisch vor ihm gerecht« (3,20).

Problemanzeige: Die Interpretation des Grundsatzes »Aus Gesetzeswerken wird kein Fleisch vor ihm gerecht« ist ebenso wie bei der Parallelstelle Gal 2,16 strittig.

6. Wie beschreibt Paulus die Offenbarung der Gerechtigkeit Gottes?

● Während alle Menschen ohne Ausnahme in einer ausweglosen Unheilssituation sind, ist jetzt auf Grund der Heilstat Gottes das Heil für alle Glaubenden da (3,21–23).

● Die heilschaffende Gerechtigkeit Gottes wird geschenkweise zuteil durch Glauben an Jesus Christus, den Gott selbst zum Medium der Sühne (ἱλαστήριον) eingesetzt hat (3,24–26).

● Die Verse 3,27–31 spitzen die Aussage von der geschenkweisen Rechtfertigung polemisch zu: Jeder Selbstruhm, wie ihn das Gesetz der Werke hervorruft, ist ausgeschlossen.

»Hat 20a summarisch gesagt, der Mensch könne aus Gesetzeswerken nicht gerecht werden, so stellt 28 ... heraus, er solle es auf diese Weise auch nicht werden« (E. Käsemann: An die Römer, 97).

Problemanzeige: Nachdem E. Käsemann erstmals eingehend aufgezeigt hat, daß Paulus in Röm 3,24–26 eine judenchristliche Formel zitiert und erweitert hat, ist diese These weithin anerkannt (anders wieder H. Schlier). Umstritten ist allerdings die genaue Abgrenzung der vorpaulinischen Formel und ihr theologiegeschichtlicher Hintergrund (E. Lohse u. a.: Hellenistisch – jüdische Sühnopfervorstellungen; P. Stuhlmacher u. a.: Der Tod Jesu wird vom Ritual des Großen Versöhnungstages Lev 16 her typologisch gedeutet).

Literatur: E. Käsemann: Zum Verständnis von Römer 3,24–26, in: *ders.:* Exegetische Versuche und Besinnungen I, 5. Aufl., 1967, 96ff. – *E. Lohse:* Märtyrer und Gottesknecht, 2. Aufl., 1963, 149ff. – *P. Stuhlmacher:* Zur neueren Exegese von Röm 3,24–26, in: Jesus und Paulus (FS W. G. Kümmel), 1975, 315ff. – *H. Schlier:* Der Römerbrief, 1977, 107ff.

7. Wie beweist Paulus aus der Schrift, daß Abraham ein Beispiel des rechtfertigenden Glaubens ist?

Paulus bedient sich dazu eines doppelten Analogieschlusses.

● Zunächst zitiert er Gen 15,6: »Abraham glaubte Gott, und es wurde ihm zur Gerechtigkeit angerechnet.« Daß »anrechnen« etwas Gnadenhaftes ist, erweist Paulus aus Ps 32,2f., wo »anrechnen« als Umschreibung der Sündenvergebung verwendet wird (Röm 4,3–8).

● Nun fragt Paulus, ob die Seligpreisung des Mannes, dem Gott die Sünden nicht anrechnet (Ps 32,2), nur dem Juden oder auch dem Heiden gilt. Da Abraham noch unbeschnitten war, als ihm der Glauben »angerechnet« wurde, gilt das »Nichtanrechnen« der Sünde folglich auch den Heiden. Ist Abraham so zum Vater aller unbeschnittenen Glaubenden geworden, so wurde er durch seine später erfolgende Beschneidung auch zum Vater aller Judenchristen (Röm 4,9–12).

Literatur: J. Jeremias: Zur Gedankenführung in den paulinischen Briefen, in: *ders.:* Abba, 1966, 269ff. (spez. 271f.).

● Die Verheißung an Abraham, er und sein Same sollten Welterben sein, erging in der Kraft der Glaubensgerechtigkeit. Also sind die Glaubenden Abrahams Same (anders Gal 3,16: dort ist der »Same« messianisch gedeutet); die Verheißung ist nicht ans Gesetz gebunden (4,13–17a).

● Der Glaube Abrahams galt dem Gott, der die Toten lebendig macht. Daß Abraham die Verheißung »gegen Hoffnung in Hoffnung« festgehalten hat, wurde ihm zur Gerechtigkeit angerechnet. Dies wurde »um unsertwillen« in der Schrift festgehalten: »Im Patriarchen als Urbild des Glaubens ... meldet sich das dem göttlichen Heilsplan gemäße Gesetz der Endzeit« (E. Käsemann: An die Römer, 120). Dem Glauben Abrahams entspricht endzeitlich Glauben »an den, der auferweckt hat von den Toten unsern Herrn Jesus, welcher dahingegeben wurde um unserer Übertretungen willen und auferweckt um unserer Rechtfertigung willen« (Röm 4,17b–25).

Problemanzeige: Ob Paulus Abraham nur als geschichtloses Beispiel nennt (G. Klein) oder als Exponenten der Heilsgeschichte (Wilckens), wird heftig diskutiert. Einen Mittelweg schlägt E. Käsemann ein: »Rechtfertigung beseitigt nicht die Heilsgeschichte, entschränkt diese jedoch, indem sie den Zaun des Gesetzes niederreißt und

Heil nicht in einem Reservat beläßt. Sie zeigt, daß Gott mit der Welt handelt, nicht bloß mit den Frommen« (155).

Literatur: U. Wilckens: Die Rechtfertigung Abrahams nach Römer 4, in: *ders.:* Rechtfertigung als Freiheit, 1974, 33ff. – *G. Klein:* Römer 4 und die Idee der Heilsgeschichte, in: *ders.:* Rekonstruktion und Interpretation, 1969, 145ff. – *U. Wilckens:* Zu Römer 3,21-4,25. Antwort an G. Klein, in: Rechtfertigung als Freiheit, 50ff. – *E. Käsemann:* Der Glaube Abrahams in Röm 4, in: *ders.:* Paulinische Perspektiven, 1969, 140ff.

---

8. Welche Funktion hat der Abschnitt Röm 5,1–11?

Nachdem Paulus die Zornverfallenheit der gesamten Menschheit herausgestellt (1,18–3,20) und die große Wende durch die Offenbarung der Gottesgerechtigkeit allein aus Glauben angesagt hat (3,21–31), wie sie schon im Gesetz bezeugt ist (Abraham, Röm 4), bringt Röm 5,1–11 den Schluß vom geschehenen Heil auf das zukünftige Heil: »Wenn wir als Feinde mit Gott durch den Tod seines Sohnes versöhnt wurden, werden wir um so gewisser als Versöhnte durch dessen Lebensmacht gerettet werden« (5,10).

Problemanzeige: Röm 5,1 enthält eine der bekanntesten Varianten. Heißt es »wir haben Frieden mit Gott« (ἔχομεν) oder »laßt uns Frieden mit Gott haben« (ἔχωμεν)? Der Kohortativ, als ursprüngliche Lesart in Vaticanus und Sinaiticus und bei frühen Kirchenvätern bezeugt, wird von O. Kuß und E. Dinkler verteidigt, während der handschriftlich nicht so gut bezeugte Indikativ von O. Michel, E. Käsemann als allein dem paulinischen Gedankengang angemessen angesehen wird.

Literatur: O. Kuß: Der Römerbrief, 2. Aufl., 1963, 201f. – *E. Dinkler:* Frieden, RAC VIII, 463f. – *O. Michel:* Der Brief an die Römer, 12. Aufl., 1963, 130. – *E. Käsemann:* An die Römer, 124. – *E. Brandenburger:* Frieden im Neuen Testament, 1973, 51ff.

---

9. Adam und Christus in Röm 5

1. In welchem Sinn erfolgt die Gegenüberstellung?
2. Welchen Zweck hat sie im Zusammenhang des Römerbriefs?

● Adam ist der Mensch, durch dessen Sünde der Tod in die Welt kam. Er ist das Gegenbild (τύπος), der Typos des zukünftigen Menschen, Christus, der das Leben bringt. »Kosmisches Unheil und es weltweit durchbrechende und überbietende Gnade werden jeweils auf einen Schicksalsträger als zeitlichen und sachlichen Urheber zurückgeführt« (E. Käsemann: An die Römer, 134).

• Nachdem 5,1–11 einen logischen Schluß vom gegenwärtigen auf das künftige Heil gegeben hatte, wird durch 5,12–21 eine zweite Begründung mit Hilfe der Typologie gegeben.

Problemanzeige: Die letzten vier Worte von 5,12: (das Todesverhängnis geht auf alle Menschen) »weil alle sündigten« (ἐφ' ᾧ πάντες ἥμαρτον) wurden auf Grund der unrichtigen altlateinischen Übersetzung in quo omnes peccaverunt als Beleg für die Erbsündenlehre verwendet (seit Ambrosiaster und Augustin). Dazu O. Kuß: Der Römerbrief (siehe zu 8), 228ff.

Literatur: E. Brandenburger: Adam und Christus, 1962 – *U. Luz:* Das Geschichtsverständnis des Paulus, 1968, 193ff. – *H. Schlier:* Der Römerbrief, 1977, 179ff. (Exkurs: Adam bei Paulus).

---

10. Welche Auffassung von der Taufe erkennen wir aus Röm 6?

• Die Taufe bedeutet Anteilhabe am Geschick Jesu Christi: Mitsterben und Mitauferstehen. Die Taufe setzt den geschichtlichen Zusammenhang des Glaubenden mit Christus (6,3ff.)
• Die Taufe bedeutet Befreiung von der Macht der Sünde (6,6f.)
• In der Gegenwart sind wir mit Christus als dem Gekreuzigten verwachsen, während die Gleichgestalt mit dem Auferstandenen noch in der Zukunft liegt (vgl. die Futura in Vers 5 und 8!). Die Gegenwart ist durch die Möglichkeit des neuen Wandels bestimmt.
• Konsequenz aus dem Taufgeschehen: die Glaubenden sollen tot gegenüber der Sünde, aber lebendig für Gott sein (6,11).
• Diese Konsequenz wird in 6,12–23 eingehender entfaltet: Der von der Sündenmacht Befreite tritt in ein neues Dienstverhältnis zu Gott. Bedeutete das frühere heidnische Leben Versklavtsein unter die Sünde mit dem Tod als Ziel, so ist die Gegenwart des Getauften Dienst in der Gerechtigkeit mit dem ewigen Leben als Ziel.

Problemanzeige: Gegenüber dem herkömmlichen Schema: Rechtfertigung – Heiligung oder der idealistischen Formel »Werde, der du bist!« erkennt die Exegese heute zunehmend, daß der Indikativ der Heilsansage mit dem Imperativ zu einem der Gabe entsprechenden Verhalten zusammenfällt.

Literatur: G. Bornkamm: Taufe und neues Leben bei Paulus, in: *ders.:* Das Ende des Gesetzes, 4. Aufl., 1963, 44ff. – *O. Merk:* Handeln aus Glauben, 1968, 23ff.

---

11. Wie stellt Paulus das Problem des Gesetzes in Röm 7 dar?

● 7,1–6 begründet die Freiheit des Glaubenden vom Gesetz mit einem Vergleich aus dem bürgerlichen Recht: der Tod beendet lebenslang gültige Bindungen; ebenso beendet das Taufgeschehen die Gefangenschaft im Gesetz.

»Eingliederung in die Herrschaft Christi und totale Trennung von der des Gesetzes fallen zusammen« (E. Käsemann: An die Römer, 181). Weiterführende These: »Allein unter der Herrschaft des nach gängiger Anschauung in der Taufe verliehenen Geistes wird die Herrschaft des Gesetzes abgelöst und überwunden« (ebd. 183), wie Paulus mit der Antithese von Buchstabe und Geist (7,6) sagt.

● 7,7–13 handeln über den Zusammenhang von Gesetz und Sünde. Dabei unterscheidet Paulus zwischen ursprünglicher Intention und faktischer Funktion des Gesetzes: Das »heilige, gerechte und gute« Gesetz ist von der Macht der Sünde mißbraucht worden und wirkt daher als »Stachel der Sünde« und »Mittel des Betrugs zum Tod«. So erging es Adam und so ergeht es seither jedem Menschen. »Vor Christus wird ständig Adam wiederholt« (E. Käsemann, 189).

● 7,14–25 zeigt das Resultat: den unter die Sünde versklavten Menschen, der durch den Widerspruch zwischen Wollen und Handeln charakterisiert ist, der mit der Vernunft dem Gesetz Gottes, mit dem Fleisch jedoch dem Gesetz der Sünde dient, und darum nach Erlösung aus diesem Todesleib schreit.

Problemanzeige: Wen meint Paulus mit dem »Ich« in Röm 7? Frühere Auslegungen: es ist ein autobiographischer Rückblick; es ist Beschreibung der jüdischen oder der christlichen Existenz. Seit W. G. Kümmels grundlegender Arbeit ist als Erklärung weithin anerkannt, Paulus beschreibe vorchristliches Sein aus christlicher Sicht.

Literatur: W. G. Kümmel: Römer 7 und Das Bild des Menschen im Neuen Testament, Nachdruck 1974. – *R. Schnackenburg:* Römer 7 im Zusammenhang des Römerbriefes, in: Jesus und Paulus (FS W. G. Kümmel) 1975, 283ff.

12. Wie entfaltet Paulus die Freiheit des Geistes in Röm 8?

● Mit E. Käsemann gliedern wir Röm 8 in 4 Abschnitte:
Vers 1–11 behandeln christliches Leben als Sein im Geist
Vers 12–17 erläutern das als Stand in der Kindschaft
Vers 18–30 erläutern das als Hoffnung eschatologischer Freiheit
Vers 31–39 erläutern das als Überwindung.
● Der 1. Abschnitt stellt fest: nachdem das alte Gesetz außer Kraft gesetzt ist, herrscht jetzt das »Gesetz des Geistes«. Diese Entmachtung gründet in der Sendung des Sohnes als Sühnopfer. Der Geist Gottes steht im Gegensatz zum »Fleisch als der

Sphäre der Weltverfallenheit« (E. Käsemann, 215). Der Geist ist Unterpfand der Auferweckung von den Toten (8, 1–11).

● »Welche von Gottes Geist getrieben werden, die sind Söhne Gottes« (8,14). Als Kinder Gottes sind die Glaubenden auch Erben der künftigen Herrlichkeit; gegenwärtig allerdings haben wir mit Christus zu leiden (8,12–17).

8,15: Der aramäische Ruf »Abba«, Vater.

● Der Geist, den die Glaubenden erhielten, ist das Unterpfand für die volle Kindschaft, für die Erlösung des Leibes. Gegenwärtig kommt der Geist unserer Schwachheit zu Hilfe, indem er im Gebet für uns eintritt. Der Heilsratschluß Gottes, der uns zur Christusgemeinschaft vorherbestimmt hat, wird trotz aller Leiden ans Ziel kommen (8,18–30).

● Der abschließende Abschnitt 8,31–39 ist ein »Brennpunkt paulinischer Frohbotschaft«: Gott ist für uns, spricht uns gerecht; Jesus Christus ist für uns dahingegeben und ist als Auferweckter unser Fürsprecher vor Gott. Weder Bedrängnisse (Vers 35: Peristasenkatalog!) noch übermenschliche Kreaturen können uns von der Liebe Gottes in Christus Jesus trennen.

Problemanzeige: Röm 8 wurde in neuerer Zeit wiederholt unter traditionsgeschichtlichem Aspekt untersucht, wobei in unterschiedlicher Weise Traditionen rekonstruiert wurden, die Paulus interpretiert hat.

Literatur: H. R. Balz: Heilsvertrauen und Welterfahrung, 1971. *H. Paulsen:* Überlieferung und Auslegung in Römer 8, 1975. – *P. v. d. Osten-Sacken:* Römer 8 als Beispiel paulinischer Soteriologie, 1975. – *P. Fiedler:* Röm 8, 31–39 als Brennpunkt paulinischer Frohbotschaft, ZNW 68, 1977, 23ff.

13. Welche Grundgedanken bestimmen die Darlegung des »Problems Israels«?

● Wie schon in 3,1 angeklungen ist, hat Israel bestimmte heilsgeschichtliche Prärogativen: die Bundesschlüsse, den Kult und die Verheißungen – dennoch ist es von Gott getrennt. Sind also die Verheißungen hinfällig? (9,1–5).

● Dagegen stellt Paulus die Grundthese: »Nicht als wäre das Gotteswort hinfällig geworden« (9,6a).

● Einen ersten Beweis für diese These liefert die Überlegung, daß die Verheißung nicht automatisch allen leiblichen Nachkommen Abrahams gilt, sondern nur denjenigen, welchen der erwählende Ratschluß Gottes gilt. Schriftbeispiele: Ismael – Isaak und Esau – Jakob (9,6–13). Solche Gnadenwahl ist kein Unrecht, sondern das Recht des Schöpfers, der mit der Schöpfung verfahren kann wie der Töpfer mit dem Ton (9,14–23). Das konkrete Ziel der göttlichen Gnadenwahl ist die Kirche »nicht nur aus

Juden, sondern auch aus Heiden«, wobei von Israel nur ein »Rest« gerettet wird (Jes 10,23!) (9, 24–29).

● Die Verwerfung Israels ist jedoch nicht nur Ergebnis der göttlichen Verstockung, sondern zugleich Schuld: Israel hat die Gerechtigkeit nicht aus Glauben, sondern aus den Werken gesucht. Es ist am »Stein des Anstoßes«, dem Christus, gescheitert (9,30–33).

»Denn Christus ist des Gesetzes Ende zur Gerechtigkeit für jeden, der glaubt« (10,4). Ein Schriftbeweis (10,5–13) stellt Gesetz und Verheißung gegenüber. Israels Schuld besteht im Ungehorsam gegenüber der Predigt vom Glauben. Dabei hätte Israel an der Heidenbekehrung den Anbruch des Eschaton erkennen müssen (10,14–21).

● Eine endgültige Verwerfung seines erwählten Volkes Israel hat Gott dennoch nicht vollzogen: wie zur Zeit Elias ein »Rest« verschont wurde, so ist auch im gegenwärtigen Zeitpunkt ein »Rest« vorhanden, nämlich die Judenchristenheit. Die übrigen hat Gott verstockt (11,1–10). Diese gegenwärtige Verstockung Israels ermöglicht den Übergang des Heils zu den Heiden. So haben die Heidenchristen kein Recht zur Überheblichkeit gegenüber Israel, sind sie doch die wilden Zweige, die dem edlen Ölbaum eingepfropft wurden. Gott kann auch die abgehauenen Zweige wieder einpfropfen, wenn sie nicht im Unglauben verharren (11,11–24).

● Jetzt erst kommt, als Geheimnis (μυστήριον) eingeführt, die Ansage der Errettung ganz Israels. Dies wird durch einen Schriftbeweis gestützt und im Zusammenhang mit der Rechtfertigungslehre argumentierend dargelegt (11,25–32). Ein hymnischer Lobpreis Gottes (11,33–36) beschließt den Gedankengang.

Literatur: *E. Käsemann:* Paulus und Israel, in: *ders.:* Exegetische Versuche und Besinnungen II, 5. Aufl., 1975, 194ff. – *E. Dinkler:* Prädestination bei Paulus, in: *ders.:* Signum crucis, 1967, 241ff. – *L. Goppelt:* Israel und die Kirche, heute und bei Paulus, in: *ders.:* Christologie und Ethik, 1968, 165ff. – *Fr. Mußner:* »Ganz Israel wird gerettet werden« (Röm 11,26), in: Kairos, N. F. 18, 1976, 241ff.

---

14. Welche grundsätzlichen Gesichtspunkte gelten für das Verhalten des Christen im Alltag der Welt?

● Die Paränese ist nach Röm 12,1 Folgerung aus dem Vorhergehenden (sog. οὖν paraeneticum), in der Weise, »daß die Ermahnung auf dem Erbarmen Gottes beruht, auf seinem rechtfertigenden, erlösenden und erwählenden Handeln, wie es Paulus im ganzen bisherigen R(ö)m(erbrief), besonders auch in Rm 9–11 entfaltet hat« (O. Merk, 157).

● Die Glaubenden sollen sich selbst als »lebendiges Opfer« darbringen und ihr alltägliches Leben als »vernünftigen Gottesdienst« leben; mit dem in der Taufe erneuerten Denken sollen sie prüfen, was Gottes Wille ist (12,1f.).

● Eine grundsätzliche Zusammenfassung bietet noch 13,8–10: Das ganze Gesetz ist zusammengefaßt in dem Wort: Du sollst deinen Nächsten lieben wie dich selbst!
● Schließlich wird die Paränese auch eschatologisch motiviert: Die Nacht der alten Welt wird bald zu Ende gehen und der Tag der neuen Welt wird anbrechen. Daher sollen die Christen die Werke der Finsternis ablegen und die Waffen des Lichts anlegen (13,11–14).

Literatur: E. Käsemann: Gottesdienst im Alltag der Welt. Zu Römer 12, in: *ders.:* Exegetische Versuche und Besinnungen, II, 2. Aufl., 1965, 198ff. – *O. Merk:* Handeln aus Glauben, 1968, 157ff. – *A. Vögtle:* Röm 13,11–14 und die »Nah«-Erwartung, in: Rechtfertigung (FS E. Käsemann), 1976, 557ff.

15. Die Gnadengaben (Charismen)

1. Wie ist Einheit der Gemeinde trotz der unterschiedlichen Gaben gegeben?
2. Welche besonderen Charismen nennt Paulus?

● Die unterschiedlichen Charismen entsprechen dem von Gott zugeteilten Maß des Glaubens, dürfen daher kein Grund zur Überheblichkeit sein. Die Einheit der Gemeinde ist dadurch vorgegeben, daß die Vielen »ein Leib in Christus« sind, dessen einzelne Glieder unterschiedliche Funktion haben (12,3–6a).
● Die Charismen beziehen sich vornehmlich auf Verkündigung und Diakonie: Prophetie, Lehre, Seelsorge, Almosenverteilung, Gemeindeleitung. Die für Korinth so charakteristischen ekstatischen Charismen (1 Kor 12) fehlen hier; man könnte in den hier genannten »Archetypen späterer kirchlicher Einrichtungen« sehen (E. Käsemann: An die Römer, 328).

16. Wie sieht das Verhältnis der Glaubenden zu den politischen Gewalten aus?

● Grundsätzlich gilt das Gebot der Unterordnung, denn die Amtsträger sind von Gott eingesetzt (13,1), sind Diener und Beamte Gottes (13,4.6).
● Wer Gutes tut, erhält Lob, wer Böses tut, Strafe (13,3f.).
● Insbesondere ist es notwendig, die Steuer- und Zollzahlungen zu leisten (13,6 f.).
● Solche Unterordnung ist unabdingbar nicht nur wegen des »Zornes«(ὀργή, Strafgerichtsbarkeit), sondern auch um des »Gewissens« (συνείδησις) willen.

Problemanzeige: Wurde der Text vielfach als Grundlage einer christlichen Staatsmetaphysik angedeutet, so ist demgegenüber zu beachten:
1. Paulus bedient sich teilweise der hellenistischrömischen Verwaltungssprache (Strobel), teilweise alttestamentlich – jüdischer Überlieferungen (Schrage).

2. Die Paränese ist nicht zeitlos, sondern in die Situation der römischen Christenheit z. Zt. Neros hineingesprochen (Friedrich/Pöhlmann/Stuhlmacher).

Literatur: E. Käsemann: Römer 13 in unserer Generation, ZThK 56, 1959, 316ff. – *A. Strobel:* Zum Verständnis von Röm 13, in: ZNW 47, 1956, 67ff. – *W. Schrage:* Die Christen und der Staat nach dem Neuen Testament, 1971, 14ff.; 50ff. – *J. Friedrich. W. Pöhlmann und P. Stuhlmacher:* Zur historischen Situation und Intention von Röm 13,1–7, in: ZThK 73, 1976, 131ff. – *O. Cullmann:* Der Staat im Neuen Testament, 2. Aufl., 1961, 37ff.

17. Der Konflikt zwischen »Starken« und »Schwachen« in Rom

1. Worum geht es dabei?
2. Welche Grundsätze stellt Paulus zur Beilegung des Konflikts auf?

• Als Streitpunkte nennt Paulus Speisegebote (Enthaltung von Fleisch und Wein: 14,2.21) und Beachtung bestimmter Tage (14,5f.); die »Starken« halten sich nicht an diese Praktiken und verachten die »Schwachen« deshalb, während die »Schwachen« die »Starken« »verurteilen« (14,3). Da »die Auseinandersetzung in 15,7ff. in das Thema der Einheit der Christen aus Juden und Heiden einmündet« (E. Käsemann, 354), dürfte wohl dieser Gegensatz mit dem konkreten Problem zu tun haben.

• Die Antwort des Paulus ist vierfach gegliedert:

•• Zunächst fordert er die Starken zur Annahme der im Glauben Schwachen auf, die auch aus der Bindung an den gemeinsamen Herrn heraus handeln (14,1–12).

•• Dann warnt Paulus die Starken, ihre grundsätzlich anerkannte Position (»Alles ist rein« 14,20) rücksichtslos durchzusetzen: »wir jagen dem nach, was dem Frieden und der gegenseitigen Erbauung dient« (14,19).

•• Die Verpflichtung der Starken, die Schwächen der Schwachen zu tragen, wird durch Hinweis auf das Vorbild Christi bekräftigt (15,1–6). Dies wird durch Ps 69,10 belegt (15,3), und hieran schließt Paulus die wichtige hermeneutische Regel an: »Was immer zuvor geschrieben wurde, ist zu unserer Belehrung geschrieben ...« (15,4); vgl. 1 Kor 10,11.

•• Die gegenseitige Annahme entspricht der Annahme aller durch den Christus. »Daß Christus uns angenommen hat, bekundet sich zutiefst und in kosmischer Weite darin, daß Gott sich der Heiden erbarmte. Wo quer durch alles Irdische die Gottlosen zu Gotteskindern werden, kann nichts die Glieder der Gemeinde mehr unüberbrückbar trennen, ist gegenseitige Annahme unabweisbar ...« (E. Käsemann, 372).

18. Stellen Sie mit Hilfe einer griechischen Textausgabe das Problem des Römerbriefschlusses fest

- Die *Doxologie* 16,25–27 (»Dem aber, der euch stärken kann gemäß meinem Evangelium ... sei Ehre durch Jesus Christus von Ewigkeit zu Ewigkeit! Amen.«) hat unterschiedliche Positionen.
- Der Segenswunsch *Vers 24* ist nicht in allen Handschriften enthalten, fehlt insbesondere im Vaticanus und Sinaiticus.
- Marcion hat Kap. 15 und 16 gestrichen; sein Römerbrief endet bei 14,23.

Daraus ergeben sich folgende 6 Hauptformen:

a) 1,1–16,23 + Doxologie	p^{61}, Sin, B u. a.
b) 1,1–14,23 + Doxologie + 15,1–16,23 + Doxologie	A u. a.
c) 1,1–14,23 + Doxologie + 15,1–16,24	Koine
d) 1,1–16,24	F G u. a.
e) 1,1–15,33 + Doxologie + 16,1–23	p^{46}
f) 1,1–14,23 + 16,24 + Doxologie	Vulgatahandschriften

Problemanzeige: Weitere Fassungen des Röm-Schlusses in Minuskelhandschriften nennt K. Aland, 46f.

Die öfters geäußerte These, Röm 16 sei ursprünglich ein selbständiges Empfehlungsschreiben gewesen, ist schon textkritisch unhaltbar.

Denn Kap. 16 ist entweder zusammen mit Kap. 15 ausgelassen oder mit ihm zusammen überliefert!

Literatur: B. M. Metzger: A Textual Commentary on the Greek New Testament, 1971, 533ff. – *K. Aland:* Glosse, Interpolation, Redaktion und Komposition in der Sicht der neutestamentlichen Textkritik, in: *ders.:* Studien zur Überlieferung des Neuen Testaments und seines Textes, 1967, 35ff.

15. Der Philipperbrief

1. Skizzieren Sie den Aufbau des Phil

1,1f.: Präskript: Paulus und Timotheus grüßen alle Heiligen zusammen mit Bischöfen und Diakonen
1,3–11: Danksagung und Fürbitte
1,12–26: Paulus berichtet über seine Gefangenschaft
1,27–2,18: Ermahnungen an die Gemeinde, besonders zur Einigkeit
        2,6–11: der vorpaulinische Christushymnus
2,19–24: Empfehlungsschreiben für Timotheus
2,25–30: Die Rückkehr des Epaphroditus nach Philippi
3,1: Mahnung zur Einigkeit
3,2–4,1: Polemik gegen Irrlehrer
4,2–9: Mahnungen zur Einigkeit und Freude; Friedenswunsch
4,10–20: Dank des Paulus für eine Gabe der Philipper
4,21–23: Schlußgrüße.

2. Was erfahren wir über die persönliche Lage des Paulus?

• Paulus ist gefangen, er erwartet seinen Prozeß und ist über dessen Ausgang im ungewissen (1,12ff.).
• Am Ort der Gefangenschaft (Cäsarea? Rom? Ephesus?) gibt es Leute, die Christus aus unlauteren Motiven verkündigen, die von Mißgunst und Rivalität gegen Paulus erfüllt sind. Andererseits hat seine Gefangenschaft der Sache des Evangeliums auch Förderung gebracht (1,15ff.).
• Paulus würde zwar lieber sterben »und mit Christus sein«, aber um der Gemeinde willen hält er es für besser, am Leben zu bleiben (1,21ff.).
• Paulus kündigt an, er werde Timotheus nach Philippi senden, sobald er seine Lage überblickt. Er empfiehlt ihn als seinen uneigennützigsten Mitarbeiter (2,19–24).
• Die Philipper hatten Paulus durch Epaphroditus eine Gabe überbringen lassen. Epaphroditus sollte bei Paulus bleiben, war aber erkrankt und hatte Heimweh; so schickt Paulus ihn vorzeitig zurück (2,25–30).

3. Was erfahren wir über die Lage der Gemeinde?

• Nach 1,27–30 ist die Gemeinde von Widersachern bedrängt, ähnlich wie Paulus. Das heißt, es ist an Verfolgung durch Juden oder Heiden zu denken. Paulus mahnt zur Einmütigkeit nach außen.

● Nach 2,1–4 scheint auch im Inneren keine volle Einmütigkeit zu herrschen: Streitsucht, Prahlerei, Eigennutz werden angesprochen. Ein konkretes Beispiel wird in 4,2f. genannt, der Streit zweier weiblicher Gemeindeglieder. Insgesamt aber ist diese Mahnung freudig gestimmt (Vers 2: »macht meine Freude voll«).
● Völlig unvorbereitet erfolgt in 3,2ff. eine scharfe Polemik gegen »Hunde, schlimme Arbeiter, Zerschneidung«. Hier geht es nicht mehr um einen des Evangeliums würdigen Wandel, sondern um Irrlehrer, die die Gemeinde bedrohen.

Problemanzeige: Der in 3,2 feststellbare Wechsel im Ton und in der vorauszusetzenden Situation hat immer wieder zu Teilungshypothesen geführt. Man könnte in der Tat 3,2–4,1 gut als Teil eines später geschriebenen »Kampfbriefes« verstehen (so mit unterschiedlichen Abgrenzungen Schmithals, Friedrich, Köster und Baumbach; siehe Literatur zu Frage 5). Darüber hinaus nimmt Schmithals mit anderen an, 4,10–23 sei ein ursprünglich selbständiges Dankschreiben gewesen. Die Einheitlichkeit des Phil verteidigen G. Delling (s. zu 5) und W. G. Kümmel, Einleitung in das NT, 18. Aufl., 1976, 291ff.

4. Phil 2,6–11 wird oft als Christushymnus angesehen, den Paulus übernommen hat

1. Stellen Sie die wesentlichen Aussagen des Textes fest.
2. Fallen Ihnen Begriffe oder Aussagen auf, die unpaulinisch wirken?
3. Mit welcher Absicht hat Paulus diesen Hymnus zitiert?

● Folgende wesentlichen Aussagen sind zu erheben:
●● Der Text beginnt mit Präexistenz und Menschwerdung des Christus Jesus (Vers 6.7a).
●● Das irdische Leben ist ein Weg des Gehorsams bis zur tiefsten Erniedrigung im Tod am Kreuz (Vers 7b.8)
●● Aufgrund des Gehorsams wird er von Gott über alles Maß erhöht und zum Herrn über alles eingesetzt (Vers 9–11).
● Als unpaulinisch sind folgende Aussagen anzusehen:
●● Daß Jesus gottgleich sei (anders 1 Kor 15,28)
●● Die Bezeichnung Jesu als Knecht (δοῦλος)
●● Das Verb κενοῦν (sich entäußern) bedeutet bei Paulus sonst »vernichten, entleeren«.
●● Die Auferweckung ist sonst bei Paulus der Wendepunkt, der Begriff »erhöhen« fehlt.
●● Ungewöhnlich ist auch, daß Jesus als Empfänger einer Gabe Gottes genannt wird (χαρίζεσθαι).
● Der Hymnus steht im Kontext der Ermahnung zur Demut und gegenseitigen

Annahme als Begründung. Wie diese Begründung gemeint ist, läßt der nicht ganz deutlich formulierte Überleitungssatz Vers 5 erkennen. Zwei Übersetzungsmöglichkeiten werden hauptsächlich angeboten:

●● »Seid untereinander so gesinnt wie auch Jesus Christus (gesinnt war)«
●● »Das sinnet untereinander, was auch in Christus Jesus (zu sinnen sich schickt)«.

Wird bei der ersten Auffassung das Beispiel Jesu Christi betont (zuletzt R. Deichgräber), so will die zweite eine bloße Vorbildchristologie überwinden und das geforderte Verhalten aus der Christuszugehörigkeit ableiten (E. Käsemann).

Literatur: E. Lohmeyer: Kyrios Jesus, 1927 (Nachdruck 1961). – *E. Käsemann:* Kritische Analyse von Phil 2,5–11, in: *ders.:* Exegetische Versuche und Besinnungen I, 4. Aufl., 1965, 51ff. – *R. Deichgräber:* Gotteshymnus und Christushymnus in der frühen Christenheit, 1967, 118ff.; 189ff. – *E. Schweizer:* Erniedrigung und Erhöhung bei Jesus und seinen Nachfolgern, 2. Aufl., 1962, 93ff. – *O. Hofius:* Der Christushymnus Philipper 2,6–11, 1976.

---

5. Wie kennzeichnet Paulus die Irrlehre, die in Philippi eingedrungen ist?

● Um eine Irrlehre handelt es sich nur in Kap. 3. 3,2 werden drei polemische Schlagwörter verwendet:

●● »Hunde«: kann auf wütende Verfolgertätigkeit, Gier, sexuelle Sünden oder Unwissenheit in der Schrift hinweisen.

●● »Böse Arbeiter«: vgl. 2 Kor 11,13 »heimtückische Arbeiter«, also Bezeichnung christlicher Missionare, deren Tätigkeit Paulus radikal ablehnt.

●● »Zerschneidung«: Wohl eine ironische Anspielung auf die Beschneidungsforderung, die die Irrlehrer erhoben. Das wird durch Vers 3 bestätigt: Paulus beansprucht einen spiritualisierten Beschneidungsbegriff, den er gegen das »Vertrauen auf das Fleisch« setzt.

● Daß die Gegner Judenchristen sind, geht auch aus der Tatsache hervor, daß Paulus seine eigene Biographie zitiert, um die Gegner ad absurdum zu führen (Vers 4b–7). Sein eigener Lebenslauf zeigt: Christus und das Gesetz sind zwei einander ausschließende Wege. Was von jüdischer Warte aus »Gewinn« ist, ist von christlicher Warte aus »Verlust«, ja »Kehricht« (3,8).

● In 3,12–19 tauchen neue Stichworte auf:

●● »Vollkommen« (τέλειος): Paulus weist diesen Anspruch zurück; also entstammt er der Sprache der Irrlehrer. In welcher Hinsicht sie Vollkommenheit beanspruchen, sagt Paulus nicht.

●● Die Irrlehrer wandeln als Feinde des Kreuzes Christi (3,18)

●● Die Gegner trachten »nach Irdischem«, »ihr Gott ist ihr Bauch« (3,19) – wohl ein Hinweis darauf, daß die kultischen Speisegebote bei ihnen eine Rolle spielen.

Problemanzeige: Die nähere Bestimmung der Irrlehre ist schwierig. Man hat sogar zwei Fronten vermutet: in 3,2ff. polemisierte Paulus gegen Juden, in 3,17ff. gegen libertinistische Christen (Delling); oder: Paulus wehre sich sowohl gegen ein jüdisch-gesetzliches als auch gegen ein hellenistisch-libertinistisches Mißverständnis seines Evangeliums (Baumbach). Meist nimmt man jedoch eine einheitliche Gegnerschaft an, die man als Judenchristen (Friedrich) oder Gnostiker (Schmithals) oder judenchristliche Gnostiker (Köster) näherhin zu bestimmen versucht.

Literatur: G. Delling: Art. Philipperbrief, RGG 3. Aufl., Bd. 5, 333ff. – *G. Friedrich:* Der Brief an die Philipper, in: NTD 8, 14. Aufl., 1976, 131ff.; 158ff. – *W. Schmithals:* Paulus und die Gnostiker, 1965, 47ff. – *H. Köster:* The Purpose of the Polemic of a Pauline Fragment, NTS 8, 1961/62, 317ff. – *G. Baumbach:* Die von Paulus im Philipperbrief bekämpften Irrlehrer, in: K.-W. Tröger (Hg.): Gnosis und Neues Testament, 1973, 293ff.

6. Wie argumentiert Paulus gegen die Irrlehre?

● Gegen die Beschneidungsforderung argumentiert Paulus mit der Überlegung, sie stelle ein »Sich-verlassen auf Fleisch« dar, während der Christ vom Geist Gottes bestimmt ist und sich in Christus Jesus rühmt (3,3). Dasselbe wird durch die Alternative »eigene Gerechtigkeit aus dem Gesetz« – »Gerechtigkeit aus Gott aufgrund des Glaubens« (3,9) gesagt.
● Paulus tritt mit seiner ganzen Existenz für die Richtigkeit dieser Alternative ein: Er hätte auf die fleischlichen Vorzüge (Abstammung, Beschneidung, untadelige Gesetzeserfüllung) vertrauen können, aber um des Christus willen verzichtet er darauf und hält das alles für Verlust, ja sogar für »Kehricht« (3,4–8).
● Gegenüber dem Vollkommenheitsbewußtsein der Gegner macht Paulus eine andersartige Beurteilung der christlichen Existenz geltend:
Der Christ ist nie am Ziel, sondern gleicht dem Läufer in der Kampfbahn (3,12–16).
● Auch dafür ist die Existenz des Apostels beispielhaft; daher fordert er die Gemeinde auf, sie solle ihn nachahmen und diejenigen, die schon seine Nachahmer sind (3,17).
● Schließlich verweist Paulus auf die gemeinsame christliche Hoffnung, die auf den Retter Jesus Christus wartet (3,20f.; sehr wahrscheinlich zitiert Paulus hier ein Lied der Gemeinde).

Literatur: J. Becker: Auferstehung der Toten im Urchristentum, 1976, 106ff.

7. Die Danksagung für die Gabe der Philipper

1. Wie beurteilt Paulus diese Gabe?
2. Wie steht Paulus grundsätzlich zur Unterstützung durch die Gemeinde?

● Paulus freut sich über die Fürsorge der Philipper in seiner »Bedrängnis«. Allerdings ist nicht die Gabe an sich wichtig; denn Paulus hat gelernt, genügsam (αὐτάρκης) zu sein (4,10–14). Wesentlich ist ihm, daß die Philipper selbst durch diese Handlung »Frucht« haben, daß die Gabe letztlich Gott selbst gilt (4,17–19).

»Der Dank wird abgestattet, aber in einer Weise, daß Paulus zwar als der Beschenkte erscheint, den Philippern aber dabei klar gemacht wird, daß sie, so handelnd, im eigentlichen Sinn die Beschenkten sind. Auch der Dank wird zur Lehre, zur Paraklese, die menschliche Bezüge mit christlicher Sinngebung erfüllt.« (J. Gnilka: Der Philipperbrief, 1968, 172f.)

● Paulus betont, daß er normalerweise keine Unterstützung von den Gemeinden annimmt (4,15; vgl. 1 Kor 9), allein die Philipper standen mit ihm in einem Verhältnis gegenseitigen Gebens und Nehmens.

8. Welche eschatologische Erwartung spricht Paulus in Phil 1,23 aus? Vergleichen Sie diese Aussage mit anderen paulinischen Äußerungen zum Thema.

● Paulus erwägt in Phil 1,21–24 sein künftiges Geschick: Einerseits möchte er um der Gemeinde willen weiterleben, andererseits wünscht er »aufzubrechen und mit Christus zu sein«. Hier scheint Paulus zu erwarten, er werde gleich nach seinem Tod zur vollen Christusgemeinschaft gelangen.

● Im ältesten Paulusbrief ist vorausgesetzt, daß die vor der Parusie verstorbenen Christen erst am Tag der Wiederkunft Christi auferweckt und dann mit dem Herrn vereinigt werden (1 Thess 4,13–17). Ebenso wird in 1 Kor 15,23 die Auferstehung der Toten bei der Parusie erwähnt.

Problemanzeige: Ist die Besonderheit der Erwartung in Phil 1,23 dadurch bedingt, daß Paulus im Falle seines Märtyrertodes eine Sonderstellung annimmt (so zuletzt Becker), oder ist mit einer grundsätzlichen Entwicklung im eschatologischen Denken des Paulus zu rechnen (Hunzinger)?

Literatur: J. Becker: (siehe zu 6.), 42ff. – *C.-H. Hunzinger:* Die Hoffnung angesichts des Todes im Wandel der paulinischen Aussagen, in: Leben angesichts des Todes (FS H. Thielicke) 1968, 69ff.

9. Welche eschatologische Erwartung wird in Phil 3,20f. ausgesprochen?

Die Christen haben ihr Bürgerrecht im Himmel, leben aber noch in einem »Leib der Niedrigkeit«. Der erhöhte Christus jedoch wird vom Himmel her kommen und den Leib der Niedrigkeit in einen Leib der Herrlichkeit verwandeln, wie er auch die Kraft hat, sich das All zu unterwerfen.

Gegenüber 1 Kor 15 fällt auf, daß Christus hier der Handelnde ist, daß eine zeitliche Bestimmung der Unterwerfung des Alls (nicht nur der Mächte!) fehlt und daß Gottes Souveränität nicht mehr ausgesagt wird (dagegen 1 Kor 15,28).

Literatur: J. Becker: (siehe Lit. zu 6.).

16. Der Philemonbrief

1. Welches ist der Anlaß des Philemonbriefes?

Der Sklave Onesimus ist seinem christlichen Herren Philemon entlaufen, hat Kontakt zu dem gefangenen Paulus genommen und sich zum Glauben bekehren lassen. Paulus schickt ihn zu seinem Herrn zurück. »Der Phlm stellt eine Art von Geleitbrief für den Heimkehrer dar ... Da Paulus nicht nur um die Aufnahme des Onesimus in die Hausgemeinde des Philemon bittet, sondern sich in Vers 19 auch noch ausdrücklich bereit erklärt, eventuelle Schadenersatzansprüche selbst abzudecken, durfte Onesimus trotz des ihm zugemuteten Wagnisses der Rückkehr auf gutes Gehör bei Philemon hoffen« (P. Stuhlmacher: Der Brief an Philemon, 1975, 23).

2. Man hat darüber gestritten, ob der Philemonbrief ein bloßer Privatbrief oder ein »apostolisches Schreiben« sei. Wie ist dies zu beurteilen?

• Phlm ist formal wie die anderen Paulusbriefe aufgebaut.
Vers 1–3: Präskript
Vers 4–7: Danksagung und Fürbitte
Vers 8–20: Briefcorpus
Vers 21–25: Schlußgrüße, Segenswunsch.
• Als Adressat ist nicht nur Philemon, sondern die ganze Hausgemeinde angesprochen, damit ist der Fall der Privatsphäre entnommen.
• Zwar vermeidet Paulus den Gebrauch des Aposteltitels und verzichtet darauf, dem Philemon zu gebieten, was seine Pflicht ist (Vers 8). Aber er erwartet doch »Gehorsam« (Vers 21).
Dies alles spricht dafür, auch Phlm als apostolisches Schreiben anzusehen.

> *Literatur: U. Wickert:* Der Philemonbrief – Privatbrief oder apostolisches Schreiben? ZNW 52, 1961, 230ff.

3. Im Kommentar von P. Stuhlmacher ist ein Empfehlungsbrief des jüngeren Plinius für einen flüchtigen Freigelassenen in deutscher Übersetzung abgedruckt. Vgl. Sie damit den Phlm und stellen Sie die entscheidenden Unterschiede zwischen christlichem und heidnischem Fürbittbrief heraus.

• Plinius appelliert an die Milde des Herrn, seine frühere Liebe zum Entlaufenen, dessen Jugend und Reue; schließlich auch daran, daß der Adressat sich durch seinen Zorn selbst quälen würde.

• Paulus dagegen läßt die menschliche Seite im Hintergrund. Er appelliert an die Liebe des Onesimus für alle Christen und den Glauben an den Herrn Jesus (Vers 5) – die Teilhabe am Glauben soll sich auswirken in der Erkenntnis alles Guten (Vers 6). Da Onesimus inzwischen Christ geworden ist, ist auch nicht bloß eine Wiederherstellung des alten Verhältnisses geboten: Philemon soll ihn als »geliebten Bruder« aufnehmen (Vers 16).

Vielleicht deutet Paulus sogar an, Philemon solle den Onesimus für die Missionsarbeit freistellen (so P. Stuhlmacher, anders z. B. A. Suhl).

Literatur: P. Stuhlmacher: Der Brief an Philemon, 25ff. – *A. Suhl:* Der Philemonbrief als Beispiel paulinischer Paränese, in: Kairos, N. F. 15, 1973, 267ff.

17. Zusammenfassende Fragen zu den unbestrittenen Paulusbriefen

1. Welche Selbstbezeichnungen verwendet Paulus?

Apostel   Röm 1,1   1 Kor 1,1   Gal 1,1
Diener Jesu Christi   Röm 1,1   1 Kor 4,1   Phil 1,1
Priester   Röm 15,16
Verwalter der Geheimnisse Gottes   1 Kor 4,1
Gefangener Jesu Christi   Phlm 1
Vater (der Gemeinde)   1 Kor 4,15   1 Thess 2,11

2. Was erfahren wir über die Mitarbeiter des Paulus?

● Timotheus war der Paulus am nächsten stehende Mitarbeiter. Er wird als Mitabsender des 1 Thess, 2 Kor, Phil und Phlm genannt; 2 Kor 1,19 nennt ihn als Mitarbeiter bei der Missionierung Makedoniens, Phil 2,19–25 rühmt Paulus seine bewährte Treue. Er ist wiederholt als Abgesandter des Paulus eingesetzt worden (1 Thess 3; 1 Kor 4,17; 16.10f.; Phil 2,19).

● Titus, ein Heidenchrist (Gal 2,3), war schon als Begleiter beim Apostelkonvent dabei (Gal 2,1–10). Nach dem verunglückten »Zwischenbesuch« des Paulus in Korinth (2 Kor 2,1–7) überbringt er den »Tränenbrief« (2 Kor 7,13–15), auf den hin die Korinther sich besinnen. Weiterhin ist er Überbringer des »Kollektenbriefs«, 2 Kor 8.

● Kurze Zeit war der aus Philippi stammende Epaphroditus Mitarbeiter des Paulus (Phil 2,25–30). Er wird von Paulus vorzeitig nach Hause geschickt.

● Silvanus, Mitabsender des 1 Thess, war Mitarbeiter bei der Missionierung Makedoniens (2 Kor 1,19).

● Prisca und Aquila, ein judenchristliches Ehepaar aus Rom, das in Korinth eine Hausgemeinde hatte (Röm 16,3; 1 Kor 16,19); sie haben für Paulus in einer uns unbekannten Situation das Leben riskiert.

● Ein sonst unbekannter Tertius wird als Schreiber des Röm genannt (Röm 16,22); auch andere Briefe hat Paulus diktiert (vgl. 1 Kor 16,21; Gal 6,11).

● Stephanas und seine Familie waren die ersten Christen in Achaja und spielten in der korinthischen Gemeinde eine wesentliche Rolle (1 Kor 1,16; 16,15).

● Ein bedeutender Missionar war Apollos, der in Korinth eine größere Personalgemeinde um sich scharte (1 Kor 1,12; 3,22). Später wirkte er in Ephesus (1 Kor 16,12). Paulus unterstreicht stark seine Übereinstimmung mit Apollos (1 Kor 3,4–8; 4,6); wahrscheinlich hat aber Apollos unabhängig von Paulus gewirkt.

• Aus der Grußliste des Röm (Röm 16) erfahren wir noch mehrere Namen, die aber kaum konkrete Gestalt gewinnen.

Literatur: E. E. Ellis: Paul and His Co-Workers, NTS 17, 1970/71, 437ff.

---

3. Was erfahren wir aus den Paulusbriefen über die Urapostel?

• Eine größere Rolle spielt Petrus, der fast immer mit seiner aramäischen Namensform Kephas genannt wird: Aus dem vorpaulinischen Überlieferungsstück 1 Kor 15,3ff. erfahren wir, daß der Auferstandene zuerst dem Kephas erschien. Kephas war der erste Jerusalemer, mit dem Paulus 3 Jahre nach seiner Berufung Kontakt aufnahm (Gal 1,18). Z. Zt. des Apostelkonvents war Kephas noch unter den »Säulen« der Urgemeinde (Gal 2,9); er galt als der herausragende Judenmissionar (Gal 2,7f.). Beiläufig hören wir, daß Kephas auf seinen Missionsreisen von seiner Frau begleitet wurde (1 Kor 9,5). Zwischen Paulus und Petrus gab es einen heftigen Konflikt in Antiochien (Gal 2,11ff.).
• Der Herrenbruder Jakobus wird in der vorpaulinischen Überlieferung 1 Kor 15,3ff. als Empfänger einer Vision des Auferstandenen genannt (1 Kor 15,7).
Paulus hat ihn bei seinem ersten Jerusalembesuch gesehen (Gal 1,19). Auf dem Apostelkonvent gehörte er zu den »Säulenaposteln« (Gal 2,9). Der antiochenische Konflikt wurde durch Gesandte des Jakobus ausgelöst (Gal 2,11).
• Johannes gehört z. Zt. des Apostelkonvents zu den »Säulen« (Gal 2,9); sonst wird er nicht erwähnt.

4. Stellen Sie zusammen, was Paulus über seine vorchristliche Zeit sagt

• Wichtigste Texte: Gal 1,13f.; Phil 3,4–6.
• Paulus war rein jüdischer Herkunft (2 Kor 11,22; Phil 3,5), schloß sich dem Pharisäismus an (Phil 3,5) und war von besonderem Gesetzeseifer beseelt (Gal 1,14).
Noch im Phil betont er, daß seine Gesetzesgerechtigkeit »untadelig« gewesen sei (Phil 3,6). Daher hat er die Kirche Gottes verfolgt und auszurotten gesucht (Gal 1,13; Phil 3,6; 1 Kor 15,9).
• Die Wende kam – biographisch unvorbereitet – durch eine Offenbarung des Sohnes Gottes (Gal 1,15), die zu einer Umwertung aller Werte führte (Phil 3,7).

Problemanzeige: Die Apg bringt zusätzliche Einzelheiten (Apg 22,3: Paulus stammt aus Tarsus in Kilikien, ist aber in Jerusalem aufgewachsen und war Schüler Rabbi Gamaliels), die zutreffend sein mögen.

Literatur: G. Bornkamm: Paulus, 1969, 27ff.

5. Erklären Sie die folgenden Begriffe und nennen Sie jeweils ein Beispiel

1. Peristasenkatalog   2. Lasterkatalog
3. Eulogie   4. Doxologie

- Ein Peristasenkatalog ist eine katalogartige Aufzählung von Unglücksfällen und Bedrängnissen, z. B. 2 Kor 4,9–11; 6,4–10; 11,23–29.
- Ein Lasterkatalog ist eine katalogartige Aufzählung von Lastern, z. B. 1 Kor 6,9f.; Gal 5,19-21; Röm 1,29-31.
- Eulogie nennt man einen Lobpreis Gottes, z. B. 2 Kor 1,3ff.
- Doxologie ist eine meist kürzere Formel, mit der Gott die Ehre gegeben wird, z. B. Röm 1,25; 9,5; 11,36; 16,25–27; Gal 1,5; 2 Kor 11,31.

6. Wo beruft sich Paulus auf Jesusworte?

- In 1 Thess 4,15–17 schildert er die Endereignisse unter Berufung auf ein »Wort des Herrn«.
- In 1 Kor 7,10 zitiert Paulus das Scheidungsverbot Jesu (vgl. Mk 10,9.11f.; Mt 5,32).
- 1 Kor 9,14 verweist auf das Wort aus der lukanischen Aussendungsrede »Wer arbeitet, hat Anspruch auf Lohn« (Lk 10,7).

> *Literatur: K. Wegenast:* Das Verständnis der Tradition bei Paulus und in den Deuteropaulinen, 1962, 104ff.

7. Vergleichen Sie die Darstellungen des Apostelkonvents aus paulinischer und lukanischer Sicht

	Galaterbrief	Apostelgeschichte
Vorgeschichte	–	15,1 f.: Judäische Christen treten in Antiochien mit der Beschneidungsforderung für Heidenchristen auf; Paulus und Barnabas geraten in heftige Auseinandersetzung mit ihnen
Veranlassung zum Gang nach Jerusalem	2,1: eine Offenbarung	15,2: ein Beschluß der antiochenischen Gemeinde

	Galaterbrief	Apostelgeschichte
Jerusalemer Teilnehmer am Konvent	2,6: die »Angesehenen« 2,9: die »Säulen«: Jakobus, Kephas, Johannes	15,2: Apostel und Älteste 15,7: Petrus 15,13: Jakobus
Teilnehmer auf seiten des Paulus	2,1: Paulus, Barnabas, Titus	Paulus, Barnabas
keine Beschneidungsforderung gegenüber Titus	2,3	–
Äußerungen von seiten des Paulus	2,2: Paulus legt sein Evangelium vor, wie er es unter den Heiden verkündigt	15,4: Paulus und Barnabas berichten von allem, was Gott an ihnen getan hatte 15,12: Barnabas und Paulus erzählen, welche Zeichen und Wunder Gott durch sie unter den Heiden getan hat
Petrusrede zugunsten der Heidenchristen	–	15,7 ff.
Widerstände gegen die Einigung	2,4: »eingeschlichene Falschbrüder«	15,5: gläubig gewordene Pharisäer
Jakobusrede	–	15,13 ff.
Auflagen für Paulus	2,6 keine	15,19 f.: Aposteldekret
Ergebnis	2,7: Bestätigung der Berufung des Paulus zur Heidenmission 2,9: Trennung der Missionsgebiete	15,19 f.: Heidenchristen müssen sich nicht beschneiden lassen, sondern nur die Minimalforderungen des Aposteldekrets halten
Kollekte für die Armen	2,10	–

Literatur: Fr. Mußner: Der Galaterbrief, 2. Aufl., 1974, 127ff. - *G. Bornkamm:* Paulus, 1969, 52ff.

8. Stellen Sie die Äußerungen des Paulus zur »Kollekte« zusammen

● Die Kollekte entsprach einer Vereinbarung des Apostelkonvents: Paulus und seine Gemeinden sollten sich der »Armen« annehmen (Gal 2,10).

● In 1 Kor 16,1–4 wird die Kollekte »für die Heiligen« empfohlen und Jerusalem als ihr Bestimmungsort angegeben.

● In dem Kollektenbrief 2 Kor 8 wird vom »Gnadenwerk und Dienst für die Heiligen« gesprochen und der Aspekt des Ausgleichs (ἰσότης) zwischen arm und reich stark betont.

● Im Kollektenbrief 2 Kor 9 wird der »Dienst für die Heiligen« unter dem Aspekt des Segens für die bedürftigen Empfänger, aber auch für die fröhlichen Geber gesehen:

»Wenn nämlich dieser Dienst gelingt, dann preisen sie (die »Heiligen« der Urgemeinde) Gott dafür, daß ihr dem Bekenntnis zur Christusbotschaft gehorsam geworden ... seid« (2 Kor 9,13). Hier wird erstmals das Problem der Kircheneinheit angesprochen, das offenbar mit der Kollekte verbunden ist.

● Röm 15,25ff., geschrieben auf dem Weg nach Jerusalem, zeigt diesen ekklesiologischen Aspekt der Kollekte nochmals: Die Heidenchristen haben an geistlichem Gut von den Judenchristen empfangen, also müssen sie ihnen mit irdischem Gut »dienen« (λειτουργεῖν) (15,27). Paulus bittet die Römer um Fürbitte zu Gott, daß der Dienst für Jerusalem den Heiligen dort willkommen sein möge (15,30f.). Wenn es sich um eine reine Liebesgabe gehandelt hätte, wären Zweifel an deren Annahme wohl nicht nötig gewesen. Ging es aber um Einheit der Kirche aus Juden und Heiden, ist nach den mancherlei Auseinandersetzungen seit dem Apostelkonvent der Zweifel des Paulus berechtigt.

Literatur: D. Georgi: Die Geschichte der Kollekte des Paulus für Jerusalem, 1965. - *E. Käsemann:* An die Römer, 3. Aufl., 1974, 384ff.

9. Paulus spricht häufig vom »Fleisch«

1. In welchen Zusammenhängen tut er das?
2. Wie ist das Verhältnis von Fleisch und Geist zu sehen?

●● »Fleisch« (σάρξ) bezeichnet im alttestamentlich-jüdischen Sinne die Leiblichkeit des Menschen (1 Kor 1,29; 5,5; Gal 4,13f.; 6,12; Röm 6,19; 11,14; 13,14 u. ö.). Als Bezeichnung des Irdisch-Natürlichen kann »Fleisch« ebenso stehen (1 Kor 7,28;

15,39; Röm 2,28f.) wie »im Fleisch« (ἐν σαρκί Gal 2,20; 2 Kor 10,3; Phil 1,22.24; Philem 16) und »dem Fleisch nach« (κατὰ σάρκα 1 Kor 1,26; 10,18; Röm 4,1; 9,3.5 u. ö.).

•• Neben dieser neutralen Verwendung steht eine negativ bestimmte: »Fleisch« ist die Sphäre der Vergänglichkeit (Gal 3,3; 5,13.16f. 19.24; 6,8; Röm 7,5.18.25; 8,3.8f.; Phil 3,3f.).

•• Mehr noch: »Fleisch« ist für Paulus eine Macht, die den Menschen versklavt: Gal 5,17; Röm 7,14; 8,12f. u. ö. In diesem Sinn spricht Paulus vom »Wandeln nach dem Fleisch« (κατὰ σάρκα περιπατεῖν 2 Kor 10,2; Röm 8,4); oder vom »Sich-Rühmen-nach-dem-Fleisch« (2 Kor 11,18). In diesem Zusammenhang gehört auch »Erkennen nach dem Fleisch« (2 Kor 5,16), womit Paulus die falsche vorchristliche Beurteilung Jesu Christi ablehnt.

•• Gelegentlich ist das Begriffspaar »Fleisch–Geist« anthropologisch gebraucht (1 Kor 5,5; 2 Kor 7,1).

•• Wichtiger ist die antithetische Verwendung beider Begriffe: »Fleisch« ist Sphäre des Vergänglichen, der bösen Taten, während »Geist« die Sphäre Gottes ist, zu der ewiges Leben und gute Taten gehören. Beide Sphären liegen miteinander im Streit (Gal 5,16ff.; Röm 8,4ff.).

Literatur: E. Brandenburger: Fleisch und Geist. Paulus und die dualistische Weisheit, 1968.
– *A. Sand:* Der Begriff Fleisch in den paulinischen Hauptbriefen, 1967.

18. Der 2. Thessalonicherbrief

1. Wie ist 2 Thess aufgebaut?

1,1–2: Präskript

1,3–12: Danksagung für das Ausharren in Verfolgungen, Ansage des Gerichts über die Bedränger und Fürbitte für die Gemeinde

2,1–12: Der Tag des Herrn steht noch nicht unmittelbar bevor

2,13–17: Die Gewißheit der Errettung

3,1–5: Aufforderung zur Fürbitte für Paulus und die Mission

3,6–16: Aufforderung zur Kirchenzucht gegenüber Christen, die nicht arbeiten

3,17f.: Eigenhändiger Gruß und Segenswunsch.

2. Was erfahren wir über die Beziehungen des Apostels zur Gemeinde? Vergleichen Sie das mit dem aus 1 Thess zu Erhebenden.

● Der Apostel hat die Gemeinde gegründet (1,10), er rühmt sich ihres Glaubens und ihres Ausharrens (1,4), er betet allezeit für sie (1,11). Paulus hat während seines Aufenthaltes in Thessalonich Tag und Nacht gearbeitet, um der Gemeinde ein Beispiel zur Nachahmung zu geben (3,7–9).

● Im Vergleich mit diesen sehr knappen Angaben spricht 1 Thess viel ausführlicher und eindringlicher über die persönlichen Beziehungen (man lese nur 1 Thess 2,1–12).

Vgl. dazu das Urteil G. Friedrichs: »Der zweite Thessalonicherbrief erweckt nicht den Eindruck eines persönlichen Schreibens des Apostels an eine Gemeinde, mit der er aufs engste verbunden ist, nach der er sich sehnt und um die er bangt, sondern er ist eine Gemeindeinstruktion, in der vieles formelhaft und belehrend ausgedrückt ist« (Der zweite Brief an die Thessalonicher, in: NTD 8, 14. Aufl., 1976, 254).

Die Tatsache, daß Paulus von seiner Hände Arbeit gelebt hat, wird in 1 Thess 2,9 und 2 Thess 3,8 fast mit gleichen Worten ausgedrückt; während 1 Thess 2 aber dies mit dem uneigennützigen Einsatz für das Evangelium motiviert, wird es in 2 Thess 3 als Vorbild des Fleißes hingestellt – eine recht unpaulinische Aussage.

3. Was erkennen wir über den Anlaß des 2 Thess?

● Pseudopropheten haben die Gemeinde durch Berufung auf Worte des Apostels und einen angeblich von Paulus stammenden Brief in glühende Naherwartung der Endereignisse versetzt (2,1f.). Diese Naherwartung will unser Brief korrigieren.

● Es gibt unordentliche Gemeindeglieder, die nicht arbeiten; von ihnen soll sich die Gemeinde trennen (3,6ff.).

184

4. Wie werden die Endereignisse im 2 Thess beschrieben? Vergleichen Sie damit die entsprechenden Aussagen des 1 Thess.

● Die apokalyptische Belehrung 2 Thess 2,1–12 will die in der Gemeinde ausgebrochene Glut der Naherwartung dämpfen. Der »Tag des Herrn« kommt nicht sofort, sondern erst nach Eintritt anderer Ereignisse:
(1) zuerst kommt der »Abfall«(ἀποστασία) 2,3
(2) dann das Auftreten des Widersachers(ἀντικείμενος), der auch als »Mann der Ungesetzlichkeit« und »Sohn des Verderbens« bezeichnet wird, der sich im Tempel Gottes niederlassen und sich Gott nennen wird (2,3f.) und Wunder in der Kraft Satans tut (2,9).
(3) Aber das Auftreten des Widersachers wird noch aufgehalten durch den »Katechon« (2,7; in 2,6 neutrisch »das Katechon«), einen, der den Ausbruch des Satanischen noch »aufhält« (2,6f.).
Die Gegenwart ist als Entscheidungszeit qualifiziert, da das »Geheimnis der Bosheit« jetzt schon wirkt (2,10–12).

Problemanzeige: Es ist unklar, was konkret als jener Katechon gemeint ist: Ist es der römische Kaiser bzw. der römische Staat (so meist seit der Alten Kirche)? Satan? Eine Engelmacht? (M. Dibelius). Oder ist Paulus selbst der Katechon und das Evangelium das Katechon (O. Cullmann)? Oder ist es »terminus technicus für die in den Weltplan Gottes einberechnete Parusieverzögerung« (A. Strobel)?

Literatur: M. Dibelius: An die Thessalonicher I–II, 3. Aufl., 1937, 46ff. – *O. Cullmann:* Der eschatologische Charakter des Missionsauftrags und des apostolischen Selbstbewußtseins bei Paulus, in *ders.:* Vorträge und Aufsätze, 1966, 305ff. – *A. Strobel:* Untersuchungen zum eschatologischen Verzögerungsproblem auf Grund der spätjüdisch-urchristlichen Geschichte von Habakuk 2,2ff., 1961, 98ff. – *J. Ernst:* Die eschatologischen Gegenspieler in den Schriften des Neuen Testaments, 1967, 24ff.

● Im 1 Thess ist weder vom eschatologischen Widersacher noch vom Katechon die Rede, sondern Paulus rechnet ganz eindeutig damit, die Parusie werde zu seinen Lebzeiten erfolgen (4,15) und ermahnt die Gemeinde zu beständigem Wachen (5,1ff.). Das steht in klarem Gegensatz zu den aufschiebenden Äußerungen des 2 Thess.

Problemanzeige: Die sachliche Differenz in der Eschatologie ist eines der Argumente, 2 Thess für nachpaulinisch zu halten. Mit Ph. Vielhauer könnte man annehmen, bei der bekämpften Gruppe habe der 1 Thess eine wichtige Rolle gespielt. Der Verfasser des 2 Thess habe durch sein Schreiben »Paulus den Schwärmern zu entreißen, ihn zeitgemäß zu interpretieren und dadurch kirchenfähig zu erhalten« gesucht (Geschichte der urchristlichen Literatur, 1975, 101).

Im Anschluß an ältere Autoren vertritt A. Lindemann jetzt sogar die These, 2 Thess wolle 1 Thess verdrängen.

Literatur: A. Lindemann: Zum Abfassungszweck des Zweiten Thessalonicherbriefes, in: ZNW 68, 1977, 34ff.

---

5. Beim Lesen des 2 Thess sollte Ihnen aufgefallen sein, daß sich viele Formulierungen eng mit dem 1 Thess berühren

Stellen Sie die wichtigsten Berührungen zusammen, wobei Sie die Verweise am Rand des Nestletextes oder die Anmerkungen in der Übersetzung von Wilckens als Hilfsmittel benützen können.

● II 1,1f. ≙ I, 1.

1 *Paulus, Silvanus und Timotheus an die Gemeinde der Thessalonicher in Gott,* unserem *Vater, und dem Herrn Jesus Christus.*
2 *Gnade und Friede mögen auf euch* kommen von Gott, dem Vater, und von dem Herrn Jesus Christus.

1 *Paulus, Silvanus und Timotheus an die Gemeinde der Thessalonicher, in Gott dem Vater und dem Herrn Jesus Christus. Gnade und Friede für euch!*

Die Absender- und Empfängerangaben sind fast identisch; die kurze Grußformel von I ist in II auf die gebräuchliche Form erweitert.

● II 1,3–12 ≙ I 2–10

3 *Wir* schulden *Gott euretwegen immerwährenden Dank,* Brüder, wie es auch nur recht und billig ist, daß euer *Glaube* immer weiter wächst und die *Liebe* zunimmt, mit der ihr alle miteinander umgeht. 4 Darum führen wir in den anderen Gemeinden Gottes euch zu unserem Ruhm an und sind stolz auf eure *Standhaftigkeit* und euren Glauben in allen Verfolgungen und *Bedrängnissen,* die ihr zu ertragen habt. 5 Das ist ein Zeichen dafür, daß Gottes gerechtes Gericht euch der Gottesherrschaft gewürdigt hat, für die ihr jetzt leidet – 6 wenn anders es bei Gott gerecht ist, über eure Bedränger

2 *Wir danken Gott immerfort im Blick auf euch* alle, wenn wir in unserer *Fürbitte* an euch denken. 3 Unablässig haben wir im Gedächtnis, wie sich euer *Glaube im Werk,* eure *Liebe* im Einsatz und eure *Hoffnung* auf unseren Herrn Jesus Christus in der Geduld vor Gott, unserem Vater, erwiesen hat. 4 Wir wissen von euch, Brüder, die Gott geliebt und erwählt hat: 5 Die Heilsbotschaft, die wir euch verkündigt haben, ist nicht allein im Wort zu euch gekommen, sondern auch in Kraft, im Heiligen Geist und in großer Zuversicht. Und so sind wir auch bei euch aufgetreten, um euch zu gewinnen;

entsprechende Bedrängnis zu schicken, 7 dagegen euch, den Bedrängten, Ruhe zu schaffen, wenn unser Herr Jesus Christus vom Himmel her in Begleitung seiner Engel in Feuerflammen hervortreten wird, 8 um die zu strafen, die Gott nicht kennen und der Botschaft unseres Herrn Jesus nicht gehorchen. 9 Ewiges Verderben werden sie als ihre Strafe empfangen vom Herrn und von der Herrlichkeit seiner Kraft, 10 wenn er kommen wird, um im Kreise seiner Heiligen verherrlicht und bewundert zu werden an jenem Tage von allen, die an ihn geglaubt haben, weil das Zeugnis, das wir euch gegeben haben, bei euch gläubige Annahme gefunden hat. 11 Und so *bitten wir* allezeit *für euch*: Unser Gott möge euch seiner Berufung würdig machen und alle Freude an der Güte und alles machtvolle *Wirken im Glauben* vollenden, 12 damit der Name unseres Herrn Jesus unter euch verherrlicht wird und ihr durch ihn, wie es die Gnade unseres Gottes und des Herrn Jesus Christus will.

das wißt ihr. 6 Und ihr habt es mir und dem Herrn nachgetan, habt die Botschaft in großer *Drangsal* mit der Freude des Heiligen Geistes angenommen 7 und seid so zum Vorbild für alle Glaubenden in Mazedonien und Achaia geworden. 8 Denn von euch aus ist die Botschaft des Herrn erklungen; nicht allein in Mazedonien und Achaia, sondern allerorten ist bekannt geworden, daß ihr zum Glauben an Gott gekommen seid; wir brauchen davon selbst nicht erst zu berichten. 9 Die Kunde über euch ist schon in aller Munde: was für einen Eingang wir bei euch gefunden haben, wie ihr euch von den Göttern weg Gott zugekehrt habt, um ihm als dem lebendigen und einzig wahren Gott zu dienen, 10 und seinen Sohn vom Himmel her zu erwarten, den er von den Toten auferweckt hat: Jesus, der uns vor dem kommenden Zorn errettet.

Die Danksagungen stimmen nicht nur in den (naheliegenden) Worten des Dankes und der Bitte überein, sondern auch in der engen Aufeinanderfolge von Glaube – Liebe – Geduld – Bedrängnis, in dem bei Paulus sonst nicht mehr gebrauchten »Werk des Glaubens«.

Keine Parallele hat die Gerichtsschilderung II 1,5–9!

- II 2,15–3,5 ≙ I 3,8,11, – 4,2

II 2,1–12 hat keine Parallele!

2,15 So *seid* nun *standhaft*, Brüder, und haltet fest an dem, was wir euch als christliche Lehre überliefert haben, in mündlicher Rede wie auch in unserem Brief. 16 *Er selbst aber, unser Herr Jesus Christus und Gott, unser Vater*, der uns seine Liebe zugewandt und uns in seiner Gnade ewigen Trost und eine gute Hoffnung gegeben hat, 17 er tröste eure *Her-*

3,8 Nun können wir leben, wenn *ihr* im Herrn *feststeht*.

3,11 *Gott selbst, unser Vater, und unser Herr Jesus Christus* mögen uns den Weg zu euch *bahnen*. 12 Euch aber möge der Herr reich machen und immer noch zunehmen lassen in der Liebe untereinander und zu allen Menschen, so wie auch wir euch lieben. 13 Er möge eure

zen und *stärke* euch in allem guten Werk und Wort.

3,1 *Im übrigen,* betet für uns, *Brüder,* daß das Wort des Herrn laufe und zu herrlicher Wirkung komme, so wie bei euch, 2 und daß wir vor den verkehrten und bösen Menschen errettet werden. Denn der Glaube ist nicht jedermanns Sache. 3 Doch der Herr ist treu: Er wird euch stärken und vor dem Bösen behüten. 4 Und im Herrn haben wir auch das Zutrauen zu euch, daß ihr tut und tun werdet, *was wir euch gebieten.* 5 Der Herr aber *richte* eure Herzen zur Liebe gegen Gott und zu standhaftem Harren auf Christus.

Herzen stark machen, daß ihr makellos und heilig vor Gott, unserem Vater, dasteht, wenn unser Herr Jesus zusammen mit seinen Heiligen erscheinen wird.

4,1 *Im übrigen, Brüder,* bitten und ermahnen wir euch im Herrn Jesus: Ihr habt von uns die Lehre angenommen, wie ihr euren Wandel führen und Gott gefallen sollt – und ihr wandelt ja auch entsprechend –: So sollt ihr nun darin noch weitere Fortschritte machen. 2 Ihr wißt wohl, *was für Anweisungen wir euch* durch die Autorität des Herrn Jesus *gegeben haben.*

• II 3,6–12 ≙ I 4,1f.; 2,9; 4,10–12

3,6 *Wir gebieten euch* aber *im Namen unseres Herrn Jesu* Christi, *Brüder:* Zieht euch von jedem Bruder zurück, der einen unordentlichen Lebenswandel führt und nicht *nach der Überlieferung* lebt, *die ihr von uns empfangen habt.* 7 *Ihr wißt* ja selbst, wie ihr euch uns zum Vorbild nehmen sollt. Denn wir haben uns bei euch nicht unordentlich aufgeführt 8 und haben nicht umsonst jemandes Brot gegessen; sondern mit *Mühe* und *Anstrengung haben wir Tag und Nacht gearbeitet, um nur ja niemandem von euch zur Last zu fallen.* 9 Nicht etwa, als ob wir kein Recht hätten (uns von euch versorgen zu lassen)! Aber wir wollten euch damit ein Vorbild geben, dem ihr nacheifern sollt. 10 Denn als wir bei euch waren, *haben wir euch dies geboten:* Wenn jemand nicht arbeiten will, so soll er auch nicht essen. 11 Wir hören da nämlich von einigen in eurer Mitte, die einen unordentlichen Lebenswandel

4,1 Im übrigen, *Brüder,* bitten und ermahnen wir euch im Herrn Jesus: Ihr habt von uns die Lehre angenommen, wie ihr euren Wandel führen und Gott gefallen sollt – und ihr wandelt ja auch entsprechend –: So sollt ihr nun darin noch weitere Fortschritte machen. 2 *Ihr wißt* wohl, was für Anweisungen wir euch durch die Autorität des Herrn Jesus gegeben haben.

2,9 Erinnert euch doch, Brüder, wie wir uns *eingesetzt* und *abgemüht* haben: *Tag und Nacht haben wir gearbeitet, um nur ja keinem von euch zur Last zu fallen* –: So haben wir euch die Heilsbotschaft Gottes verkündigt. 4,10 Und so tut ihr auch an allen Brüdern in ganz Mazedonien. Doch wir ermahnen euch, Brüder, darin noch weitere Fortschritte zu machen 11 und euren Ehrgeiz darein zu setzen, euch *friedlich zu verhalten,* nur zu tun, was euch angeht und mit euren eigenen Händen zu arbeiten, wie

führen. Statt einer Arbeit nachzugehen, machen sie sich überall unnütz zu schaffen. 12 Solchen Leuten gebieten wir und *ermahnen* sie *im Herrn Jesus* Christus, *still zu sein,* zur Arbeit zu gehen und sich ihr Brot selbst zu verdienen.

wir es euch geboten haben. 12 Ihr sollt euch zu den Leuten außerhalb der Gemeinde anständig verhalten und auf niemanden angewiesen sein.

Problemanzeige: Diese auffälligen, über das bei allen anderen Paulusbriefen Feststellbare hinausgehenden Berührungen hat W. Wrede als Hauptargument für die literarische Abhängigkeit des 2 Thess vom 1. geltend gemacht (Die Echtheit..., S. 3–36). Wer den griechischen Text liest, wird die Berührungen noch besser erkennen, als in der Übersetzung von U. Wilckens.

In einer gründlichen Studie, die die Forschungsgeschichte seit 1801 aufarbeitet, hat W. Trilling noch formgeschichtliche Argumente beigebracht, die das Urteil unausweichlich werden lassen, 2 Thess sei eine nachpaulinische Schrift. Es sei darauf hingewiesen, daß W. G. Kümmel noch an der paulinischen Verfasserschaft festhält.

Literatur: W. Wrede: Die Echtheit des zweiten Thessalonicherbriefs, 1903. – W. Trilling: Untersuchungen zum zweiten Thessalonicherbrief, 1972. – W. G. Kümmel: Einleitung in das Neue Testament. 18. Aufl., 1976, 226ff.

19. Der Kolosserbrief

1. Wie ist der Kol aufgebaut?

1,1f.: Präskript

1,3–8: Danksagung an Gott für Glauben, Liebe und Hoffnung der Gemeinde

1,9–11: Fürbitte für die Gemeinde, sie möge mit der Erkenntnis des Willens Gottes erfüllt werden

1,12–14: Aufruf zum Dank an Gott den Vater, der uns in die Herrschaft seines geliebten Sohnes versetzt hat

1,15–20: Ein Christushymnus

1,21–23: Anwendung des Hymnus auf die Gemeinde

1,24–2,5: Der Dienst des leidenden Apostels

2,6–23: Warnung vor einer als »Philosophie« bezeichneten Irrlehre, die Askese und Verehrung der »Weltelemente« forderte

3,1–4: Trachtet nach dem, was droben ist!

3,5–17: Ablegen des alten und Anziehen des neuen Menschen

3,18–4,1: Weisungen an Frauen / Männer, Kinder / Eltern, Sklaven / Herren (»Haustafel«)

4,2–6: Aufforderung zu Gebet, Danksagung und Fürbitte

4,7–18: Briefschluß.

2. Was erfahren wir über die Beziehungen des Apostels zur Gemeinde?

Die Gemeinde kennt Paulus nicht persönlich (2,1), sie wurde vielmehr von dem Heidenchristen Epaphras gegründet (1,7; 4,11f.). Inzwischen ist ein schönes Gemeindeleben entstanden (1,5; 2,5; 3,16; 4,5). Paulus liegt an ungenanntem Ort gefangen (1,24; 4,3.18), ist aber dennoch um die Gemeinde besorgt (2,1) und warnt sie vor der Irrlehre (2,6ff.). Offensichtlich hat er durch Epaphras Nachrichten erhalten (1,8).

3. Welche Züge sind für die Irrlehre charakteristisch?

• Die Irrlehrer fordern Verehrung der »Weltelemente« (στοιχεῖα τοῦ κόσμου 2,8.20) und von »Engeln« (2,18).

• Sie fordern Einhaltung asketischer Vorschriften: Enthaltung von gewissen Speisen und Getränken und Beachtung von »Festtag oder Neumond und Sabbaten« (2,16.21). Möglicherweise meint die Vorschrift »faß' nicht an« (μὴ ἅψῃ 2,21) sexuelle Enthaltsamkeit.

• Die Irrlehrer haben wohl auch eine Weihehandlung vorgenommen (2,18).

Problemanzeige: Auch die Irrlehrer des Galaterbriefs sprachen von den »Weltelementen« (Gal 4,3.9). Dennoch empfiehlt sich eine Gleichsetzung nicht; denn der Begriff »νομος« (Gesetz) fehlt im Kol, während er im Gal zentral ist; im Gal ist von Engelmächten nicht die Rede. Zum religionsgeschichtlichen Hintergrund der Irrlehre: diskutiert wird Ableitung aus der Gnosis (Bornkamm), aus vorgnostischem Weltverständnis (Lohse), aus jüdisch-häretischem Denken (Hegermann) oder aus dem Pythagoreismus (E. Schweizer).

Literatur: G. Bornkamm: Die Häresie des Kolosserbriefes, in: *ders.:* Das Ende des Gesetzes, 5. Aufl., 1966, 139ff. – *E. Lohse:* Die Briefe an die Kolosser und an Philemon, 1968, 186ff. – *H. Hegermann:* Die Vorstellung vom Schöpfungsmittler im hellenistischen Judentum und Urchristentum, 1961, 161ff. – *E. Schweizer:* Der Brief an die Kolosser, 1976, 100ff.

---

4. Kol 1,15–20 wird allgemein als Christushymnus angesehen, den der Verfasser des Kol übernommen hat.

1. Gliedern Sie den Text in Sinnzeilen, die den Hymnus hervortreten lassen.
2. Welche christologischen Aussagen treten hervor?
3. Fallen Ihnen sachliche Spannungen in Vers 18 und 20 auf?

● In der Übersetzung von U. Wilckens ergibt sich folgende Struktur:

15 Er ist das Bild des unsichtbaren Gottes,
   der Erstgeborene vor aller Schöpfung.
16 Denn durch ihn ist alles geschaffen
   im Himmel und auf Erden,
   das Sichtbare und das Unsichtbare,
   Throne und Majestäten,
   Herrschaften und Mächte.
   Alles ist durch ihn und auf ihn hin geschaffen.
17 Er aber ist allem zuvor.
   Das All hat durch ihn seinen Bestand.
18 Er ist das Haupt des Leibes, der Kirche.

   Er ist der Anfang,
   der Erstgeborene von den Toten,
   um unter allen der erste zu sein.
19 Denn es war der Wille der ganzen Gottesfülle, in ihm
   Wohnung zu nehmen,
20 und durch ihn das All zu versöhnen zu ihm hin,
   indem er Frieden stiftete durch seinen Tod am Kreuz –
   durch ihn alles, was auf Erden und im Himmel ist.

● Die *1. Strophe (1,15–18a)* schildert Christus als »Schöpfungsmittler«.

Er selbst steht über der Schöpfung als »Bild Gottes« und »Erstgeborener vor aller Schöpfung« (Vers 15), aber gerade durch ihn handelt der Schöpfergott, indem er ›alles‹, Sichtbares und Unsichtbares« durch ihn schafft (Vers 16). Das All hat seinen Bestand in ihm, der das Haupt des Leibes ist (17.18a). Dieser Leib wird näher bestimmt als die Kirche (18a).

Die *2. Strophe (1,18b–20)* schildert Christus als »Erlösungsmittler«: Christus ist »Erstgeborener von den Toten« und führt als solcher die »kosmische Wende« herauf. Denn nach Gottes erwählendem Willen (εὐδόκησεν Vers 19) hat er das All versöhnt mit Gott (Vers 20a), was näherhin als Friedensstiftung »durch seinen Tod am Kreuz« (Vers 20b) erklärt wird.

Beachte die sachliche Parallelität beider Strophen: »Der kosmischen Christologie in Strophe 1 entspricht eine kosmische Soteriologie in Strophe 2.« (Hegermann, 101).

●● Die 1. Strophe spricht davon, daß Christus der Mittler der gesamten Schöpfung ist, ebenso spricht die 2. Strophe von der Versöhnung des Alls. »Als leitender Grundton zieht sich vom Anfang bis zum Ende das ständig wiederholte Wort πᾶν, πάντα (All, alles) durch das Lied, das mit der gleichfalls mehrfach wiederkehrenden Wendung ἐν αὐτῷ (durch ihn) in Zusammenhang gebracht wird, um die das All umfassende Herrschaft des erhöhten Christus zu preisen« (E. Lohse: Die Briefe an die Kolosser und an Philemon, 84). Angesichts dieses Befundes stellt es eine Uminterpretation dar, wenn 18a der Leib des Alls als die Kirche (ἐκκλησία) näher bestimmt wird.

●● Einen zweiten Zusatz pflegt man vielfach in Vers 20c zu sehen (anders z. B. Bammel und Wengst), nämlich in der paulinischer Tradition entsprechenden Konkretisierung, daß der Kreuzestod Jesu die Versöhnung gestiftet habe. Denn nach Vers 19 war die Einwohnung der »Fülle Gottes« in Christus der Ermöglichungsgrund für das Versöhnungswerk.

Problemanzeige: Besteht über die Annahme eines eingearbeiteten christlichen Hymnus auch Einigkeit, so doch nicht über seine ursprüngliche Gestalt. Als weitere Zusätze des Verfassers könnte man (mit Bammel, Schweizer, Pöhlmann) Vers 18d (»damit er in allem Erster werde«) und (mit Hegermann, Pöhlmann) auch 20b (Frieden schaffend durch ihn sei es dem auf Erden, sei es dem im Himmel) ansehen.

Literatur: H. Hegermann: Die Vorstellung vom Schöpfungsmittler im hellenistischen Judentum und Urchristentum, 1961, 89ff. – *E. Bammel:* Versuch zu Col 1,15–20, ZNW 52, 1961. – *K. Wengst:* Christologische Formeln und Lieder des Urchristentums, 2. Aufl., 1973, 170ff. – *W. Pöhlmann:* Die hymnischen All-Prädikationen in Kol 1,15–20, ZNW 64, 1973, 53ff. – *Chr. Burger:* Schöpfung und Versöhnung, 1975, 3ff. – *J. Ernst:* Pleroma und Pleroma Christi, 1970, 72ff.

5. Wie wendet der Verfasser des Briefes den Hymnus auf die Gemeinde an?

- Kol 1,21–23 redet der Verf. die Gemeinde direkt an, indem er das Stichwort »versöhnen« aus Vers 20 aufgreift: »Auch euch ... hat er jetzt versöhnt«.

Dabei stellt der Verfasser die gottlose Vergangenheit der Hörer dem jetzigen Stand im Glauben gegenüber. (Ähnlich war schon 1,12–14 vom Übergang aus der Finsternis ins Licht gesprochen worden.)

- Die Versöhnung wird nochmals mit dem Kreuzestod Jesu begründet; das meint die singuläre Wendung vom »Fleischesleib«, der dadurch vom Leib des Erhöhten unterschieden werden soll, den der Verfasser als Kirche interpretiert (1,18a!).
- Ziel des Versöhnungswerkes ist die Fehllosigkeit der Christen. »Gottes Versöhnungstat hat alles bereits gewirkt; die Vollkommenheit ist daher nicht durch eigenes Streben zu gewinnen, sondern als Gottes Gabe zu empfangen und zu bewähren« (E. Lohse: Die Briefe an die Kolosser und an Philemon, 108).

6. Die Auffassung des Kol vom apostolischen Amt

- Der Apostel bezeichnet sich als »Diener des Evangeliums« (1,23) und als »Diener der Kirche« (1,24f.). Beide Begriffe finden sich in den unumstrittenen Paulusbriefen nicht.
- Der Dienst besteht in stellvertretendem Leiden für die Gemeinde; dadurch »erfüllt« der Apostel »was an den Bedrängnissen Christi noch fehlt« (1,24) – auch dies eine singuläre Vorstellung. Im Hintergrund steht wohl die apokalyptische Vorstellung, daß Gott ein bestimmtes Maß an Leiden vorherbestimmt hat, ehe das Ende kommt (E. Lohse, a. a. O. 112ff.; anders E. Schweizer; Der Brief an die Kolosser, 83ff.).
- Das Amt des Apostels ist ferner, »das Wort Gottes zu erfüllen« (1,25). Dieses Wort ist ein Geheimnis, das einst verborgen war, jetzt aber offenbart wurde (1,26): nämlich der unter allen Völkern gepredigte Christus (1,27). Hier verwendet der Verfasser das »Relevationsschema« (N. A. Dahl), das schon 1 Kor 2,6ff. ansatzweise zu erkennen ist (vgl. bes. Röm 16,25f.; Eph 3,3ff.).

> *Literatur: N. A. Dahl:* Formgeschichtliche Beobachtungen zur Christusverkündigung in der Gemeindepredigt, in: Neutestamentliche Studien für R. Bultmann, 2. Aufl., 1957, 3ff. – *D. Lührmann:* Das Offenbarungsverständnis bei Paulus und in paulinischen Gemeinden, 1965, 113ff.

- Schließlich hat der Dienst des Apostels auch mit Mahnen und Lehren(νουθετεῖν, διδάσκειν) zu tun (1,28). »Das, was wir die Seelsorge nennen ..., wird also zur zentralen Aufgabe, und zwar gerade in einem Zusammenhang, der vom Heilsereignis der weltweiten Evangeliumsproklamation spricht. Damit verschiebt sich das Gewicht von der grundlegenden und kirchengründenden apostolischen Botschaft auf die gewiß damit verbundene, aber doch erst in ihrem Gefolge notwendig werdende, beratende Begleitung, die bei Paulus gewöhnlich den Gemeindegliedern zukommt« (E. Schweizer: Der Brief an die Kolosser, 89).

7. Wie argumentiert der Verfasser des Briefes gegen die Irrlehre?

• Er fordert die Kolosser auf, den überkommenen Glauben festzuhalten (2,6f.).
• Er stellt die grundlegende Alternative heraus: entweder gründet man sich auf die Weltelemente oder auf Christus (2,8).
• Christus hat bereits die Mächte und Gewalten entwaffnet und die Gemeinde hat durch die Taufe Anteil an seinem Sieg (2,9–15).
• Ist im Christusereignis die Weltwende eingetreten, dann werden die Weltelemente und ihre Forderungen als bloßer »Schatten des Kommenden« erkannt und haben daher keine Bedeutung mehr (2,16–19).
• Durch das Sterben mit Christus (in der Taufe) sind die Glaubenden den Weltelementen abgestorben; sie dürfen sich daher nicht mehr so aufführen, als lebten sie noch in der Welt (da sie mit Christus auferstanden sind), und dürfen sich keinerlei Tabuvorschriften mehr auferlegen lassen (2,20–23).

Literatur: K. Wegenast: Das Verständnis der Tradition bei Paulus und in den Deuteropaulinen, 1962, 121ff.

---

8. Die Taufe im Kolosserbrief

1. Welche Bedeutung hat die Taufe?
2. Wie verhalten sich die Aussagen des Kol zu Röm 6?
3. Wie schirmt der Kol seine Aussagen gegen ein enthusiastisches Mißverständnis ab?

•• Die Taufe ist nach Kol 2,11 eine »nicht mit Händen gemachte Beschneidung«, eine »Christusbeschneidung«. Mit diesem singulären Vergleich zwischen Taufe und Beschneidung soll »die Vollgültigkeit der Christuserlösung« herausgestellt werden (E. Schweizer, a. a. O., 110).
•• Die Taufe ist nach Kol 2,12 eine Anwendung des Heilsgeschehens in Christus auf die Glaubenden: In der Taufe wurden sie mit Christus begraben und wurden mitauferweckt durch den Glauben.
• Paulus sagt ähnlich Röm 6,4, wir seien durch die Taufe mit Christus mitbegraben, und wie Christus auferweckt ist, sollen auch wir in einem neuen Leben wandeln. Paulus spricht also nicht vom Mitauferstandensein! Daß die Auferstehung der Glaubenden vielmehr noch erwartet wird, sagt er deutlich Röm 6,8: »Wenn wir aber mit

Christus gestorben sind, so glauben wir, daß wir auch mit ihm leben werden« – also ein deutlicher eschatologischer Vorbehalt.

• Aber auch Kol hat auf der Basis des Heilsindikativs den Imperativ eingeschärft. So heißt es bereits 1,10, die Gemeinde solle einen des Herrn würdigen Lebenswandel führen. 2,6 verknüpft Christologie und Ethik noch enger: »Wie ihr nun den Herrn Christus Jesus angenommen habt, so wandelt auch in ihm ...«

Die nicht – enthusiastische Haltung des Kol wird schließlich in 3,1–4 deutlich: Weil der Christ mit Christus auferstanden ist, soll er »nach dem trachten, was droben ist«. Noch ist das Auferstehungsleben »verborgen in Gott« bis zur Parusie Christi. So ist also auch hier der Indikativ der Heilstat Grundlage für den ethischen Imperativ. Das wird konkretisiert in den Mahnungen 3,5–17: Tötet die irdischen Glieder, zieht den alten Menschen aus und zieht den neuen Menschen an! Zwei Lasterkataloge (3,5.8) und ein Tugendkatalog (3,12) legen das auf den Alltag der Gemeinde hin aus.

Literatur: E. Lohse: Christologie und Ethik im Kolosserbrief, in: *ders.:* Die Einheit des Neuen Testaments, 1973, 249ff. – *O. Merk:* Handeln aus Glauben, 1968, 201ff. – *E. Gräßer:* Kol 3,1–4 als Beispiel einer Interpretation secundum homines recipientes, in: *ders.:* Text und Situation, 1973, 123ff.

---

9. Wie regelt Kol das Verhalten im christlichen Haus?

Kol 3,18–4,1 werden Ermahnungen an Frauen und Männer, Kinder und Väter, Sklaven und Herren gerichtet; die Ähnlichkeit dieser »Haustafel« mit Eph 5,21–6,9; 1 Petr 2,13–3,7 und außerchristlichen Pflichtenreihen zeigt, daß diesen Texten ein Schema zugrunde liegt.

• Grundsätzlich gilt: »Jeweils wird der untergeordnete Teil [nämlich Frauen, Kinder, Sklaven] zuerst angesprochen, um ihn zum ὑποτάσσεσθαι (sich unterordnen) bzw. ὑπακούειν (gehorchen) zu ermahnen. Dann aber werden die übergeordneten [nämlich Männer, Väter, Herren] an ihre Verantwortung erinnert, die sie gegenüber den Menschen, die ihnen anvertraut sind, zu bewähren haben« (E. Lohse: Die Briefe an die Kolosser und an Philemon, 223f.)

• Begründet wird das jeweilige Verhalten durch »wie es sich schickt im Herrn« (3,18), »das ist wohlgefällig im Herrn« (3,20), durch Hinweis auf die »Furcht des Herrn« (3,22) und den Gerichtsgedanken (3,24) und das Wissen um den himmlischen Herrn (4,1).

Inhaltlich fallen die Mahnungen nicht aus dem Rahmen des damals Üblichen. Aber: »Die häufige Formel ἐν κυρίῳ [im Herrn] markiert nicht einfach eine christliche Umfirmierung, sondern den durch Christi Heilstat bestimmten Heils- und Herrschaftsbereich, der den Christen als totus homo bestimmt. Das zeigt schon II.6: »Wie ihr nun Christus Jesus den Herrn angenommen habt, so wandelt in ihm . . .«, und III. 16 und III. 23f. bestätigen das. Hier kommt unübersehbar heraus, daß die Christen gerade auch in den Ordnungen und Bezügen der Welt der Herrschaft Jesu Christi unterstellt sind und nicht nach einer aus diesen Ordnungen abgeleiteten Eigengesetzlichkeit leben« (W. Schrage, 21)

Literatur: O. Merk: Handeln aus Glauben, 1968, 214ff. – *W. Schrage:* Zur Ethik der neutestamentlichen Haustafeln, NTS 21, 1974/75, 1ff.

20. Der Epheserbrief

1. Wie ist der Epheserbrief aufgebaut?

1,1f.: Präskript
1,3–14: Lobpreis Gottes (Eulogie)
1,15–23: Danksagung und Fürbitte
2,1–10: Einst tot – jetzt mit Christus lebendig gemacht
2,11–22: Die Heilstat Christi hat *eine* Kirche aus Juden und Heiden geschaffen
3,1–13: Der Dienst des Apostels an den Heidenchristen
3,14–21: Fürbitte um Vollendung der Kirche und Doxologie
4,1–6: Mahnung an die Gemeinde, die Einheit des Geistes zu bewahren
4,7–16: Die Ämter als Gaben Christi zum Aufbau der Gemeinde
4,17–32: Warnung vor dem früheren heidnischen Wandel
5,1–20 Wandelt in der Liebe Christi und als Kinder des Lichts
5,21–6,9: Haustafel: Ordnet euch einander unter in der Furcht Christi
6,10–17: Die Waffenrüstung Gottes gegen die Weltherrscher der Finsternis
6,18–20: Mahnung zum Gebet für alle Heiligen und den gefangenen Apostel
6,21–24: Persönliches; Segenswunsch.

2. Ist Eph ein *Epheser*brief? Orientieren Sie sich über das textkritische Problem von Eph 1,1 im kritischen Apparat des Nestle oder in einer Einleitung ins NT

- Die Ortsbestimmung ἐν Ἐφέσῳ (in Ephesus) findet sich nicht in den ältesten Textzeugen p[46] (um 200), Vaticanus und Sinaiticus (4. Jh.). Auch Origenes (gest. 254) las die Ortsangabe nicht im Text.
- Dagegen bezeugen schon das Muratorische Fragment (ein Kanonsverzeichnis um 200), Irenäus von Lyon (gest. 202) und Clemens Alexandrinus (gest. vor 215) die Bestimmung unseres Briefes nach Ephesus.
- Marcion (um 150) behauptet, der Brief sei nach Laodicea gerichtet gewesen, könnte dies aber aus Kol 4,16 herausgesponnen haben.
- Viele Forscher halten daher die Adresse »in Ephesus« für sekundär (z. B. W. G. Kümmel); Eph könnte dann als »Rundschreiben« an mehrere kleinasiatischen Gemeinden (z. B. Schlier) oder an die Heidenchristen überhaupt (W. Schenk) verstanden werden. Doch hat J. Gnilka mit erwägenswerten Gründen wieder für die Ursprünglichkeit der Ortsangabe plädiert.

Literatur: W. G. *Kümmel:* Einleitung in das NT, 18. Aufl., 1976, 310ff. – *H. Schlier:* Der Brief an die Epheser, 7. Aufl., 1971, 30ff. – *W. Schenk:* Zur Entstehung und zum Verständnis der Adresse des Epheserbriefes, in: Theologische Versuche VI, 1975, 73ff. – *J. Gnilka:* Der Epheserbrief, 1971, 1ff. – *A. Lindemann:* Bemerkungen zu den Adressaten und zum Anlaß des Epheserbriefes, in: ZNW 67, 1976, 235ff.

3. Was erfahren wir über die Beziehung des Apostels zur Gemeinde?

Apostel und Gemeinde sind einander anscheinend unbekannt: Der Apostel hat von Glauben und Liebe der Gemeinde gehört (1,16), der Apostel nimmt an, die Gemeinde würde von seinem Amt gehört haben (3,2).

Tychikus wird zur Gemeinde geschickt werden, um ihr vom Apostel Näheres zu berichten (4,21f.); aus dem Brief erfährt man nur, daß er derzeit in Gefangenschaft ist (3,1; 4,1; 6,20).

Problemanzeige: Im Vergleich mit den unbestrittenen Paulusbriefen wird man diese wenigen Angaben für dürftig halten müssen, zumal die Sendung des Tychikus wörtlich gleich in Kol 4,17f. erwähnt wird. Sollte der Apostel keinerlei konkrete Probleme der Gemeinde kennen, keinerlei persönliche Grüße ausrichten, obwohl er in Ephesus über 2 Jahre gewirkt hat (vgl. Apg 18/19)? So wird man schon hier ein Indiz für die nichtpaulinische Herkunft des Eph sehen müssen.

4. Die Eulogie 1,3–14 besteht im Urtext aus einem einzigen, sehr unübersichtlichen Satz. Wie läßt er sich gliedern?

Mit Fr. Lang läßt sich eine zweistrophige Form erkennen:
A. Benediktionsformel Vers 3: Lobpreis Gottes für seine Segenstat in Christus
B. 1. Strophe Vers 4–10: Das erwählende, begnadende und erleuchtende Handeln Gottes in Christus
   a) Vers 4–6: Von der Erwählung zur Begnadung in dem Geliebten
   b) Vers 7–10: Sündenvergebung und Kundgabe des göttlichen Ziels mit der ganzen Welt
C. 2. Strophe Vers 11–14: Gottes Heilstat in Christus als Taufgeschenk der Gemeinde
   a) Vers 11 und 12: Empfang des Loses (Erbteils) nach Gottes Vorherbestimmung
   b) Vers 13 und 14: Versiegelung mit dem Geist als Angeld der zukünftigen Erlösung.

Literatur: *Fr. Lang:* Die Eulogie in Epheser 1,3–14, in: Studien zur Geschichte und Theologie der Reformation (FS E. Bizer), 1969, 7ff. – *Chr. Maurer:* Der Hymnus von Epheser 1 als Schlüssel zum ganzen Briefe, EvTh 11, 1951/52, 151ff. – *R. Deichgräber:* Gotteshymnus und Christushymnus in der frühen Christenheit, 1967, 65ff.

5. Welches Weltbild setzt Eph voraus?

Der Leitbegriff für die Frage nach dem Weltbild des Eph ist die 5 × wiederkehrende Wendung »in den himmlischen Bereichen« (ἐν τοῖς ἐπουρανίοις; 1,3.20;2,6; 3,10; 6,12). In diesen »himmlischen Bereichen« hausen einerseits »Mächte und Gewalten« (3,10) und »Geistwesen der Bosheit« (6,12), andererseits ist der Thron Christi auch »in den himmlischen Bereichen« (1,20), der sich (nach 4,10) über allen Himmeln befindet.

Die »himmlischen Bereiche« sind also über der Erde zunächst der Bereich der Dämonen, über ihnen befindet sich der Thron Gottes.

Wenn der Eph den Gesamtbereich des Kosmos bezeichnet, also die Erde mitsamt den himmlischen Bereichen, spricht er vom All (τὰ πάντα; 1,23).

Eph hat also nicht das alttestamentliche Weltbild (Himmel – Erde – Hölle), sondern das hellenistische, in dem das Dämonenreich zwischen Erde und Götterwelt angesiedelt ist.

Literatur: *F. Mußner:* Christus, das All und die Kirche, 2. Aufl., 1968, 9ff. – *A. Lindemann:* Die Aufhebung der Zeit, 1975, 51ff.

6. Was meint Eph mit der christologischen Aussage »Er ist unser Friede«?

Der Verfasser redet in 2,11ff. seine heidenchristlichen Leser (die »sogenannte Unbeschnittenheit«) an, die früher »fern von Christus« waren, während die Juden (»die mit Händen gemachte Beschneidung«) unter der Verheißung lebten. Doch ist solche Unterscheidung jetzt unwesentlich geworden: In der Kirche sind Juden und Heiden zu »einem neuen Menschen« geschaffen worden. Begründet wird das in Vers 14–18: »Er ist unser Friede«. Dazu bedient der Verfasser sich einer christologischen Exegese von Jes 57,19; 9,5f. und 52,7. In Jes 57,19 wird den »Fernen« und »Nahen« Frieden angekündigt; nach Jes 9,5f. ist der Messias »Friedefürst« und nach Jes 52,7 ist er Verkündiger des Friedens. Die »Nahen« sind für den Verfasser des Eph die Juden, die »Fernen« die Heiden (Eph 2,13), denen der Christus Jesus den Frieden bringt (2,14) und verkündigt (2,17).

Die Aussage »Er ist unser Friede« besagt also: Er hat Frieden zwischen Juden und

Heiden geschaffen, die durch die Mauer des Gesetzes getrennt waren, indem er »das Gesetz der in Satzungen bestehenden Gebote vernichtete«.

Die Friedensstiftung »spielt keineswegs nur zwischen dem Einzelnen und seinem Gott, sondern schließt die wunderbare Stiftung neuer menschlicher Gemeinschaft ... mit ein« (P. Stuhlmacher, 349).

Problemanzeige: Das hier vorgeschlagene Verständnis des Textes wird von H. Merklein und P. Stuhlmacher vertreten, die von jüdischen Vorstellungshorizonten ausgehen. Anders H. Schlier und A. Lindemann, die einen gnostischen Hintergrund annehmen, bei welchem es um die Beseitigung einer kosmischen Trennwand zwischen Gott und Menschheit gehen soll; nach J. Gnilka läge in Eph 2,14–17 ein »Friedens-Erlöserlied« zugrunde, das der Verfasser des Briefes kritisch interpretiert habe.

Literatur: P. Stuhlmacher: »Er ist unser Friede« (Eph 2,14), in: Neues Testament und Kirche (FS R. Schnackenburg), 1974, 337ff. – *H. Merklein:* Christus und die Kirche, 1973, 16ff. – *H. Schlier:* Der Brief an die Epheser, 7. Aufl., 1971, 118ff. – *J. Gnilka:* Der Epheserbrief, 1971, 147ff. – *A. Lindemann* (siehe zu 5), 156ff.

---

7. Was bedeutet es, wenn Eph die Kirche als »Leib Christi« bezeichnet? Wie unterscheidet sich die paulinische Anschauung von der Kirche als Leib Christi davon?

• Die Aussagen des Eph sind zweifach ausgerichtet:
•• Die universale Kirche ist der Leib Christi: 1,23; 4,12.15f.; 5,30
•• Christus ist das Haupt des Leibes: 1,22;4,15; 5,22
•• Das Wesentliche an dieser Konzeption ist, daß der Eph die unzertrennliche Zusammengehörigkeit von Haupt und Leib lehrt: »das Wachsen des ganzen Leibes vollzieht sich aus Christus heraus (4,16), vom Haupt aus wird der Leib zusammengefügt und zusammengehalten durch jegliches Unterstützungsband«.
• Bei Paulus wird das Bild vom Leib in Röm 12 und 1 Kor 12 auf die Einzelgemeinde angewendet, und zwar in paränetischer Absicht: Trotz unterschiedlicher Gaben ist die Gemeinde eine Einheit, dem Leib vergleichbar, der unterschiedliche Glieder hat. Natürlich ist auch für Paulus die Christuszugehörigkeit entscheidend (»wir sind in einem Geist in einen Leib getauft worden« 1 Kor 12,13), doch spricht Paulus nur einmal vom »Leib Christi« (1 Kor 12,27), während er Röm 12,5 sagt: Ihr seid ein Leib in Christus«. Nirgends spricht Paulus von Christus als »Haupt des Leibes«.

Problemanzeigen:
1. Man kann die Verschiebung von Paulus zu Eph mit E. Käsemann so umschreiben, daß bei Paulus die Ekklesiologie in der Paränese ihren Ort habe, während Kol und

Eph sie als selbständiges dogmatisches Thema entfalten. Daß damit die Christologie im Eph zu einer Funktion der Ekklesiologie wird, ist ebenfalls zu sehen.

2. Hat man früher das Motiv vom Leib Christi aus der Gnosis abgeleitet (so noch Schlier), so wird neuerdings die hellenistische Synagoge als Anknüpfungspunkt genannt (bes. Colpe, Gnilka; vgl. auch Fischer).

> *Literatur: E. Käsemann:* Das theologische Problem des Motivs vom Leibe Christi, in: *ders.:* Paulinische Perspektiven, 1969, 178ff. – *C. Colpe:* Zur Leib-Christi-Vorstellung im Epheserbrief, in: Judentum – Urchristentum – Kirche (FS J. Jeremias), 2. Aufl., 1964, 172ff. – *J. Gnilka:* Der Epheserbrief, 1971, 99ff. – *H. Schlier:* Der Brief an die Epheser, 7. Aufl., 1971, 90ff. – *K. M. Fischer:* Tendenz und Absicht des Epheserbriefes, 1973, 48ff.

8. Was erfahren wir aus Eph über kirchliche Ämter?

● Eph 4,11 nennt 5 Ämter:
Apostel, Propheten, Evangelisten, Hirten, Lehrer.
● Diese Ämter sind als besondere Gaben Christi verstanden; das wird in Eph 4, 8–10 mit einer Auslegung von Ps 68,19 begründet.
● Übereinstimmend wird geurteilt, daß Apostel und Propheten als Größen der Vergangenheit zu verstehen sind, während in den »Evangelisten« übergemeindliche Verkündiger und in den »Hirten und Lehrern« Funktionsträger der Einzelgemeinde zu sehen sein dürften.
● »Die kirchlichen Dienste sind hier als Funktionen des Christusleibes gesehen, deren Ziel der ›Aufbau‹(οἰκοδομή) dieses Leibes, d. h. der Dienst an der Einheit der Kirche ist« (J. Roloff: Apostolat – Verkündigung – Kirche, 1965, 135 A. 327).

> *Literatur: H. Merklein:* Das kirchliche Amt nach dem Epheserbrief, 1973, bes. 332ff.

9. Die Apostel im Eph

1. Welches Paulusbild zeichnet der Eph?
2. Welche Bedeutung haben die Apostel insgesamt?

● Grundlegender Text für das Paulusbild des Eph ist 3,1–12.
●● Paulus ist gefangen; sein Leiden erfolgt »für euch, die Heiden« (Eph 3,1). In den unbestrittenen Paulusbriefen ist zwar auch oft von den Leiden des Apostels die Rede, aber nie mit Anklang eines Stellvertretungs- oder Sühnegedankens.
●● Der Apostel hat eine heilsgeschichtlich bedeutsame Stellung: Er wurde durch die Gnade Gottes beauftragt, die Durchführung des göttlichen Heilsplanes(οἰκονομία) kundzutun.

•• Paulus ist Offenbarungsempfänger mit einer besonderen Einsicht in das Christus
– Mysterium: Die Heiden sollen Mit – Erben, Mit – Leib, Mit – Teilhaber werden.
•• In Eph 3,5 wird die dem Paulus zuteil gewordene Offenbarung ausgeweitet auf
die »heiligen Apostel und Propheten«, an deren Spitze Paulus steht. (Der Kampf des
Paulus um seine Anerkennung als Apostel und die theologischen Auseinandersetzungen mit den Jerusalemer Aposteln sind vergessen). Diese Gruppe ist »ausersehen und
berufen auf Grund von Offenbarung normative Verkündiger und Traditionsnorm zu
sein« (H. Merklein, 191).
•• Insofern Apostel und Propheten Traditionsnorm sind, kann Eph 2,20 gesagt
werden, die Kirche sei erbaut »auf dem Fundament der Apostel und Propheten«.
(Paulus selbst hatte Christus als Fundament bezeichnet: 1 Kor 3,11). Hier spiegelt
sich deutlich die Situation der Kirche in nachapostolischer Zeit, in der die Auseinandersetzung mit Irrlehren die Bindung an die Ursprünge notwendig machte.

> *Literatur: E. Käsemann:* Meditation zu Eph 2,17–22, in: Exegetische Versuche und Besin-
> nungen I, 4. Aufl., 1964, 280ff.– *H. Merklein:* Das Kirchliche Amt nach dem Epheserbrief,
> 1973, 135ff.; 171ff.

10. Die Haustafel im Eph berührt sich teilweise mit derjenigen im Kol.
Vergleichen Sie beide Tafeln und stellen Sie die Unterschiede fest

• Beide Haustafeln enthalten die gleichen Glieder:
Frauen/Männer Eph 5,22–33 / Kol 3,18–19
Kinder/Väter Eph 6,1–4 / Kol 3,20–21
Sklaven/Herren Eph 6,5–9 / Kol 3,22–4,1.
  Ob die beiden Haustafeln sich deshalb so stark gleichen, weil sie auf eine gemeinsa-
me Tradition zurückgehen oder weil Kol 3,18ff. die direkte Vorlage von Eph 5,22ff.
war, ist eine offene Frage.
  In jedem Fall ist Kol die ursprünglichere, Eph die spätere Fassung.
• Die Ehemahnung des Eph ist gegenüber Kol besonders stark verchristlicht.
•• Schon die Mahnung an die Frauen wird dadurch begründet, daß das Verhältnis
Frau : Mann dem Verhältnis Kirche : Christus entspreche. Wie Christus das Haupt
der Kirche ist, so der Mann das Haupt der Frau (5,23).
•• Die Mahnung an die Männer, ihre Frauen zu lieben, wird im Eph ebenfalls
christologisch begründet: Wie Christus als der Bräutigam der Kirche sich aus Liebe
für die Kirche dahingegeben hat, sollen sich auch die Männer verhalten (5,25–27).
Außerdem »nährt und hegt« Christus die Kirche und wird auch »zum Urbild des
Gatten« (J. Gnilka: Der Epheserbrief, 285).
  Über Kol 3 hinausgehend zitiert Eph schließlich Gen 2,24 (»Deshalb wird der
Mensch Vater und Mutter verlassen ... und die zwei werden ein Fleisch sein«). Dieses

Wort wird als »Geheimnis«(μυστήριον) bezeichnet und als gültig für das Verhältnis Christi zur Kirche.

Problemanzeige: Aufgrund der Vulgata, die »Geheimnis« mit »sacramentum« wiedergibt, hat die katholische Kirche in Eph 5,32 einen Hinweis auf den sakramentalen Charakter der Ehe gesehen. Doch ist das unzutreffend: »Das Mysterium ist ... nicht die Ehe, sondern ... die Christus – Kirche – Verbindung. ... Betrachtet man aber die gesamte erste Haustafel und die für sie bestimmende Analogie des Verhältnisses von Christus und Kirche einerseits und Ehemann und Ehefrau andererseits, so fällt auch Licht auf die Ehe. Sie wird zum Abbild des höheren Liebesbündnisses, die dienende Hingabe des Mannes an seine Frau zum Abbild der Lebenshingabe Christi, die Hingabe der Frau an ihren Mann zum Abbild des Angewiesenseins der Kirche auf Christus« (J. Gnilka: Der Epheserbrief, 288f.).

● Die Weisung an die Kinder, den Eltern zu gehorchen, wird durch Hinweis auf das 4. Gebot (Ex 20,12; Dtn 5,16) motiviert, was im Kol nicht der Fall ist.

Die Väter werden nicht nur wie im Kol ermahnt, die Kinder nicht zu erzürnen, sondern positiv zur Erziehung »im Herrn« aufgefordert.

● Die Weisungen an Sklaven und Herren folgen mit kleinen Akzentverschiebungen dem Kol.

Literatur: K. H. Rengstorf: Mann und Frau im Urchristentum, 1954, 22ff. – *H. Greeven/J. Ratzinger u. a.:* Theologie der Ehe, 2. Aufl., 1972. – *E. Schweizer:* Die Weltlichkeit des Neuen Testamentes: die Haustafeln, in: *H. Donner u. a.* (Hg.), Beiträge zur Alttestamentlichen Theologie (FS W. Zimmerli), 1977, 397ff.

21. Der 1. Timotheusbrief

1. Skizzieren Sie den Aufbau des 1 Tim

1,1f.: Präskript

1,3–20: Timotheus soll in Ephesus Irrlehrer bekämpfen

1,18–20: Hymenäus und Alexander, die die Überlieferung verachtet haben, werden dem Satan übergeben

2,1–7: Anweisung zu Bitte, Gebet und Fürbitte

2,8: Das Beten der Männer

2,9–15: Das Beten der Frauen

3,1–7: Pflichtenkatalog für Bischöfe

3,8–13: Pflichtenkatalog für Diakone

3,14–16: Die Verhaltensregeln gelten für die Zeit der Abwesenheit des Apostels

4,1–5: Warnung vor (künftig auftretenden) Irrlehrern, die Askese fordern

4,6–10: Nicht Askese, sondern »Frömmigkeit« verspricht Leben jetzt und in Ewigkeit

4,11–5,2:Timotheus soll auf sich selbst und auf die Lehre achtgeben

5,3–16: Das Verhalten der Witwen

5,17–20: Das Verhalten der Presbyter

5,21–25: Mahnung an Timotheus

6,1f.: Mahnung an die Sklaven

6,3–10: Irrlehre und Habgier gehen Hand in Hand

6,11–16: Timotheus soll den guten Kampf des Glaubens kämpfen

6,17–19: Die Reichen sollen reich sein an guten Werken

6,20f.: Warnung vor falscher »Erkenntnis« (γνῶσις) und Gnadenwunsch.

2. Welche historische Situation setzt der 1 Tim voraus? Wie ist diese Situation mit den Angaben der Apg vereinbar?

● 1 Tim ist nach Ephesus gerichtet, wo Paulus seinen Mitarbeiter Timotheus zurückgelassen hat, um nach Makedonien zu reisen (1,3). Er beabsichtigt zurückzukehren, ist also nicht in Gefangenschaft (4,13), wenn er auch mit einer Verzögerung seiner Ankunft rechnet (3,14). Inzwischen soll Timotheus die Irrlehrer bekämpfen.

●● Als Paulus nach 2 ½ jährigem Aufenthalt Ephesus verließ (Apg 20,1), um nach Makedonien zu reisen, war Timotheus bereits vorausgeschickt worden (Apg 19,22). In seiner Abschiedsrede an die Ältesten von Ephesus erklärte Paulus, er werde niemals in diese Stadt zurückkehren (Apg 20,25).

3. Wie sieht die bekämpfte Irrlehre aus?

● Die Gegner wollen »Gesetzeslehrer« sein, berufen sich also auf das Alte Testament (1,7).
● Die Irrlehrer hängen endlosen Fabeleien von Geschlechterfolgen (Genealogien) nach (1,4).
● Sie fordern eine asketische Lebensweise: sie untersagen die Ehe, den Genuß bestimmter Speisen (4,3) und vielleicht auch des Weins (5,23).
● Sie berufen sich auf eine besondere Erkenntnis (γνῶσις, 6,20).

Problemanzeige: Wenn sich aus diesen Angaben auch kein vollständiges Bild machen läßt, so dürfte doch die Annahme einer frühen Form der Gnosis gerechtfertigt sein.

Literatur: M. Dibelius / H. Conzelmann: Die Pastoralbriefe, 4. Aufl., 1966, 52ff. – *N. Brox:* Die Pastoralbriefe, 1969, 31ff.

---

4. Wie setzt sich der 1 Tim mit der Irrlehre auseinander?

● Das Auftreten von Irrlehrern wird als Weissagung des Apostels dargestellt (4,1); die Irrlehrer werden als Leute mit schlimmem Lebenswandel (4,2), Aufgeblasenheit, Geldgier (6,5.10) gezeichnet.
● Die Irrlehre wird mit herabsetzenden Worten erwähnt (»gottlose Altweiberfabeln« 4,7; »endlose Fabeleien von Geschlechterfolgen« 1,3; »törichte Redereien« 1,6), ohne daß ihre sachlichen Anliegen deutlich würden.
● Eine Auseinandersetzung mit der Irrlehre findet allerdings nicht statt: Timotheus soll »gewissen Leuten *gebieten*, keine anderen Lehren zu verbreiten« (1,3), er soll die »gottlosen Altweiberfabeln *abweisen*« (4,7), er soll sich »von den gottlosen, leeren Reden und Antithesen der fälschlich sogenannten Erkenntnis (γνῶσις) *fernhalten*« (6,20). Die Ketzer Hymenäus und Alexander hat Paulus zur Züchtigung dem Satan übergeben (1,20). »Die Begegnung mit der Häresie wird vorwiegend zur Aufgabe der Disziplinargewalt, ohne sachlich – theologische Klärung vorauszuschicken« (N. Brox). Man soll sich einfach an die »gesunden Worte unseres Herrn Jesus Christus und an die der Frömmigkeit entsprechende Lehre« halten (6,3; vgl. 4,6).

Literatur: N. Brox: Die Pastoralbriefe, 1969, 39ff.

---

5. Der Begriff »Frömmigkeit« (εὐσέβεια) und »fromm sein« (εὐσεβεῖν) spielt im 1 Tim eine große Rolle

1. Stellen Sie mit der Konkordanz die Verwendungsbreite dieses Wortstamms fest.
2. Welche Inhalte verbindet der 1 Tim mit diesem Begriff?

● Als Bezeichnung für das Verhalten der Heiden findet sich εὐσέβεια 3 × in der Apg (10,2.7; 17,23). Als Bezeichnung des Christseins findet es sich 9× im 1 Tim (2,2; 3,16; 4,7.8; 6,3.5.6.11; das Verbum 5,4), dazu 2 Tim 3,5 und Tit 1,1, außerdem nur noch 5× im 2 Petr (1,3.6.7; 2,9; 3,11); das Adverb »fromm« (εὐσεβῶς) noch 2 Tim 3,12 und Tit 2,12.

So zeigt schon der Blick in die Konkordanz, daß dieser im Hellenismus für ordentliches, tugendhaftes und ehrfürchtiges Verhalten gerne gebrauchte Begriff erst in den Spätschriften des NT zur Umschreibung christlichen Verhaltens verwendet wird.

● Die »Frömmigkeit« des 1 Tim (und der Pastoralbriefe insgesamt) läßt sich mit R. Bultmann folgendermaßen charakterisieren:

●● Frömmigkeit bekundet sich im ehrbaren Wandel (1 Tim 2,2; 5,4; 6,11)
●● Frömmigkeit trägt keine weltflüchtigen Züge, sondern ist von Besonnenheit [σωφροσύνη] gezeichnet (1 Tim 2,9.15.3,2); sie vermeidet Ungezügeltheit [1 Tim 3,3.8], ist genügsam [1 Tim 6,6-10] und treibt keine Askese [1 Tim 4,4f.; 5,23].

●● Solche Frömmigkeit hat die Verheißung für das jetzige und für das künftige Leben (1 Tim 4,8). Insofern ist »Frömmigkeit« ein zusammenfassender Begriff für christliches Verhalten im Sinne des 1 Tim.

Literatur: W. Foerster: Εὐσέβεια in den Pastoralbriefen, NTS 5, 1958/59, 213ff. – R. Bultmann: Theologie des Neuen Testaments, 7. Aufl., 1977, 534. – N. Brox: Die Pastoralbriefe, 1969, 174ff.

6. Die Bedeutung des Paulus nach dem 1 Tim

● Paulus ist mit dem Evangelium betraut (1 Tim 1,11), er ist zum »Herold und Apostel« und zum »Lehrer der Völker im Glauben bestellt« (1 Tim 2,7). Es muß auffallen, »daß diese Bindung des Evangeliums an Paulus als völlig exklusiv erscheint (J. Roloff, 241).

● Der »Berufungsbericht« 1 Tim 1,12–17 zeigt das aufs deutlichste:
»Christus Jesus ist in die Welt gekommen, um Sünder zu retten« – für diesen christologischen Lehrsatz steht Paulus als »Urbild«(ὑποτύπωσις):Er war der *größte* Sünder und gerade an ihm hat Jesus Christus seine Langmut als *erstem* erwiesen. »Das in der christologischen Formel ... Ausgesagte hat in seiner Existenz sichtbare Erfül-

lung gefunden, und zugleich hat seine Autorität, in der er dem Timotheus gegenüber auftritt, in dieser Formel sowohl Sachgrund als auch Legitimation« (J. Roloff, 240).

● Neben dieser Beziehung zur Verkündigung treten andere Aspekte völlig zurück (so wird nicht von der kirchengründenden Funktion des Apostels gesprochen, er tritt nicht als Schriftausleger in Erscheinung).

Literatur: J. Roloff: Apostolat – Verkündigung – Kirche, 1965, 236ff.

---

7. Welche kirchlichen Ämter läßt der 1 Tim erkennen?

● Vom Amt des »Bischofs« (ἐπίσκοπος) handelt 1 Tim 3,1–7. Neben bürgerlichen Tugenden (nüchtern, besonnen, ehrbar, gastfrei ...) werden zwei Grundforderungen an den Bischof gestellt:

●● Er muß »in der Unterweisung geschickt sein« (διδακτικός); d. h., er hat lehrhafte Funktionen wahrzunehmen.

●● Der Bischof muß etwas von Hausverwaltung verstehen, um auch dem »Haus Gottes« recht vorstehen zu können; d. h., er hat auch das Gemeindeleben in seinen vielfältigen Aspekten zu regeln; er repräsentiert die Kirche nach außen.

Problemanzeige: Da an unserer Stelle und auch Tit 1,7 vom Bischof nur im Singular die Rede ist, könnte hier schon ein »monarchischer Episkopat« vorliegen (v. Campenhausen; dagegen Brox).

Literatur: H. v. Campenhausen: Kirchliches Amt und geistliche Vollmacht in den ersten drei Jahrhunderten, 2. Auf., 1963, 116ff. – *N. Brox:* Die Pastoralbriefe, 1969, 148f.

● Neben (oder unter) dem Bischof steht das Kollegium der Ältesten (Presbyter). Sie üben ein Vorsteheramt aus, z. T. auch ein Lehramt; das apostolische Unterhaltsrecht gilt für sie (5,17f.). Dieses Kollegium nimmt auch die »Handauflegung« vor, um Amtsträger zu ordinieren (4,14).
● Schließlich gibt es noch das Amt der Diakonen, das 1 Tim 3,8–13 genannt wird. Wie für den Bischof werden auch für die Diakone bürgerliche Tugenden gefordert (Ehrbarkeit, Ehrlichkeit); vor Dienstantritt sollen sie »geprüft werden«. Über die Funktion der Diakone erfährt man nichts.

Ein besonderes Problem stellt 3,11 (»Die Frauen müssen ebenfalls ehrbar sein, ... zuverlässig in allem«). Ist hier von den Ehefrauen der Diakone (J. Jeremias) die Rede oder von Diakonissen (Brox)?

Literatur: J. Jeremias: Die Briefe an Timotheus und Titus, in: NTD 9, 1975, 26. – *N. Brox:* Die Pastoralbriefe, 1969, 154.

---

8. Stellen Sie die christologischen Aussagen des 1 Tim zusammen

● 1 Tim 1,15 ist eine christologische Formel, die an Lk 19,10 erinnert.

● 1 Tim 2,5f.: Zweigliedrige Formel (ein Gott – ein Mittler), die Jesu Tod als Selbsthingabe und Lösegeld (vgl. Mk 10,45) interpretiert.

● 1 Tim 3,16 ist Teil eines Christusliedes, das im Parallelismus membrorum gebaut ist (Fleisch – Geist, Engel – Völker, Welt – Herrlichkeit sind die strukturbildenden Gegensatzpaare). Inkarnation, Erhöhung, Präsentation vor den Engeln, Proklamation des neuen Herrschers und die Huldigung der Welt werden als Stadien des Weges Jesu Christi genannt. Im Hintergrund steht das Ritual der Thronbesteigung (J. Jeremias).

● 1 Tim 6,13–16 bietet ein Bekenntnis, das eine Zweistufen – Christologie enthält: Die irdische Existenz Christi mit dem »guten Bekenntnis« vor Pontius Pilatus und die himmlische, aus der heraus seine Epiphanie erfolgen wird.

Problemanzeige: Man ist sich weitgehend darüber einig, daß die Pastoralbriefe meist ältere christologische Formeln zitieren (grundlegend: Windisch); diese Kirche ist »nur minimal von Paulus beeinflußt und bezeugt hier eine schon zur Abfassungszeit durch andere Aussagen ›überholte‹ Christologie« (Brox, 166).

Literatur: H. Windisch: Zur Christologie der Pastoralbriefe, ZNW 34, 1935, 213ff. – *N. Brox:* Die Pastoralbriefe, 1969, 161ff. – *R. Deichgräber:* Gotteshymnus und Christushymnus in der frühen Christenheit, 1967, 133ff. (zu 3,16). – *J. Jeremias:* Die Briefe an Timotheus und Titus, NTD 9,27ff. – *V. Hasler:* Epiphanie und Christologie in den Pastoralbriefen, ThZ 33, 1977, 193ff.

---

9. Die Stellung der Frau in der Gemeinde nach dem 1 Tim

● Im Gottesdienst sollen die Frauen sich nicht mit äußerem Putz, sondern mit guten Werken schmücken (2,9f.)

● Die Frau soll im Gottesdienst schweigen; denn nach der Schöpfungsordnung steht sie unter dem Mann, und außerdem war sie schuld am Sündenfall (2,11–14).

● Für christliche Frauen hat das Kindergebären Heilsbedeutung (2,15; vielleicht gegen gnostische Abwertung der Ehe gesagt).

● Von den Witwen handelt der Abschnitt 5,3–16. Unser Brief unterscheidet drei Gruppen von Witwen:

1. solche, die Kinder oder Enkel haben; sie sollen für ihre Angehörigen sorgen und sich von diesen unterstützen lassen

2. jüngere Witwen; sie sind noch von der Sinnlichkeit bedroht und sollen daher wieder heiraten; eine gemeindliche Funktion kann ihnen nicht anvertraut werden.

3. die tatsächlich alleinstehenden Witwen; sofern sie nur »eines Mannes Weib« waren,

mindestens 60 Jahre alt sind und sich in guten Werken bewährt haben, können sie in die Körperschaft der Witwen aufgenommen werden (5,9f.). Neben Gebet und Fürbitte (5,5) ist ihnen der Besuchsdienst anvertraut (aus 5,13 zu erschließen).

Problemanzeige: Wir haben mit H.-W. Bartsch u. a. vorausgesetzt, daß die Pastoralbriefe bereits ein »Witwenamt« kennen. Da Gebet und Fürbitte nach 2,1.8 aber allen Christen aufgetragen sind, schließt A. Sand, 1 Tim 5,9 spreche nur von der Aufnahme in Witwenlisten für Sozialfürsorge.

Literatur: H.-W. Bartsch: Die Anfänge urchristlicher Rechtsbildungen. Studien zu den Pastoralbriefen, 1965, 112ff. – *A. Sand:* Witwenstand und Ämterstrukturen in den urchristlichen Gemeinden, in: BiLe 12, 1971, 186ff.

22. Der 2. Timotheusbrief

1. Skizzieren Sie den Aufbau des 2 Tim

1,1f.: Präskript

1,3–14: Der gefangene Apostel gedenkt des Timotheus und fordert ihn zu furchtlosem Bekenntnis auf

1,15–18: Abfall vieler, Treue des Onesiphoros

2,1–13: Timotheus soll das anvertraute Gut weitergeben und zum Leiden bereit sein, um der Verheißung teilhaftig zu werden.

2,14–26: Warnung vor Streitgesprächen mit Irrlehrern, die behaupten, die Auferstehung sei schon geschehen

3,1–9: Polemik gegen die Irrlehrer

3,10–17: Der rechte Christ lebt fromm, nimmt Verfolgung auf sich und bleibt beim überkommenen Glauben

4,1–8: Angesichts seines Märtyrertodes beschwört der Apostel den Timotheus, die »gesunde Lehre« weiterzutragen

4,9–18: Der einsame Apostel bittet Timotheus zu sich und berichtet vom guten Ausgang der ersten Verhandlung

4,19–22: Grüße und Gnadenwunsch.

2. Welche Situation setzt der 2 Tim voraus?

• Der Apostel ist in Rom gefangen; viele Mitarbeiter haben sich von ihm abgewandt. Timotheus scheint in Ephesus zu wirken (4,19). Ein Besuch des Apostels in Troas, Milet und Korinth scheint kurze Zeit zurückzuliegen (4,13.30). Dabei kann es sich nicht um die in Apg 20f. berichtete Reise gehandelt haben, denn Trophimus kam mit nach Jerusalem (Apg 21,29), während er nach 2 Tim 4,20 krank in Milet zurückblieb.

• Der Apostel schreibt den Brief in Erwartung seiner Verurteilung zum Tod (4,6ff.). Damit wird diesem Brief das Gewicht einer »Abschiedsrede« oder eines »Testaments« gegeben.

Problemanzeige: Die sehr konkret erscheinenden Personalnotizen 4,9–21 und dazu die so »unerfindbar« aussehende Bitte um Nachsendung des in Troas liegengebliebenen Mantels mitsamt den Schriften (4,13) werden noch bis heute als Indiz für paulinische Herkunft, wenngleich auch unter Mithilfe eines relativ selbständig arbeitenden Sekretärs (J. Jeremias), angesehen.

Dagegen ist grundsätzlich einzuwenden, daß solche konkreten Angaben auch der schriftstellerischen Absicht entspringen können. Die Nennung der vielen Namen dürfte speziell der Autorisierung von Paulusschülern dienen (Hegermann), die Bitte um Mantel und Schriften soll das Vorbild des Paulus in seiner Bedürfnislosigkeit einerseits und seiner Ausrichtung an den heiligen Schriften andererseits unterstreichen (Trummer).

Literatur: J. Jeremias: Die Briefe an Timotheus und Titus, NTD 9,7ff. – *H. Hegermann:* Der geschichtliche Ort der Pastoralbriefe, in: Theologische Versuche II, 1970, 47ff. – *P. Trummer:* »Mantel und Schriften« (2 Tim 4,13), in: BZ N.F. 18, 1974, 193ff.

3. Was erfahren wir über die Irrlehre?

• Wie schon in 1 Tim wird die Irrlehre abwertend apostrophiert: »heilloses, leeres Geschwätz« (2,16), »Krebsgeschwür« (2,17). Die Irrlehrer der Endzeit sind allen nur denkbaren Lastern verfallen (3,1ff.).

• Ein konkreter Punkt der Irrlehre wird genannt: Die Auferstehung sei schon geschehen (2,18). Diese Spiritualisierung der Auferstehungserwartung weist auf die Gnosis, die bei ihrer Verachtung der Materie eine künftige leibliche Auferstehung nicht annehmen konnte.

4. Was sagt der 2 Tim vom Leiden des Apostels und des Christen? Vergleichen Sie diese Aussagen mit entsprechenden der echten Paulusbriefe.

• Nach 2 Tim 1,8 erduldet Paulus Leiden für das Evangelium, in 4,6–8 spricht Paulus von seiner Todeserwartung als Konsequenz seines Dienstes. Ebenso soll Timotheus Verfolgungen und Leiden auf sich nehmen (2,3).

• Der Apostel nimmt sein Leiden »um der Auserwählten willen« auf sich (2,10); es ist nicht deutlich, ob der Verfasser an ein stellvertretendes Leiden des Apostels denkt. In (scheinbar paulinischer) Weise heißt es: Wenn wir mitsterben, werden wir auch mitleben (2,11).

• Da in der Endzeit die Gottlosigkeit überhand nimmt (3,1ff.), werden alle, die »fromm«(εὐσεβῶς) leben wollen, in Verfolgung geraten (3,12).

• Die für Paulus so zentrale christologische Begründung des Leidens fehlt hier. Wo Paulus vom Mitsterben mit Christus spricht (Röm 6), meint er gerade nicht den physischen Tod, sondern die Taufe.

So kann man zusammenfassend urteilen, das Leiden gehöre nach dem 2 Tim »primär mit dem *Werk* des Apostels zusammen [...], nicht aber mit seinem personhaften Christusverhältnis« (J. Roloff, [s. zu 6], 243).

5. Welche christologischen Überlieferungen enthält der 2 Tim?

• 2 Tim 1,9f. bringt im »Revelationsschema« ein Bekenntnis: die vor ewigen Zeiten verliehene Gnade ist jetzt durch die Erscheinung (ἐπιφάνεια) des Heilands (σωτήρ) Jesus Christus geoffenbart.

• 2 Tim 2,8: formelhafte Aussage im Sinne einer Zweistufen-Christologie (Davidsohnschaft und Auferweckung), verwandt mit Röm 1,3f. (vorpaulinische Formel!).

• 2 Tim 2,11–13 stellen ein »Vertrauenslied« (R. Deichgräber) dar, das den Mitsterbenden und Mitleidenden Anteil an der Auferweckung und Herrschaft Christi zuspricht; wer ihn verleugnet, wird von ihm verleugnet werden (vgl. Mt 10,33), wenngleich über allem die unwandelbare Treue des Herrn steht.

6. Zeigen Sie anhand der Aussagen des 2 Tim das Traditionsverständnis der Pastoralbriefe auf

Die Verkündigung begegnet nach 2 Tim 1,12.14 in der Form eines »anvertrauten Gutes« (παραθήκη). Dieses Gut hat Gott dem Paulus anvertraut; er muß es treulich weitergeben und auch sein »Nachfolger« Timotheus muß die »gute Paratheke« bewahren (1,14) und seinerseits zuverlässigen Leuten anvertrauen (παρατιθέναι), die imstande sind, es andere weiterzulehren (2,2). So wird hier eine Traditionskette sichtbar, die den rechten Charakter der Verkündigung garantieren soll.

Dabei ist für die Einreihung in die Traditionskette ein sakral – juridischer Akt, nämlich die Handauflegung, Voraussetzung (1,6). Der durch Handauflegung Ordinierte erhält eine Gnadengabe, die er »immer neu zur Wirkung kommen lassen« soll (1,6); die übertragene Gnade »garantiert also nicht durch sich selbst schon ihre Wirksamkeit, sondern verlangt nach Eifer und Einsatz« (N. Brox, a. a.O. 181).

Was im 2 Tim exemplarisch am Paulusschüler Timotheus dargestellt wird, ist im 1 Tim allgemeiner formuliert: Der Amtsträger wird durch Prophetenwort berufen und durch das Presbyterium ordiniert (1 Tim 4,14), vorher hat er »vor vielen Zeugen« ein »gutes Bekenntnis« abzulegen (6,12). Möglicherweise ist 1 Tim 6,11–16 Niederschlag einer »Ordinationsparänese« (Käsemann).

> *Literatur: E. Käsemann:* Das Formular einer neutestamentlichen Ordinationsparänese, in: ders.: Exegetische Versuche und Besinnungen I, 258ff. – *J. Roloff:* Apostolat – Verkündigung – Kirche, 1965, 244ff. – *O. Knoch:* Die »Testamente« des Petrus und Paulus, 1973, 44ff. – *K. Wegenast:* Das Verständnis der Tradition bei Paulus und in den Deuteropaulinen, 1962, 132ff.

23. Der Titusbrief

1. Geben Sie eine Übersicht über den Inhalt des Tit

1,1–4: Präskript (erweitert um Ausführungen über das Apostelamt)

1,5–16: Titus soll in allen Städten Kretas Presbyter einsetzen, die zur Abwehr von Irrlehren befähigt sind.

2,1–10: Mahnungen für alte Männer / alte Frauen, junge Frauen / junge Männer und Sklaven

2,11–15: Die Erscheinung der Gnade Gottes als Begründung christlichen Verhaltens

3,1–7: Gehorsam gegen die Obrigkeit und Milde gegen alle Menschen als Antwort auf die Heilstat

3,8–11: Gute Werke sind nützlich, Auseinandersetzungen mit Irrlehrern töricht

3,12–15: Persönliche Notizen, Grüße, Gnadenwunsch.

2. Welche biographischen Angaben macht Tit?

Der Apostel Paulus befindet sich in Nikopolis, wo er den Winter verbringen will (3,12; da mehrere Orte so benannt sind, ist unklar, wo Paulus sich aufhält; meist denkt man an Nikopolis in Epirus).

Er hat Titus auf Kreta zurückgelassen, wo sie zusammen missioniert haben. Die dortigen Gemeinden sind noch nicht richtig organisiert; dafür soll Titus Sorge tragen und durch diesen Brief instruiert werden (1,5ff.). Da auf Kreta auch schon die Ketzerei ihr Haupt erhebt, ist Kirchenzucht nötig (1,13; 3,9ff.).

Von einer Missionstätigkeit des Paulus auf Kreta ist sonst nichts bekannt. Man könnte höchstens annehmen, Paulus und Titus hätten sich während des dreimonatigen Griechenlandaufenthaltes von Apg 20,3 auch nach Kreta begeben. Doch sind Sprache und Gedankenwelt des Tit (zusammen mit 1 und 2 Tim) so weit von Paulus entfernt, daß der Annahme der Pseudepigraphie eindeutig der Vorzug zu geben ist. Natürlich darf man dieses Phänomen nicht mit unseren heutigen Maßstäben messen.

> *Literatur: N. Brox:* Falsche Verfasserangaben. Zur Erklärung der frühchristlichen Pseudepigraphie, 1975.

3. Was erfahren wir über die Irrlehre und ihre Bekämpfung?

● Die Irrlehrer werden disqualifiziert (»törichte Schwätzer« 1,10; sie »lehren um schnöden Gewinns willen«, 1,11, sie sind »frevelhaft« und »zu keiner guten Tat brauchbar« 1,16).

● Die Irrlehrer kommen aus dem Judentum (1,10), sie hängen »jüdischen Fabeln« und »Geboten von Menschen« an (1,14), sie »behaupten, Gott zu kennen« (1,16). Das spricht, wie schon zu 1 Tim festgestellt, für judenchristliche Gnosis.

● Die Bekämpfung erfolgt auch nach dem Tit rein negativ; Titus soll sie zwar »mit Strenge zurechtweisen« (1,13), aber er soll »Streiterei und gesetzliche Kontroversen fliehen, denn sie sind unnütz und zwecklos« (3,9). Nach ein- oder zweimaliger Zurechtweisung soll man die Ketzer ihrem Schicksal überlassen (3,10f.).

4. Wie ist die Forderung »guter Werke« im Tit zu verstehen?

Die Grundstelle ist 2,14: Jesus Christus hat sich für uns hingegeben, damit er uns von aller Ungesetzlichkeit erlöse und sich ein zum Eigentum erlesenes Volk reinigte, das eifrig ist in guten Werken.

In dieser ganz unpaulinischen Ausdrucksweise ist doch sachlich an Paulus angeknüpft, insofern das Handeln des Menschen Antwort auf das Heilsgeschehen ist. Die Rettung ist ausdrücklich nicht als Folge guter Werke beschrieben (3,5). »Und darin liegt dem Verfasser der Pastoralbriefe die Richtigkeit seiner ›theologischen‹ Arbeit beschlossen: Anweisungen für die Gemeindeleiter wie für die Gemeinde vornehmlich mit Hinweisen auf das empfangene und darum gegenwärtige Heil zu begründen. Fehlt diesen Begründungen auch der Tiefgang paulinischer Theologie, es ist ein Kennzeichen unserer Briefe, daß in ihnen gerade die traditionellen, außerchristlich vornehmlich im hellenistischen Bereich nachzuweisenden Pflichtenreihen, Ämterspiegel, ›Haustafeln‹ im Indikativ des Heils verankert sind und auf diesem Grund als überliefertes Gut in die bleibende Gegenwart des Evangeliums hineingezogen werden« (O. Merk, 98f.).

Literatur: P. Stuhlmacher: Christliche Verantwortung bei Paulus und seinen Schülern, EvTh 28, 1968. – *O. Merk:* Glaube und Tat in den Pastoralbriefen, ZNW 66, 1975, 91ff.

---

24. Der 1. Petrusbrief

1. Geben Sie einen Überblick über den Inhalt des 1 Petr

1,1f.: Präskript

1,3–12: Eulogie: Lobpreis Gottes für die Hoffnung der angefochtenen Christen auf das himmlische Erbe

1,13–21: Mahnung zur Heiligung des Lebens angesichts der Erlösung durch das Blut Christi

1,22–25: Mahnung zur Bruderliebe

2,1–10: Christus, der Eckstein – die Gemeinde als Gottes Haus und Volk

2,11–4,11: Die Bewährung der Christen im Alltag der Welt, in Leid und Verfolgung

    2,13–17: Die Christen und der Staat

    2,18–25: Mahnung an die Sklaven

    3,1–7: Mahnung an die Eheleute

    3,8–12: Die Christen in der Gemeinde und in der feindlichen Umwelt

    3,13–4,6: Die Christen als in der Welt Leidende

    4,7–11: Eschatologisch motivierte Mahnungen

4,12–19: Nochmalige Mahnung zur Bewährung im Leiden

5,1–5: Mahnung an die Ältesten und die Jüngeren

5,6–11: Leiden in Sorglosigkeit, Wachsamkeit und in der Kraft Gottes

5,12–14: Empfehlung des Silvanus, Grüße, Friedenswunsch.

Dieser Aufriß folgt weitgehend W. Schrage: Der erste Petrusbrief, in: NTD 10, 1973, 65ff.

2. Was erfahren wir über den Verfasser des 1 Petr?

Der Verfasser nennt sich »Petrus, Apostel Jesu Christi« (1,1). Er ist »Mitältester und Zeuge für die Leiden Christi« (5,1), also »einer, der die Leiden nicht nur vom Hörensagen, sondern aus eigener Leidenserfahrung kennt« (Schrage, a. a. O. 113). In den Grüßen wird die miterwählte Gemeinde von Babylon genannt (5,13); das ist sicher ein Deckname für Rom (Hunzinger). Der Apostel hat »durch Silvanus ... in Kürze geschrieben« (5,12). Dies wurde früher so ausgelegt, als sei Silvanus der Sekretär des Petrus gewesen; doch ist eher gemeint, er sei der Überbringer des Schreibens (Schrage, a. a. O. 63; Brox, 83ff.).

Problemanzeige: Konkrete Hinweise auf petrinische Verfasserschaft ergeben sich aus dem Brief nicht. Die Namen Silvanus und Markus sind eher als Paulusbegleiter bekannt. Wenn man bedenkt, daß auch die Theologie des Briefes in paulinischer Tradition steht (siehe unten), wird man der Beurteilung als Pseudepigraphon zustim-

men müssen. »Für die frühkirchliche Mentalität, die sich ganz intensiv auf Überliefe-
rungs-Kontinuitäten von den Aposteln her zu besinnen begann, stellte sich keine
Schwierigkeit ein, den Namen Petrus über eine Schrift von paulinischem Charakter
zu setzen, weil in vielen Fällen ›das‹ generell Apostolische in Namensnennungen nur
verbal individualisiert oder personalisiert wurde, während faktisch eine ›zufällige‹
kirchliche Überlieferung mit einem ›beliebigen‹ Apostelnamen verbunden wurde«
(Brox, 93).

Literatur: N. Brox: Zur pseudepigraphischen Rahmung des ersten Petrusbriefes, BZ N. F.
19, 1975, 78ff. – *C. H. Hunzinger:* Babylon als Deckname für Rom und die Datierung des 1.
Petrusbriefes, in: Gottes Wort und Gottes Land (FS H. W. Hertzberg), 1965, 67ff.

3. Was erfahren wir über die Adressaten des 1 Petr?

Der 1 Petr ist an eine Mehrzahl von Gemeinden in Kleinasien gerichtet (1,1). Sie sind
Heidenchristen (1,14.18; 4,3). Diese Gemeinden sind »auserwählte Fremdlinge in der
Zerstreuung« (διασπορά, 1, 1), was wohl ein – theologisch vertiefter – Hinweis auf
ihre Minderheitsstellung ist. In solcher Situation sind Konflikte mit der heidnischen
Umwelt möglich (1,6; 3,14) und auch tatsächlich erfolgt (4,12ff.; 6,8).

Problemanzeige: Die Tatsache, daß in 1,3–4,11 nur vom möglichen Leiden der
Christen die Rede ist, in 4,12ff. aber vom tatsächlichen Leiden, wurde als Indiz für
literarkritische Operationen angesehen; neuerdings auch die Beobachtung, daß in
4,12ff. die Ältestenordnung empfohlen wird, während 4,7–11 eine charismatische
Gemeindeverfassung erkennen läßt.

Literatur: F. Schröger: Die Verfassung der Gemeinde des ersten Petrusbriefes, in: J. Hainz
(Hg.): Kirche im Werden, 1976, 239ff.

4. Wie nimmt der Verfasser des Briefes auf die Lage der Adressaten Bezug?

Nach 5,12 will der Brief ein Mahn- und Trostschreiben sein.
● Der tröstliche Zuspruch beruht in der Erinnerung an das Heilshandeln Gottes in
Christus, wodurch sie Hoffnung auf das Heil haben (»die Rettung der Seelen« 1,9);
dem gegenwärtigen Leiden wird künftiger Jubel entgegengesetzt (1,8; 4,13).
● Daneben aber liegt dem Verfasser viel an der Ermahnung der Leser zu tadellosem
Wandel. Die Christen sollen durch »gute Taten« die heidnischen Verleumdungen als
unverständig überführen und zum Schweigen bringen (2,12.15; 3,16; 4,14f.). Viel-
mehr sollen die Christen um guter Taten willen leiden; das entspricht dem Vorbild
Christi (3,17ff.).

Literatur: W. C. van Unnik: Die Rücksicht auf die Reaktion der Nicht-Christen als Motiv in der altchristlichen Paränese, in: Judentum – Urchristentum – Kirche (FS J. Jeremias) 2. Aufl., 1964, 221 ff. – *G. Delling:* Der Bezug der christl. Existenz auf das Heilshandeln Gottes nach dem 1. Petrusbrief, in: Neues Testament und christliche Existenz (FS H. Braun), 1973, 95 ff.

5. Unter welchen Aspekten sieht der 1 Petr das Leiden der Christen?

• Das Leiden der Christen hat mit dem Leiden Christi zu tun, ist »Christusleiden« (2,20f.; 3,17ff.; 4,12f.). Christus ist Vorbild, seinen Spuren sollen die Christen nachfolgen. Da sie an den Leiden Christi teilhaben, werden sie auch bei der Offenbarung seiner Herrlichkeit jubeln können.
• Das Leiden der christlichen Sklaven wegen der Gewissensbindung an Gott ist *Gnade* (χάρις, 2,19f.).
• Das »Leiden am Fleisch« bedeutet ein *Ende der Sünde* und damit Ermöglichung eines Lebens nach dem Willen Gottes (4,1–3).

Problemanzeige: Das Verständnis von 4,1b (ὁ παθὼν σαρκὶ πέπαυται ἁμαρτίας) ist schwierig: Bezieht es sich auf Christus, der als Leidender am Fleisch der Sündenmacht ein Ende bereitet hat (Strobel), oder auf den leidenden Christen, der im Leiden mit der Sünde aufhört (Millauer 111ff.)?

Literatur: A. Strobel: Macht Leiden von Sünde frei? ThZ 19, 1963, 412ff.

• Das Leiden der Christen ist »Beginn des Gerichtes am Hause Gottes« (4,17), es ist *Anzeichen für den Anbruch der Endzeit.* »Verfolgungen sind nicht nur eine besondere Bosheit der Verfolger oder gar ein Mißverständnis, sondern der erste Akt des großen Enddramas, das die Christen der Vollendung entgegenbringt« (Schrage, a. a. O. 112).
• Leiden ist *Versuchung* (πειρασμός), die den Glauben läutert und seine Echtheit herausstellt (1,6f.; 4,12).

Literatur: H. Millauer: Leiden als Gnade, 1976.

6. Stellen Sie die wichtigsten christologischen Texte des 1 Petr zusammen

• 1 Petr 1,18–21: Christus ist das fehllose Lamm, durch dessen Blut die Heiden aus ihrer nichtigen Lebensweise losgekauft wurden und zum Glauben an Gott kamen; Gott hat ihn von den Toten auferweckt und ihm Herrlichkeit gegeben. Dazu war er vor Grundlegung der Welt ausersehen, ist aber jetzt, am Ende der Zeiten, offenbar geworden (Revelationsschema!).

- 1 Petr 2,21–25: Christus war sündlos, verzichtete als unschuldig Leidender darauf, sein Recht selbst geltend zu machen; er trug unsere Sünden, durch seine Wunden sind wir geheilt. Dieses »Passionslied« ist unter Verwendung des Gottesknechtsliedes Jes 53 gestaltet.

- 1 Petr 3,18–22 ist ein Bekenntnisfragment, welches das Leiden Christi als Sühne und Stellvertretung interpretiert, von der Höllenfahrt Christi spricht (»er hat den Geistern im Gefängnis gepredigt« Vers 19), und Himmelfahrt, Unterwerfung der Engelmächte und Erhöhung zur Rechten Gottes als Ziel des Weges Christi nennt.

Problemanzeige: Alle drei Stücke beruhen auf älterer Überlieferung. Das zeigen stilistische Eigenheiten, aber auch die Tatsache, daß die Aussagen über das im Textzusammenhang Erforderliche hinausgehen (Beispiel: 3,17 ermahnt zum Ertragen unschuldigen Leidens, das durch das Vorbild Christi motiviert werden soll; dazu aber wäre es nicht nötig, auch von der Höllenfahrt und Erhöhung Christi zu sprechen). Einzelheiten der Rekonstruktion sind natürlich unsicher.

Während 2,21–25 ein Liedfragment sein dürfte, sind in 1,18–21 und 3,18–22 Bekenntnisfragmente verarbeitet. Mit R. Bultmann und K. H. Schelkle kann man die beiden Bekenntnisfragmente zu einer Vorform des 2. Glaubensartikels zusammenfügen:

(1,20) Jesus Christus war vorausbestimmt vor Grundlegung der Welt und wurde jetzt offenbar am Ende der Zeiten.

(3,18) Er ist für die Sünden gestorben, damit er uns zu Gott hinführe, getötet nach dem Fleisch, lebendig nach dem Geist.

(3,19) Er predigte den Geistern im Gefängnis.

(1,21 3,21) Er wurde auferweckt von den Toten,

(3,22) fuhr auf in den Himmel, sitzt zur Rechten Gottes, herrscht über Engel, Gewalten und Mächte.

Literatur: R. Bultmann: Bekenntnis- und Liedfragmente im ersten Petrusbrief, in: *ders.:* Exegetica, 1967, 285ff. – *K. H. Schelkle:* Die Petrusbriefe, Der Judasbrief, 1961, 110ff.

---

7. Vergleichen Sie die Haustafel 1 Petr 2,13–3,7 mit analogen Texten des NT

•• Die Forderung der Unterordnung unter die staatlichen Instanzen teilt 1 Petr mit Röm 13,1 und Tit 3,1.

•• Die Funktion der Obrigkeit, Übeltäter zu bestrafen und Gute zu loben, wird 1 Petr ebenso wie Röm 13,3f. herausgestellt.

•• Im 1 Petr fehlt der Hinweis auf göttliche Einsetzung der Obrigkeit (so Röm 13,1b.2) oder ihre Wertung als »Gottes Diener« (Röm 13,4.6).

•• Nach 1 Petr ist der Gehorsam gegen die Obrigkeit nur ein Spezialfall der Unterordnung »unter jedes Geschöpf«.

•• Nur im 1 Petr wird die Gehorsamsforderung mit dem Hinweis auf die christliche Freiheit (2,16) begründet.

•• 1 Petr fordert kein Gebet für die Obrigkeit, wie es 1 Tim 2,1f. geschieht.

•• Die Mahnung an die Sklaven wird 1 Petr 2,18f. theologisch begründet: Leiden um der Gewissensbindung an Gott willen ist Gnade.

•• Leiden gehört zur Nachfolge des leidenden Christus (2,21ff.).

•• Eine Mahnung an die Herren, wie sie die Haustafeln in Kol und Eph bringen, fehlt im 1 Petr.

• Die Mahnung an die Eheleute (3,1–7) ist zweigeteilt wie im Kol und Eph.

•• Die Frauen werden wie auch sonst zur Unterordnung unter den Mann aufgefordert. Neu ist die missionarische Begründung: Die Männer sollen durch die Lebensführung der Frauen für das Christentum gewonnen werden (3,1f.).

•• Die Frauen werden auf das Vorbild Saras verwiesen, die sich durch »gute Werke«, aber auch durch »Furchtlosigkeit« auszeichnete (3,6). »Christliche Frauen brauchen sich durch Einschüchterungsversuche ihrer nicht-christlichen Ehemänner, mit denen sie sie etwa zum Verlassen der Gemeinde ... bewegen wollen, nicht entmutigen zu lassen« (W. Schrage: Der erste Petrusbrief, 96).

•• Die Männer werden zur Rücksicht und Achtung gegenüber der Frau aufgefordert, sind die Frauen doch »Miterben der Gnade des Lebens«.

Literatur: E. Lohse: Paränese und Kerygma im 1. Petrusbrief, in: *ders.:* Die Einheit des Neuen Testaments, 1973, 307ff. – *W. Schrage:* Die Christen und der Staat, 1971, 63ff.

---

8. Welches Kirchenverständnis läßt der 1 Petr erkennen?

• Der Ursprung der Gemeinde liegt in der Erwählung durch Gott (1,2), in seinem Erbarmen (1,3; 2,10).

• Die Kirche ist ein »geistliches Haus« (οἶκος πνευματικός 2,5). Die Kirche wird vom Geist Gottes geschaffen und erfüllt (1,2; 4,6).

• Die Kirche ist eine »heilige Priesterschaft« (ἱεράτευμα ἅγιον 2,5), d. h. die Unterscheidung zwischen »Priestern« und »Laien« gilt nicht mehr. Das ganze Volk ist »heilig« (2,9), weil es die »Heiligung des Geistes« (1,2) besitzt. Damit ist aber auch der Auftrag verbunden, in der ganzen Lebensführung heilig zu werden (1,16f.).

Literatur: H. Goldstein: Paulinische Gemeinde im Ersten Petrusbrief, 1975.

---

25. Der Judasbrief

1. Der Inhalt des Judasbriefes

2. Was erfahren wir über den Verfasser des Briefes?

● Der Verfasser nennt sich »Knecht Jesu Christi« und »Bruder des Jakobus«. Damit will er sich wohl als Bruder des Herrenbruders Jakobus und indirekt als Bruder Jesu einführen (vgl. Mk 6,3). Da der Brief kein Eschatokoll hat, erfahren wir nichts über den Abfassungsort.

3. Was können wir über die Adressaten des Schreibens ausmachen.

● Die allgemein gehaltene Zuschrift (»an die Berufenen ...«) gibt keinerlei Aufschluß über den Empfängerkreis. Von persönlichen Beziehungen zwischen Verfasser und Gemeinde ist nicht die Rede. Da der Verfasser aber Irrlehrer bekämpft, die in den angesprochenen Gemeinden aufgetreten sind, werden wohl Beziehungen bestanden haben. Der Verfasser will jedoch mit der allgemein gehaltenen Adresse »seinem Kampf gegen die Irrlehrer ökumenische Bedeutung verschaffen« (Ph. Vielhauer: Geschichte der urchristlichen Literatur, 1975, 590).
● Die Irrlehrer sind offensichtlich von außen in die Gemeinden eingedrungen (Vers 4), nehmen am Herrenmahl teil (Vers 12) und haben Anhänger und Sympathisanten in der Gemeinde (22f.).

4. Charakterisieren Sie die Irrlehre, die im Jud bekämpft wird

Das wesentlichste Motiv der Irrlehre ist die in Vers 19 angesprochene dualistische Scheidung der Menschheit in zwei Klassen, Psychiker (Menschen, die nur eine vergängliche Seele haben) und Pneumatiker (Menschen, die an der göttlichen Natur Anteil haben).

Die Irrlehrer fühlen sich als Pneumatiker: sie reden »hochfahrende Dinge« (Vers 16) und fühlen sich sogar den Engelmächten überlegen (Vers 8.10).

Damit sind die Irrlehrer dem breiten Strom christlicher Gnosis zuzurechnen.

Auch die libertinistische Haltung, die Jud den Gegnern lauthals vorwirft (Vers 4.8.16.18), paßt zu gewissen gnostischen Richtungen.

5. Wie setzt sich Jud mit der Irrlehre auseinander?

Eine eigentliche Auseinandersetzung im Sinne theologischen Argumentierens findet nicht statt. Seine Bekämpfung der Irrlehre hat drei Aspekte:
- Das Auftreten von Irrlehrern ist geweissagt. Dazu zitiert Jud den apokryphen aethiopischen Henoch (Vers 14f.) und verweist auf die »Worte der Apostel« (Vers 17f.).
- Gegenüber der Irrlehre werden die Leser auf den Glauben verwiesen, »der den Heiligen ein für allemal überliefert worden ist« (Vers 3) und werden ermahnt, sich auf ihrem »heiligsten Glauben zu erbauen« (Vers 20). Worin dieser rechte Glaube besteht, wird nicht dargelegt, sondern als Wissen der Leser vorausgesetzt.
- Der moralischen Minderwertigkeit der Irrlehrer gilt der Hauptangriff des Jud (Vers 4.8.10.16.18).

Dabei zieht Jud 2 × 3 Beispiele aus dem Alten Testament heran: die Israeliten in der Wüste, die gefallenen Engel und Sodom und Gomorrha (Vers 5–7) und Kain, Bileam und Korah (Vers 11).

Da »Jud ... mit solcher Verwendung at. Exempel in einer festen Stiltradition der Ketzerpolemik« steht (Ph. Vielhauer, a. a. O. 592), wird man im Einzelfall natürlich nicht sagen können, ob all diese Schändlichkeiten zum Verhalten der Irrlehrer gehörten.

6. Welche Anweisung für die »Kirchenzucht« gibt Jud?

Nach der vom Kodex Vaticanus gebotenen und von Nestle-Aland, Wilckens und den neueren Kommentaren übernommenen Lesart unterscheidet Jud zwei Gruppen:
- Zweifelnde, noch nicht ganz zur Irrlehre abgefallene Christen verdienen Erbarmen; die Gemeinde soll sich um ihre Rettung »aus dem Feuer« (des Gerichts?) bemühen.
- Ganz Abgefallene verdienen zwar auch Erbarmen, aber die Gemeinde muß sich vor jedem Kontakt mit ihnen hüten.

Codex Sinaiticus u. a. bieten eine Unterscheidung in drei Gruppen:
- Die Zweifelnden.
- Die aus dem Feuer zu Reißenden, also schon stark von der Häresie Erfaßten.
- Diejenigen, mit welchen jede Gemeinschaft gemieden werden muß.

Diese längere Lesart verteidigt als ursprünglich W. Bieder. Neuerdings hat sogar die ganz verkürzte Fassung des p^{72} einen Verteidiger gefunden (Osburn).

Literatur: W. Bieder: Judas 22f., in: ThZ 6, 1950, 75ff. – *C. D. Osburn:* The Text of Jude 22–23, in: ZNW 63, 1972, 139ff.

26. Der 2. Petrusbrief

1. Geben Sie einen Überblick über den Inhalt des 2 Petr

1,1–4: Präskript (erweitert)
1,5–11: Mahnung zu tugendhaftem Lebenswandel
1,12–21: Der scheidende Apostel bekräftigt die christliche Hoffnung
2,1–3: Weissagung über das Auftreten von Irrlehrern
2,4–13a: Das drohende Gericht über die Irrlehrer
2,13b–22: Das schändliche Treiben der Irrlehrer
3,1–13: Gegen Zweifel an der Parusieerwartung
3,14–18: Schlußmahnungen und Doxologie.

2. Was erfahren wir über den Verfasser des 2 Petr?

● Der Verfasser stellt sich als »Symeon Petrus« vor (1,1). (Die semitisierende Namensform kommt noch 1 × im NT vor, sonst nur die gräzisierte »Simon«).

Daß der Verfasser damit für den Jünger Jesu gehalten werden will, zeigt 1,16.18, wo er sich als Augen- und Ohrenzeugen der Geschichte Jesu bezeichnet. Dazu beansprucht er, auch den 1 Petr geschrieben zu haben (3,1).

● Der 2 Petr will von Petrus angesichts seines bevorstehenden Todes geschrieben worden sein (1,13f.); damit erhält der Brief das Gewicht eines »Testamentes« des Apostels.

Problemanzeige: Trotz dieser starken Beanspruchung der Autorität des Jüngers ist sich die Forschung »heute weltweit darüber einig, daß der 2. Petrusbrief, sowenig wie der 1., nicht aus der Feder des Apostels Petrus stammt« (Fr. Mußner: Petrus und Paulus – Pole der Einheit, 1976, 58). Die folgenden Fragen wollen auf die wichtigsten Tatbestände aufmerksam machen, die zu dieser Beurteilung führen.

3. Welche Gemeindesituation spiegelt der 2 Petr?

● Die Empfänger des Briefes werden nicht konkret genannt, sondern lediglich dogmatisch charakterisiert: »die einen dem unseren gleichwertigen Glauben erlangt haben« (1,1).
● In den Gemeinden, die angesprochen werden, sind Irrlehrer aufgetreten, die »ungefestigte Existenzen« (2,14), vor allem Neubekehrte (2,18.20), an sich ziehen und bereits »verderbliche Spaltungen« hervorgerufen haben (2,1).

4. Was erfahren wir über die Irrlehre des 2 Petr?

● Ausführlich spricht 2 Petr 2 über die moralische Minderwertigkeit der Irrlehrer (Schwelgerei, Unzucht, Habgier), die sich hinter dem Schlagwort »Freiheit« versteckt (2,19).

● Sie lästern die »Herrlichkeitsengel« und verachten »die Herrschermacht« (2,10).

● Das konkreteste Kennzeichen der Irrlehrer ist ihre Leugnung der Parusieerwartung (3,1–13). Ihr Schlagwort wird 3,4 zitiert: »Wo ist die Verheißung seiner Parusie? Denn seit die Väter entschlafen sind, bleibt alles wie von Anfang der Schöpfung an.«

Könnte man aus den beiden erstgenannten Tatbeständen auf gnostisches Selbstbewußtsein schließen, so ist die Leugnung der Parusieerwartung nicht typisch für die Gnosis.

● Schließlich läßt sich aus 1,19–21 folgern, daß die Irrlehrer die (alttestamentliche) Prophetie einer eigenen Auslegung unterziehen und aus 3,16 geht hervor, daß sie auch Paulusbriefe in ihrem Sinn auslegen.

5. Wie bekämpft der 2 Petr die Irrlehre?

● Das Auftreten der Irrlehre wird als Weissagung des scheidenden Apostels dargestellt (3,1ff.); dadurch wird dem Auftreten der »Spötter« der Stachel genommen. Ihr Auftreten gehört zum Ablauf der Heilsgeschichte.

● Die Unmoral der Irrlehrer ist ein Hauptpunkt der Kritik. Die gefallenen Engel, die Sintflutgeneration und die Städte Sodom und Gomorrha sind warnende Beispiele für das Geschick der Irrlehrer (2,3–13).

● Wichtig ist dem Verfasser die Berufung auf die Tradition: Die Adressaten werden an den ihnen zugeteilten Glauben erinnert (1,1). »Glaube ist ... hier im Sinn der Glaubenslehre zu verstehen, die in der Traditionskette nichts von ihrer Dignität und Integrität eingebüßt hat, sondern immer noch das gleiche dogmatische Gewicht und denselben objektiven Wert hat wie in der apostolischen Zeit« (W. Schrage: Der zweite Petrusbrief, NTD 10,125). So spricht er von der »vorhandenen Wahrheit« (1,12) und von »dem überlieferten heiligen Gebot« (2,21). Neuer Lehren bedarf es nicht; denn »*alles* für Leben und Frömmigkeit Nötige hat uns seine göttliche Macht geschenkt« (1,3).

● Hinsichtlich des Problems der Parusieverzögerung bringt der 2 Petr sogar den Versuch einer Argumentation:

●● Die Sintflut beweist, daß keineswegs die Welt seit Anbeginn einfach weitergelaufen ist. Das schöpferische Wort Gottes hatte der damaligen Welt ein Ende bereitet; es wird auch den »jetzigen Himmel« und die »jetzige Erde« durch Feuer vernichten (3,5–7).

●● Gott rechnet in anderen Größenordnungen als die Menschen: 1000 Jahre sind für ihn nur wie ein Tag, und ein Tag bei Gott ist wie 1000 Jahre bei den Menschen (vgl. Ps 90,4) (3,8).

•• Fälschlicherweise meinen einige, Gott sei säumig, während er doch nur langmütig ist und allen Gelegenheit zur Umkehr geben will (3,9).

Problemanzeige: Hinter dieser Argumentation steht Hab 2,3, eine Stelle, die im Judentum und Urchristentum eine weitreichende Nachgeschichte hatte.

> *Literatur: A. Strobel:* Untersuchungen zum eschatologischen Verzögerungsproblem auf Grund der spätjüdisch-urchristlichen Geschichte von Habakuk 2,2ff., 1961, 87ff.

•• Der Tag des Herrn wird wie ein Dieb kommen (3,10), d. h. unberechenbar. (Vgl. dasselbe Bild in Mt 24,43, Lk 12,39f. und 1 Thess 5,2.)

> *Literatur: W. Harnisch:* Eschatologische Existenz, 1973, 84ff.

• Gegenüber der eigenmächtigen Schriftauslegung der Gegner betont der 2 Petr, daß nur die Kirche zur sachgemäßen Auslegung befugt sei; dahinter steht der Gedanke, daß nur die Kirche den Geist besitzt (1,19–21).

> *Literatur: W. Marxsen:* Der »Frühkatholizismus« im Neuen Testament, 1964, 7ff.

6. Stellen Sie die eschatologischen Vorstellungen des 2 Petr zusammen

1,4: Die Verheißungen zielen dahin, den Christen Anteil an der göttlichen Natur zu geben, nachdem sie der Vergänglichkeit der Begierden in der Welt entflohen sind. Diese Aussage setzt den griechischen Dualismus von irdisch-materiellem und göttlich-geistigem Sein voraus, ebenso griechisch gedacht ist die Angabe des Zieles, Anteil an der göttlichen Natur zu erhalten.

1,5–11 stellt den Eingang in das ewige Reich des Herrn und Heilands Jesus Christus als Lohn für die Übung von Tugenden dar.

2,9 sagt den Frommen Rettung zu, den Ungerechten Bestrafung am Tag des Gerichts.

3,12: Durch »heilige Lebensführung und Frömmigkeitsübungen« kann die »Parusie des Tages Gottes« beschleunigt werden.

Problemanzeige: Trotz gelegentlicher christologischer Wendungen (1,16: »machtvolle Parusie unseres Herrn Jesu Christi«) ist die Eschatologie des 2 Petr nicht christologisch orientiert. »Diese ganze Eschatologie hat nur insofern eine Beziehung zur Christologie, als der künftige Weltrichter die ausführende Instanz der Belohnung und Bestrafung ist. In Wirklichkeit ist sie rein anthropologisch orientiert. Der

Fromme will wissen, was mit ihm und was mit seinen Gegnern wird« (E. Käsemann, 145).

Literatur: E. Käsemann: Eine Apologie der urchristlichen Eschatologie, in: *ders.:* Exegetische Versuche und Besinnungen I, 4. Aufl., 1965, 135ff. (bes. 143ff.)

---

7. Lesen Sie nochmals den Judasbrief und achten Sie auf Gemeinsamkeiten mit dem 2 Petr

(Die Stellenangaben am Rand des Nestle oder die Anmerkungen bei Wilckens sollen als Hilfsmittel wieder in Erinnerung gerufen werden!)

Abgesehen von kleineren Berührungen zwischen Jud und 2 Petr 1 und 2 Petr 3 sind massive Berührungen zwischen Jud und 2 Petr 2 festzustellen:
• Die Charakterisierung der Irrlehrer weist Gemeinsamkeiten auf: sie verleugnen den Herrn Jesus Christus und führen ein ausschweifendes Leben (Jud 4 / 2 Petr 2,1ff.). Sie beflecken das Fleisch, verachten die »Herrschaft« und lästern die Engel (Jud 8 / 2 Petr 2,1f.).
Die Irrlehrer werden unvernünftigen Tieren verglichen (Jud 10 / 2 Petr 2,12); sie verhalten sich schmutzig beim Herrenmahl (Jud 12 / 2 Petr 2,13).
• Den Irrlehrern wird das Gericht Gottes angekündigt (Jud 4f. / 2 Petr 2,3).
Beide Briefe bringen je drei alttestamentliche Beispiele; bei zweien herrscht Übereinstimmung (die gefallenen Engel, Sodom und Gomorrha, Jud 6f. / 2 Petr 2,4.6). Beide Briefe verweisen auf Bileam (Jud 14f. / 2 Petr 2,15f.).
Jud 13 bringt 4 Beispiele aus der Natur, davon sind zwei in 2 Petr 2,17 ähnlich.
• Unterschiedlich ist vor allem das Beispiel der Engellästerung: Jud 9 bezieht sich auf einen apokryphen Bericht über den Streit zwischen Michael und dem Teufel, während 2 Petr 2,11 ganz allgemein von Engeln spricht, die nicht lästern.

Problemanzeige: Wie die bis in die Wortwahl gehenden Übereinstimmungen zeigen, dürfte zwischen beiden Briefen ein Verhältnis literarischer Abhängigkeit bestehen. Mindestens der zuletzt angeführte Tatbestand zeigt, daß 2 Petr der Spätere ist, da er nicht mehr aus einem Apokryphon zitieren wollte.

Literatur: W. Grundmann: Der Brief des Judas und der zweite Brief des Petrus, 1974, 102ff.

---

27. Der 1. Johannesbrief

1. Geben Sie einen Überblick über den Inhalt des 1 Joh

1,1–4: Proömium
1,5–2,2: Gemeinschaft mit Gott als Wandel im Licht
2,3–11: Gotteserkenntnis und Halten der Gebote
2,12–17: Die Weltüberlegenheit der Glaubenden als Gabe und Aufgabe
2,18–27: Warnung vor christologischer Irrlehre
2,28–3,3: Die Heilserwartung der Christen
3,4–24: Die Aufgaben des Christen: Meiden der Sünde und Bruderliebe
4,1–6: Scheidung von den Pseudopropheten
4,7–5,4: Die Liebe als Kennzeichen der Gottgehörigen
5,5–12: Der wahre Christusglaube als die »Welt« überwindende Kraft
5,13–21: Gebetserhörung, Fürbitte und ihre Grenze, Gottesgemeinschaft.

Problemanzeige: Einen klaren Gedankengang wird man im 1 Joh schwerlich finden; Joh hat eine »meditative Art des Denkens«, »ein Denken in Kreisbewegung« (v. Loewenich, 265).

Die hier vorgeschlagene Gliederung lehnt sich an R. Schnackenburg und R. Bultmann an.

> *Literatur: W. v. Loewenich:* Johanneisches Denken, ThBl 15, 1936, 260ff. – *R. Schnackenburg:* Die Johannesbriefe, 5. Aufl., 1976 – *R. Bultmann:* Die drei Johannesbriefe, 1965.

2. Was erfahren wir über den Verfasser des 1 Joh?

Weder Name noch irgendeine titulare Bezeichnung des Verfassers stehen im Brief. Die Zurückführung auf den Apostel Johannes findet sich erstmals bei Irenäus (um 180 n. Chr.). Im Proömium, das nur in Vers 4 etwa einem Briefpräskript gleicht, spricht der Verfasser von dem, »was wir gehört, mit unseren Augen gesehen, angeschaut haben, und unsere Hände haben es berührt«. Damit will er wohl nicht behaupten, Augenzeuge des Lebens Jesu zu sein, sondern er »redet in dem Bewußtsein, Vertreter der auf die Offenbarung zurückgehenden Tradition zu sein« (R. Bultmann, a.a.O. S. 17,A.3; vgl. H. R. Balz: Der erste Johannesbrief, in: NTD 10, 1973, 162f.)

3. Welches Bild der Adressaten ergibt sich aus dem 1 Joh?

Auch über die Adressaten erhalten wir keine konkreten Angaben. Der Verfasser kennt sie und will sie vor einer Irrlehre warnen, die in ihrer Mitte ausgebrochen ist (2,19).

4. Welche Züge charakterisieren die Irrlehre, die der 1 Joh bekämpft?

• Die Irrlehrer sind aus der Kirche hervorgegangen (2,19), dünken sich aber den anderen Christen überlegen (4,1).
• Die Irrlehrer nehmen eine besondere Gotteserkenntnis in Anspruch (2,4).
• Die Irrlehrer vertreten eine falsche Christologie: Sie leugnen, daß Jesus der Christus ist (2,22), sie lehnen das Bekenntnis »Jesus Christus im Fleisch gekommen« ab (4,2f.); sie glauben nicht, daß Jesus »durch Wasser und Blut« gekommen ist, sondern nur »durch Wasser« (5,6).
• Die Irrlehrer behaupten, sie hätten keine Sünde (1,8.10); damit hängt wohl ihre Ablehnung des sühnenden Blutes zusammen (1,7; 5,6). Dazu mißachten sie die Gebote (2,3f.; 5,2f.), insbesondere das Gebot der Bruderliebe (2,9ff.; 3,10.14f.; 4,8.20; 5,2).

Problemanzeige: Eine exakte Standortbestimmung der Gegner ist schwierig: sind sie echte Gnostiker (so jüngst wieder Wengst) oder gehören sie nur »zu jener bedrohlichen, pseudochristlichen Geistesrichtung, die dann im Gnostizismus offen zutage trat« (Schnackenburg) oder kommen sie aus dem hellenistischen Judentum (K. Weiß)?

> *Literatur:* R. *Schnackenburg* (siehe oben), 16ff. – K. *Wengst:* Häresie und Orthodoxie im Spiegel des ersten Johannesbriefes, 1976, 15ff. – K. *Weiß:* Die »Gnosis« im Hintergrund und im Spiegel der Johannesbriefe, in: K.-W. Tröger (Hg.); Gnosis und Neues Testament, 1973, 341ff.

5. Wie bekämpft der 1 Joh die Irrlehre?

• Die Irrlehrer werden als »Pseudopropheten« (4,1) und Verkörperungen des »Antichrist« (2,18.22; 4,3 – dieser Begriff nur im 1 und 2 Joh!) hingestellt, mithin als geweissagte Zeichen für die Endzeit. Durch ihre falsche Christologie qualifizieren sie sich als Feinde Christi.
• Der Verfasser mißt die Irrlehre an dem, »was von Anfang war«. Dieser Hinweis auf den Anfang (ἀπ' ἀρχῆς: 1,1; 2,7.13.14.24; 3.8.11) meint folgendes:
•• 2,22ff. wird das Bekenntnis zitiert: Jesus ist der Christus, der Sohn Gottes – bei

diesem ursprünglichen Glauben soll die Gemeinde bleiben. In antihäretischer Zuspitzung wird dieses uranfängliche Bekenntnis 4,2 zitiert: Jesus Christus ist als im Fleisch gekommen zu bekennen; und 5,6: er ist »durch Wasser und Blut gekommen«.

●● Auch das Liebesgebot gehört zu den uranfänglichen Vorgegebenheiten, die als bindend überkommen sind (2,7; 3,11).

● Gegen die Behauptung der Sündlosigkeit argumentiert der 1 Joh christologisch: Nur wer »in ihm bleibt«, und das heißt: wer beim rechten Bekenntnis bleibt, der sündigt nicht, weil Christus »erschienen ist, um die Sünde zu beseitigen« (3,5), genauer: »um die Werke des Teufels zu zerstören« (3,8).

Aber auch theologisch argumentiert der 1. Joh gegen jene gegnerische These: Gott ist Licht, – wer seinen Weg in der Finsternis geht, hat also in Wahrheit keine Gemeinschaft mit ihm. Wer wie die Irrlehrer die Bruderliebe nicht übt, geht in der Finsternis, und damit ist ihr Sündlosigkeitsanspruch ad absurdum geführt (1,5–2,11).

● Man darf darauf hinweisen, daß der 1 Joh trotz seiner scharfen Polemik nicht zur moralischen Verunglimpfung der Irrlehrer greift. »Er verschmäht jede Art von Verbalinjurien (z. B. den beliebten Vergleich der Gegner mit notorischen Bösewichtern der Vergangenheit, in denen die Verfasser des Jud und 2 Petr schwelgen)« (Ph. Vielhauer: Geschichte der urchristl. Literatur, 475).

Literatur: H. Conzelmann: »Was von Anfang war«, in: Neutestamentliche Studien für R. Bultmann, 2. Aufl., 1957, 194ff. – *K. Wengst,* a.a.O. 63ff.

6. In 1 Joh 5,7f. findet sich ein berühmter Einschub, das sog. »Comma Johanneum«. Stellen Sie mit einer kritischen Ausgabe fest, worum es sich handelt

1 Joh 5,7f. nennt drei Zeugen für den rechten Christusglauben: den Geist, das Wasser und das Blut. Diese Aussage wird seit dem 4. Jh. in lateinischer Überlieferung erweitert: »Und drei sind, die da zeugen *im Himmel*: der Vater, das Wort und der Geist; und die drei stimmen überein. Und drei sind, die da zeugen *auf der Erde*: der Geist, das Wasser und das Blut; und die drei stimmen überein.« In griechischen Minuskeln ist dieser Satz erst ab dem 12. Jh. zu finden. Zweifellos handelt es sich um eine zwar alte, aber sekundäre Erweiterung.

Literatur: R. Schnackenburg, a.a.O. 44ff.

28. Der 2. Johannesbrief

1. Welchen Inhalt hat der 2 Joh?

1–3: Präskript
4–6: Anerkennung und Erinnerung an das Liebesgebot
7–11: Warnung vor christologischen Irrlehrern
12–33: Besuchspläne; Gruß.

2. Was erfahren wir über den Verfasser des 2 Joh?

Der Verfasser stellt sich mit dem Ehrentitel »der Alte«(πρεσβύτερος Vers 1) vor, nennt aber seinen Namen nicht. Die Grüße der »Kinder« (Vers 13) beziehen sich auf die Gemeinde, in welcher der Alte eine hervorragende Stellung einnimmt.

3. Wer sind die Adressaten des Briefes?

Als Adressaten werden »die erwählte Herrin und ihre Kinder« (Vers 1) genannt. Auch dies ist sicher eine ehrende Bezeichnung für eine Gemeinde (im profanen Bereich wird »Herrin« für die politische Gemeinde gebraucht). Diese Gemeinde wird vor Irrlehrern gewarnt.

4. Was erfahren wir über die bekämpfte Irrlehre?

● Die Irrlehrer bekennen Jesus nicht »als den im Fleisch Kommenden« (Vers 7), daher sind sie Verführer und Verkörperungen des Antichrist (Vers 7 – die Bezeichnung Antichrist nur noch im 1 Joh!); sie gehen über die kirchliche Lehre »hinaus« (προάγειν Vers 9).
● 2 Joh 11 redet von »bösen Werken« der Irrlehrer; das könnte auf ihr sittliches Verhalten bezogen werden, da »Irrlehre und Mißachtung des Liebesgebotes zusammengehören« (R. Bultmann, 109), wie Vers 5f zeigen.

5. Wie setzt sich der 2 Joh mit der Irrlehre auseinander?

● Einerseits erinnert er die Leser an die überkommene »Lehre Christi« (διδαχὴ τοῦ Χριστοῦ, Vers 9), womit die »Lehre von Christus« (genitivus objectivus) gemeint sein dürfte (R. Bultmann, 108; anders R. Schnackenburg, 315: »die von Christus gegebene Lehre«).
● Die Gemeinde wird aber auch zu praktischen Konsequenzen angehalten: Sie soll jegliche Gemeinschaft mit den Irrlehrern abbrechen (Vers 10f.): Weder Gastfreundschaft noch Gruß sind ihnen zu gewähren.

29. Der 3. Johannesbrief

1. Geben Sie einen Überblick über den Inhalt des 3 Joh

1: Präskript
2–8: Bitte um Unterstützung von Wanderpredigern
9f.: Gegen das Verhalten des Diotrephes
11f.: Empfehlung des Demetrius
13–15: Besuchspläne; Friedenswunsch, Grüße.

2. Was erfahren wir über den Absender des 3 Joh?

Der Verfasser ist wieder der »Alte«; er steht in enger Beziehung zum Empfänger Gaius und kündigt seinen Besuch an.

3. Was können wir über den Adressaten ausmachen?

Der Adressat ist ein gewisser Gaius, dessen religiös-sittliches Verhalten anerkennenswert ist (Vers 3f.). Ob aus der Tatsache, daß der Alte ihn unter seine »Kinder« rechnet, geschlossen werden kann, Gaius sei vom »Alten« zum Glauben gebracht worden, ist unsicher (R. Bultmann, 97, bejaht dies, R. Schnackenburg, 323, verneint es).

4. Welches ist der Anlaß des Briefes?

Gaius wird ermahnt, weiterhin für die Unterstützung von Wandermissionaren, die der Alte aussendet, einzutreten (6f.). Solche Unterstützung von Wandermissionaren wird nämlich von Diotrephes abgelehnt. Dieser Diotrephes wird als Mann, der den ersten Rang in der Gemeinde beansprucht (φιλοπρωτεύων Vers 9), charakterisiert, d. h. er war wohl so etwas wie Bischof der Ortsgemeinde. Als solcher verweigert er den wandernden Brüdern Unterstützung und schließt dazu Bereite aus der Gemeinde aus (Vers 10).

Problemanzeige: Welches ist der Hintergrund dieses Konfliktes?
• Ist es ein »kirchenrechtlicher Konflikt« (v. Campenhausen: Diotrephes als Führer der organisierten Einzelgemeinde läßt sich von dem »Alten« als rein geistlicher Autoritätsperson nichts dreinreden)?
• Oder sind die Missionare des »Alten« dem Diotrephes theologisch verdächtig (R.

Bultmann, 99f.: Die vom »Alten« vertretene Richtung könnte dem Diotrephes als ketzerisch erschienen sein, »weil sie [wie überhaupt die johanneische Literatur] den christlichen Glauben in der Begrifflichkeit des gnostischen Denkens zum Ausdruck brachte«; ebenso Balz, 214).

● Zugespitzt hat diese Auffassung E. Käsemann: Der »Alte« sei ein vom rechtgläubigen Gemeindeleiter Diotrephes exkommunizierter Ketzer!

Literatur: H. v. Campenhausen: Kirchliches Amt und geistliche Vollmacht in den ersten drei Jahrhunderten, 2. Aufl., 1963, 132ff. – *E. Käsemann:* Ketzer und Zeuge, in: *ders.:* Exegetische Versuche und Besinnungen I, 4. Aufl., 1965, 168ff.

30. Der Jakobusbrief

1. Skizzieren Sie den Inhalt des Jak

1,1: Präskript
1,2–18: Sprüche vom Verhalten in Versuchungen
1,19–27: Sprüche vom Hören und Tun
2,1–13: Abhandlung gegen parteiische Rücksichten in der Gemeinde
2,14–26: Abhandlung über Glaube und Werke
3,1–12: Abhandlung über Zungensünden
3,13–4,12: Sprüche gegen die Streitsucht
4,13–17: Gegen eigenmächtiges Planen und Tun
5,1–6: Weheruf über die unsozialen Reichen
5,7–11: Mahnung zu geduldiger Erwartung der Parusie
5,12–20: Schlußmahnungen.

2. Was sagt der Verfasser des Jak über sich selbst?

Er nennt den Namen Jakobus und bezeichnet sich als »Diener Gottes und des Herrn Jesus Christus« (1,1). Da ein Eschatokoll fehlt, bekommen wir keinerlei zusätzliche Informationen.

Problemanzeige: Welcher Jakobus ist überhaupt gemeint: Der Jünger Jesu oder der Herrenbruder? Da der Jünger Jakobus schon 44 n. Chr. hingerichtet wurde (Apg 12,2), ist sicher der Herrenbruder Jakobus gemeint, der ja nach Gal 2 und Apg 12/15/21 eine beherrschende Gestalt der Urgemeinde war. Kann aber dieser Jakobus unseren Brief geschrieben haben? G. Kittel ist dafür wiederholt eingetreten, aber K. Aland hat die Argumente Kittels widerlegt.

> *Literatur: G. Kittel:* Der geschichtliche Ort des Jakobusbriefes, ZNW 41, 1942, 71ff. – *G. Kittel:* Der Jakobusbrief und die apostolischen Väter, ZNW 43, 1950/51, 54ff. – *K. Aland:* Der Herrenbruder Jakobus und der Jakobusbrief, ThLZ 69, 1944, 97ff.

3. Wer sind die Adressaten des Jak?

Der Jak ist an »die 12 Stämme in der Diaspora« gerichtet (1,1). Damit sind die in der Welt zerstreuten Christen gemeint (vgl. 1 Petr 1,1). Konkrete Vorstellungen können wir uns nicht machen, da ein Eschatokoll mit eventuellen weiteren Angaben fehlt.

4. Läßt sich im Jak ein Gedankengang erkennen?

- Ein strenger Gedankengang liegt dem Jak nicht zugrunde. Das zeigt schon die Tatsache, daß dasselbe Thema mehrfach behandelt wird:
  gegen die Reichen: 1,9.; 2,1ff.; 5,1 ff.
  gegen Zungensünden: 1,26; 3,3ff.
  Ermahnung zur Sanftmut: 1,21; 3,13ff.
  Ermahnung zum Ausharren im Leiden: 1,2–4,12; 5,7ff.
- Als Dispositionsprinzip ist teilweise der sog. »Stichwortanschluß« zu erkennen:
  1,1 endet mit dem Gruß χαίρειν (freuen) → 1,2 Freude (χαρά)
  1,4 endet mit »nichts fehlen« (λειπόμενος) → 1,5 »wenn fehlt« (λείπεται)
  1,6a endet mit »ohne zu zweifeln« (διακρινόμενος) → 1,6b »der Zweifler« (διακρινόμενος)
  1,12 endet mit »Versuchung« (πειρασμόν) → 1,13 »der versucht wird« (πειραζόμενος)

> *Literatur:* M. Dibelius/H. Greeven: Der Brief des Jakobus, 11. Aufl., 1964, S. 20ff.

5. Die Aussagen des Jak zum Thema »Arm und Reich«

- Der Reiche wird an die Vergänglichkeit des Reichtums erinnert (1,9–11).
- Die Gemeinde wird gewarnt, die Reichen bevorzugt zu behandeln (2,1ff.). Dabei fallen harte Anklagen gegen die Reichen: sie behandeln die Christen gewalttätig und lästern den »schönen Namen«, d. h. wohl den Namen Jesu Christi (2,6f.).
- Eine schroffe Gerichtsrede über die unsozialen Reichen bringt Jak 5,1–6.

Problemanzeige: Jak steht hier im Gefolge der apokalyptischen Polemik gegen den Reichtum. Daß die »Armen« zugleich die Demütigen und »Gerechten« sind, ist eine im Judentum verbreitete Vorstellung.

> *Literatur:* M. Hengel: Eigentum und Reichtum in der frühen Kirche, 1973, 20ff.; 54f. – Fr. Mußner: Der Jakobusbrief, 3. Aufl., 1975, 76ff.

6. Was lehrt Jakobus über »Glaube und Werke«?

- Glaube ohne Werke ist tot, so lautet die Grundthese des Jak (2,14–20).
- Auch Abraham ist aus Werken gerechtfertigt worden, da er seinen Sohn Isaak opfern wollte (2,21–24). Er ist als Beispiel dafür anzusehen, daß der Glaube mit den Werken »zusammenwirkt« (συνεργεῖν 2,22).

● Auch die Dirne Rahab ist aus Werken gerechtfertigt worden, nämlich durch ihre Hilfeleistung gegenüber den Kundschaftern Josuas (2,25).

● Ein anthropologischer Vergleich schließt die Überlegung ab: »Wie der Leib tot ist ohne Geist, so ist der Glaube tot ohne Werke« (2,26).

Problemanzeige: Wenn Jak 2,24 gesagt wird, »daß der Mensch aus Werken gerechtfertigt wird und nicht aus Glauben allein«, so läßt das sofort an Röm 3,28 denken, wo Paulus sagt, der Mensch werde (allein) aus Glauben gerechtfertigt ohne des Gesetzes Werke. Auch die Beanspruchung Abrahams als Beispiel für das Zusammenwirken von Glauben und Werken erinnert an Röm 4, wo Paulus an Abraham gerade die Rechtfertigung des Gottlosen demonstriert. So ist seit Luther die Theologie des Jak immer wieder als Widerspruch zu Paulus betrachtet worden.

Nun muß man zweifellos bedenken, daß Jak nicht »Gesetzeswerke« fordert, sondern »daß mit dem Term νόμος (Gesetz) primär das Liebesgebot gemeint ist« (Fr. Mußner, 243). Insofern liegt dem Jak nicht das eigentlich paulinische Problem zugrunde, eher wendet er sich gegen einen vergröberten oder mißverstandenen Paulus. Dennoch bleibt die Frage, ob man Jak als »unveräußerliches Gegengewicht« zu Paulus integrieren kann (so Eichholz und Fr. Mußner), oder ob nicht doch ein Widerspruch zu Paulus bleibt, der zur Sachkritik herausfordert (so Lohse und Schrage).

Literatur: Fr. Mußner: Der Jakobusbrief, 3. Aufl., 1975, 146ff.; 124off. – *G. Eichholz:* Glaube und Werk bei Paulus und Jakobus, 1961. – *E. Lohse:* Glaube und Werke – zur Theologie des Jakobusbriefes, in: *ders.:* Die Einheit des Neuen Testaments, 1973, 285ff. – *W. Schrage:* Der Jakobusbrief, in: NTD 10, 1973, 12f.; 33ff.

7. Der Jak berührt sich häufig mit synoptischen Logien. Stellen Sie die wichtigsten Parallelen zusammen.

Jak 1,5: Er soll bitten ... und es wird ihm gegeben: vgl. Mt 7,7.

1,17: Jede gute Gabe ... kommt von oben, vom Vater der Lichter: vgl. Mt 7,11.

1,22: Seid Täter des Wortes und nicht allein Hörer: vgl. Mt 7,24.

1,23: Wenn einer Hörer des Wortes ist und kein Täter: vgl. Mt 7,26.

2,13: Ein unbarmherziges Gericht wird über den ergehen, der kein Erbarmen geübt hat: vgl Mt 5,7.

3,12: Kann etwa ... ein Feigenbaum Oliven hervorbringen ...: vgl. Mt 7,16.

3,18: Die Frucht der Gerechtigkeit wird in Frieden gesät bei denen, die Frieden schaffen: vgl. Mt 5,9.

4,9: Wehklagt, trauert und weint! Euer Lachen soll sich in Wehklage verkehren und eure Freude in Kummer! Vgl. Lk 6,25b.

4,10: Erniedrigt euch vor dem Herrn, so wird er euch erhöhen! Vgl.
Mt 23,12; Lk 14,11; 18,14.

4,17: Wer Gutes zu tun weiß, es aber nicht tut, für den ist es Sünde: vgl. Lk 12,47.

5,1: Wohlan nun, ihr Reichen, weint und klagt über die Nöte, die über euch kommen!
Vgl. Lk 6,24.

5,9a: Brüder, seufzt nicht übereinander, damit ihr nicht gerichtet werdet! Vgl.
Mt 5,22.

5,9b: Liebe, der Richter steht vor der Tür! Vgl. Mt 13,29.

5,12: ... Schwört nicht, weder beim Himmel noch bei der Erde noch irgendeinen
anderen Eid! Vielmehr sei euer Ja ein Ja und euer Nein ein Nein ...: vgl. Mt
5 ,33–37.

Weitere Berührungen registriert Fr. Mußner: Der Jakobusbrief, 3. Aufl., 1975,
48ff. Auffällig ist die beachtliche Zahl der Anklänge an die Q-Überlieferung. Wahrscheinlich stehen Jak und Q in einer gemeinsamen weisheitlichen Tradition (Hoppe).

Literatur: R. Hoppe: Der theologische Hintergrund des Jakobusbriefes, 1977, 119ff.

31. Der Hebräerbrief

1. Geben Sie einen Überblick über den Inhalt des Hebr, indem Sie besonders auf den Wechsel von lehrhaften und paränetischen Abschnitten achten

1,1–2,18: Das durch Christus vermittelte Wort beansprucht ungleich mehr Beachtung als das durch die Engel vermittelte Gesetz:

1,1–14: *Lehre* (Überlegenheit des Sohnes über die Engel)

2,1–4: *Paränese* (Verachtung des verkündigten Heils und ihre Folge)

2,5–18: *Lehre* (Die Erniedrigung des Sohnes als Vorbedingung seiner hohenpriesterlichen Stellung)

3,1–4,13: Die durch Jesus vermittelte Verheißung beansprucht mehr Gehör als die dem Wüstenvolk gegebene

3,1–6: *Lehre* (Jesu Überlegenheit über Mose)

3,7–4,13: *Paränese* (Die verhängnisvollen Folgen der Verhärtung gegenüber der Heilsverheißung Jesu)

4,14–6,20: Gerade durch seine Niedrigkeit wurde Jesus der eschatologische Hohepriester; ihn preiszugeben bedeutet unheilbaren Fall

4,14–5,10: *Lehre* (Die Erniedrigung Jesu als Voraussetzung für den hohenpriesterlichen Dienst)

5,11–6,20: *Paränese* (Vorbereitung auf die »vollkommene Lehre« durch Warnung vor dem unheilvollen Fall und Aufforderung zum Festhalten der Verheißung)

7,1–10,18: Jesus der eschatologische Hohepriester *(Lehre)*

7,1–28: Die überlegene hohepriesterliche *Stellung* Jesu

8,1–12: Die *Stätte* des Priesterdienstes Jesu

9,1–10,18: Das hohepriesterliche *Opfer* Jesu

10,19–13,17: Paränetische Folgerungen aus dem Heilswerk des eschatologischen Hohenpriesters:

10,19–31: Bleibt auf dem durch Christus erschlossenen Weg des Heils!

11,1–40: Das Glaubenszeugnis der Schrift

12,1–29: Ausharren auf dem Weg der Gemeinde

13,1–17: Einzelanweisungen

13,18–25: Brieflicher Schluß.

Problemanzeige: Diese Gliederung hat L. Goppelt vorgeschlagen, der sich auch mit anderen Möglichkeiten auseinandersetzt.

Auf der Einsicht, daß Ps 110 dem Brief zugrundeliege, baut A. Strobel seine Gliederung auf:

1,1–3: »Der Herr spricht«

1,4–4,13: »Setze dich zu meiner Rechten«

4,14–6,20: »Du bist Priester«

7,1–10,18: »Ewiglich nach der Ordnung Melchisedeks«
10,19–12,29: »Der Herr wird das machtvolle Szepter aus Zion senden ... am Tage des
Zorns ... wird er richten.«

Literatur: L. Goppelt: Theologie des Neuen Testaments II, 1976, 573f. – *A. Strobel:* Der
Brief an die Hebräer, in: NTD 9, 1975, 81 f.

---

2. Was können wir über den Verfasser des Hebr ermitteln?

Da Hebr kein Präskript hat, bleibt der Verfasser völlig im Dunkel. Im Eschatokoll
(13,18ff.) wird erwähnt, daß der Verfasser mit der angesprochenen Gemeinde verbunden war. Die Grüße (13,24) lassen als Abfassungsort Italien vermuten. Die Nennung
eines Mitarbeiters namens Timotheus könnte die Verfasserschaft des Paulus nahelegen, doch sprechen dagegen zu viele sprachliche und sachliche Gründe.

3. Was können wir über die Adressaten des Hebr in Erfahrung bringen?

● Da dem Brief ein Präskript fehlt, kann nichts Genaues über die Adressaten ausge-
macht werden. Die traditionelle Überschrift »An die Hebräer« dürfte dem Schreiben
erst im 2. Jh. zugefügt worden sein.
● Einige Texte geben Hinweise auf die Situation der Adressaten:
●● Hebr 5,11–6,12 zeigt, daß die Leser »im Hören stumpf geworden sind« (5,11; vgl.
6,12). Sie könnten bereits selbst Lehrer des Glaubens sein, bedürfen aber noch des
Elementarunterrichts (5,12ff.). Dieser Zustand entspricht nicht der früheren »Liebe
zu seinem (Gottes) Namen« und dem früher den Heiligen erwiesenen Dienst (6,10).
●● Hebr 10,23–25 spricht deutlich von einem Nachlassen des Glaubenseifers, spezi-
ell bezüglich des Festhaltens am Bekenntnis, der »Liebe und guten Werke« und des
Gottesdienstbesuchs.
●● Hebr 10,32–34 erinnert an früher erlittene Verfolgungen der Leser.
●● Nach Hebr 12,4 steht den Lesern noch eine entscheidende Bewährungsprobe
bevor.

Problemanzeige: Die Erwartung neuer Verfolgungen (Hebr 12,4) wird meist als
Hinweis auf die domitianische Verfolgung angesehen. Aus Hebr 2,3 könnte ebenfalls
geschlossen werden, daß sich der Verfasser zur zweiten christlichen Generation
rechnet, so daß Hebr zwischen 80 und 90 n. Chr. anzusetzen wäre (Kümmel, Vielhauer). Doch plädiert A. Strobel wieder für eine Datierung vor 70 n. Chr., da der
»katastrophale Einschnitt« der Tempelzerstörung keinerlei Spuren hinterlassen habe.

Literatur: W. G. Kümmel: Einleitung in das NT, 18. Aufl., 1976, 355. – *Ph. Vielhauer:* Geschichte der urchristlichen Literatur, 1975, 251. – *A. Strobel:* Der Brief an die Hebräer, in: NTD 9, 1975, 82f.

4. Welche christologischen Titel verwendet der Hebr?

● Der erste Hoheitstitel, dem wir im Hebr begegnen, ist »der Sohn« (1,2). Der Sohn ist Schöpfungsmittler, Abglanz der Herrlichkeit Gottes und »Abbild« des göttlichen Wesens; nach Durchführung des Heilswerkes (Reinigung von Sünden) hat er sich zur Rechten Gottes gesetzt (Ps 110,1) und ist »Erbe des Alls« geworden (1,3f.). Die Würde des Sohnes überragt Mose (10.29), das alttestamentliche Priestertum (7,28) und sogar die Engel (1,8).

Problemanzeige: Es spricht viel dafür, in Hebr 1,3 einen Christushymnus zu sehen, den der Verfasser des Hebr übernommen hat; vergleichbar sind die Hymnen Phil 2,6–11; Kol 1,15–20; 1 Tim 3,16.

Literatur: R. Deichgräber: Gotteshymnus und Christushymnus in der frühen Christenheit, 1967, 137ff. – *E. Gräßer:* Hebräer 1,1–4, in: EKK Vorarbeiten 3, 1971, 55ff. – *M. Hengel:* Der Sohn Gottes, 1975, 131ff.

● Hebr 2,17 wird erstmals »Hoherpriester« als Christusbezeichnung eingeführt, die für den ganzen Brief zentral ist.
●● Für das Hohepriestertum Christi ist wesentlich, daß es das alttestamentliche levitische Priestertum überbietet: es ist ein ewiges Hohepriestertum »nach der Art Melchisedeks« (Hebr 5,10; 6,20; 7,1ff.). Begründet wird dies durch Ps 110,4 (Hebr 5,6; 7,17 u. ö.) und Gen 14,17ff. (Hebr 7,1ff.).
●● Während die levitischen Hohenpriester sündhaft waren (5,3; 7,27), ist Jesus zwar den Menschen gleich gewesen (2,17), doch ohne Sünde (4,15; 9,14).
●● Der levitische Priesterdienst besteht in der Darbringung des »Blutes von Böcken und Stieren«, muß wiederholt werden und bringt doch nur »fleischliche Reinigung«. Der Hohepriester Christus dagegen hat sich selbst ein für allemal dargebracht (7,27; 9,14) und dadurch das Gewissen von toten Werken gereinigt (9,11–14,25f.).
●● Schließlich zeichnet sich der Hohepriesterdienst Christi dadurch aus, daß er im himmlischen Allerheiligsten ausgeführt wird (8,1f.; 9,24), während der levitische Priesterdienst nur in einem irdischen Heiligtum stattfindet, welches »Abbild und Schatten der himmlischen Dinge« ist (9,5).
Dies folgert Hebr aus Ex 25,40: »Während der hebräische Text 2. Mose 25,40 besagt, daß Mose gleichsam ein genaues ›Modell‹ der Stiftshütte gezeigt worden ist, nach dem er gebaut hat, nimmt der Hebr an, indem er wie Philo von der platonischen

Ideenlehre ausgeht, daß den irdischen Dingen eine unvergängliche ewige Wesenheit im Himmel zugrundeliege, auf die Mose zurückgegriffen hat ... Von Philo ... unterscheidet sich der Hebr bei aller Gleichartigkeit des Denkens dadurch, daß ihm die himmlische Welt Ort des erhöhten Christus ist, wodurch ihre ewige Wirklichkeit überhaupt erst Sinn und Gewicht erhält« (A. Strobel, a.a.O. 164).

Problemanzeige: Bei der Ableitung der Hohenpriester – Christologie steht die These gnostischer Herkunft (Käsemann) gegen die Ableitung aus jüdisch – urchristlicher Denkweise (Nomoto, Hofius).

> *Literatur: E. Käsemann:* Das wandernde Gottesvolk, 2. Aufl., 1957, 124ff. – *S. Nomoto:* Herkunft und Struktur der Hohenpriestervorstellung im Hebräerbrief, NovTest 10, 1968, 10ff. – *O. Hofius:* Der Vorhang vor dem Thron Gottes, 1972.

● Die Bezeichnung »der Herr«(ὁ κύριος)tritt erstmals in 1,10 auf in einem Zitat aus Ps 102,26. Dort ist ursprünglich Jahwe angeredet, aber Hebr versteht es christologisch.

Hebr 2,3; 7,14 wird »Herr« als Bezeichnung des irdischen Jesus verwendet.

In der Mehrzahl der alttestamentlichen Zitate meint »Herr« = Jahwe, wahrscheinlich auch 12,14.

● Häufig tritt die Bezeichnung »Christus« auf, die hier den Messias meint (3,14; 5,5; 6,1; 9,14.24.28).

Die abgeblaßte Verwendung im »Doppelnamen« Jesus Christus ist sehr selten (10,10; 13,8.21).

5. Der Hebr bringt eine Reihe von Hinweisen auf den irdischen Jesus. Worum handelt es sich?

● Das Heilswerk des irdischen Jesus wird in 2,5–18 genannt. Das Leben Jesu ist die Zeit, in der er, der Sohn, unter die Engel erniedrigt war. Er ist Bruder der Menschen geworden, verkündigt inmitten der Gemeinde den Namen Gottes und nimmt sich des Samens Abrahams an. Aufgrund seines Todesleidens wird er mit »Herrlichkeit und Ehre gekrönt«.

● Hebr 4,14–5,10 spricht davon, daß Christus sich ganz auf die Seite der Menschen gestellt hat, um die Schwachheit der Versuchten mit zu erleiden(συμπαθῆσαι).Dazu verweist der Hebr darauf, daß Jesus »in den Tagen seines Fleisches Bitten sowie Flehen mit lautem Geschrei und Tränen zu Gott darbrachte«.

Er wurde aufgrund seiner Gottesfurcht erhört; obwohl Sohn, lernte er Gehorsam an dem, was er litt, und als Vollendeter wurde er allen denen, die ihm gehorchen, Grund eines ewigen Heils.

Problemanzeigen:

1. Diese Stelle wird im allgemeinen als Anspielung auf die synoptische Gethsemaneerzählung verstanden; doch dürfte sie aufgrund alttestamentlicher Aussagen (Ps 116) formuliert worden sein (Strobel).

2. Vers 7b stellt ein Übersetzungsproblem: wurde Jesus »aufgrund seiner Gottesfurcht« erhört (Chr. Maurer) oder wurde er »von seiner Angst befreit« (Strobel, NTD 9, 128f.)?

3. Schwierig ist der Anschluß von Vers 8: Ist Jesus erhört worden, *obwohl* er Sohn war? Da dies schwer verständlich ist, hat A. v. Harnack vorgeschlagen, in Vers 7b zu lesen »er wurde *nicht* erhört«, aber diese Konjektur hat an der Textüberlieferung keinen Anhalt. Ein weiterer Lösungsversuch besteht in der Annahme, ab Vers 8 werde eine andere Tradition verarbeitet (E. Brandenburger).

Literatur: A. Strobel: Die Psalmengrundlage der Gethsemaneparallele Hebr 5,7ff., ZNW 45, 1954, 252ff. – *A. v. Harnack:* Zwei alte dogmatische Korrekturen im Hebräerbrief, in: *ders.:* Studien zur Geschichte des Neuen Testaments und der Alten Kirche I, 1931, 235ff. – *Chr. Maurer:* »Erhört wegen der Gottesfurcht«, Hebr 5,7, in: Neues Testament und Geschichte (FS O. Cullmann), 1972, 275ff. – *E. Brandenburger:* Text und Vorlagen von Hebr V 7–10, NovTest 11, 1969, 190ff.

• Hebr 7,14 erwähnt die Abstammung Jesu aus dem Stamm Juda (vgl. schon Röm 1,3; Mt 1,1–17.20; Lk 1,27.32; 2.4; 3,23–38; Apg 2, 25–31 u. ö.; 2 Tim 2,8).

• Hebr 12,2f. spricht davon, daß Jesus den Widerspruch von Sündern ertragen, die Schande gering geachtet und das Kreuz erduldet habe.

• Nach Hebr 13,12 hat Jesus »außerhalb des Tores« gelitten, womit sicher auf Golgatha angespielt wird (Mk 15,20; Joh 19,20).

Problemanzeige: Geht es dem Hebr bei diesen Bezugnahmen auf den irdischen Jesus lediglich um die Geschichtlichkeit der Offenbarung (Gräßer) oder hat er »ein dezidiertes theologisches Interesse am irdischen Jesus«, da »der Glaube … des Rückbezugs auf die im Wirken und Verhalten des irdischen Jesus zur konkreten geschichtlichen Möglichkeit gewordene Weise des Menschseins vor Gott bedarf« (Roloff, 165f.).

Literatur: E. Gräßer: Der historische Jesus im Hebräerbrief, ZNW 56, 1965, 63ff. – *J. Roloff:* Der mitleidende Hohepriester, in: Jesus Christus in Historie und Theologie (FS H. Conzelmann, 1975, 143ff.

6. Was sagt der Hebr über die Buße (μετάνοια)?

• Nach Hebr 6,1 gehört die Predigt über »Umkehr«μετάνοια von den toten Werken zum christlichen Anfängerunterricht.

Wer aber vom Christsein abgefallen ist, hat nicht die Möglichkeit einer zweiten

Buße; der Abgefallene kreuzigt nämlich Christus aufs neue und gibt ihn der Schande preis (6.4–6).

- Derselbe Sachverhalt wird 12,16f. statuiert: Esau erbte nach der Preisgabe seines Erstgeburtsrechtes keinen Segen, denn er fand keine Möglichkeit zur Buße (μετανοίας τόπος).

- Im Zusammenhang mit der Unmöglichkeit einer zweiten Buße steht Hebr 10,26f.: Für mutwillig begangene Sünden gibt es »kein Opfer«. Hier wird deutlich:

»Das ›Unmögliche‹ der zweiten Buße hat in dem ἐφάπαξ [ein für allemal] des Erlösungswerkes Christi seinen Grund« (Gräßer, 195).

Problemanzeige: Der Rigorismus des Hebr ist im 2. Jh. n. Chr. aufgeweicht und durch das kirchliche Bußinstitut abgelöst worden (vgl. die Quellensammlung von Karpp). Luther hat den Hebr für unevangelisch erklärt. Nun wird man bedenken müssen, »daß die fraglichen Absätze über die zweite Buße *nicht dogmatisch* gemeint sind, sondern *paränetisch*, d. h. als ernste *Warnung* an den potentiellen Apostat, nicht als Zucht für den aktuellen Sünder«. Dennoch steht dahinter »eine tiefgreifende Veränderung im Verständnis dessen ..., was Glaube ist« (Gräßer, 196,197).

Literatur: H. Karpp: Die Buße, 1969. – *E. Gräßer:* Der Glaube im Hebräerbrief, 1965, 192ff.

---

7. Welche Strukturmomente des Glaubens lassen sich im Hebr erkennen?

- Die Glaubensthematik bestimmt den Abschnitt 3,12–4,13: Glaube ist vertrauendes Festhalten an der Zusage des Heils. Am Gegenbild der Israeliten in der Wüste wird das exemplifiziert: Sie gelangten nicht in die Ruhe Gottes aufgrund ihres Unglaubens; das gehörte Wort der Verheißung hat bei ihnen nichts genützt, »da es nicht durch den Glauben fest mit seinen Hörern verwachsen ist« (4,2).

Dabei zeigt 3,1–6 auf, daß der Führer des alten Gottesvolkes, Mose, nur ein »treuer Diener« Gottes war, während Jesus »treu ist als Sohn«. »Dieser Vergleich ist – fern aller antijüdischen Polemik – allein *paränetisch* gezielt, für diesmal ist das Heil *besser* verbürgt« (Gräßer 19).

- Nach 6,11f. ist Glaube mit »Gewißheit der Hoffnung« (πληροφορία τῆς ἐλπίδος)verbunden; so sollen die Leser diejenigen nachahmen, welche durch »Glauben und Standhaftigkeit« Erben der Verheißung wurden. Abraham ist ein Beispiel hierfür (6,13ff.).

Solche Glaubenshoffnung ist nach 6,19f. ein zuverlässiger Anker für die Seele, und dieser Anker gründet im Inneren des Tempels, wohin Jesus für uns als »Vorläufer« (πρόδρομος)schon gegangen ist. »Auch dieses Motiv dient dem V(er)f(asser) zur weiteren Fundierung der Hoffnungsgewißheit: mit dem *ewigen* Hohenpriester ist uns das Heil für jetzt und für alle Zeit verbürgt. Nur mangelnder Eifer unsererseits ... könnte uns zuletzt noch darum bringen« (Gräßer, 34).

- Sein Glaubensverständnis definiert der Hebr in 11,1: »Glaube ist ein Feststehen (ὑπόστασις) bei dem Gehofften und ein Überführtsein (ἔλεγχος) von Unsichtbarem.« Diese Auffassung des schwierigen Satzes dürfte die angemessenste sein (Gräßer; Goppelt; Dautzenberg). Die herkömmliche Auffassung »Glaube ist feste Zuversicht« ist jedenfalls mit ihrer subjektiven Färbung nicht vertretbar (Dörrie). So wird durch diese Aussage einerseits die Einsicht bestätigt, daß der Glaube es mit Ausharren, Bewährung zu tun hat, andererseits wird die Ausrichtung des Glaubens auf das Nicht-Sichtbare neu eingeführt. Dieses zweite Moment wird in der großen alttestamentlichen Beispielreihe (11,3–40) wiederholt angesprochen: Vers 7.8.19.25.27.

   Die beiden Aussagen dieses Verses stehen im Verhältnis von Ursache und Wirkung: Der Glaube ist als Glaube »ein Überführt*sein* von ungesehenen Dingen als einem überhaupt nicht wahrnehmbar Seienden, welches zu einem Feststehen bei Gehofftem als einem *noch nicht* Seienden führt« (Gräßer, 52f.).

- Als Inhalt des Glaubens wird 6,1 »Glaube an *Gott*« genannt; 11,6 heißt es, wer zu Gott treten wolle, müsse *glauben, daß Gott ist* und daß er denen, die ihn suchen, ein Vergelter ist. »Dagegen fehlt im Hebr die in breiten Schichten der n(eu)t(estament)-l(ichen) Tradition vorhandene und sogar primäre Ausrichtung des Glaubens auf das Christusereignis oder auf die Person Jesu ... Obwohl der Hebr unzweifelhaft eine urchristliche Schrift ist, hat sein Glaubensbegriff keine eindeutig christlichen Züge« (Dautzenberg 171).

- Glaube nach dem Hebr ist »weniger individuell als kollektiv orientiert: Glauben bedeutet am Bekenntnis der *Gemeinde* festhalten (3,1; 4,14; 10,19ff.) und die Gemeinschaft des Gottesvolkes unter dem neuen Bund nicht verlassen« (Goppelt 598).

Problemanzeige: Ob man den Abstand des Glaubensbegriffs im Hebr von Paulus stärker (so Gräßer) oder weniger stark (so Dautzenberg) veranschlagen will, ist zu diskutieren. Umstritten ist ebenfalls, ob der Hebr bewußt hinter die Tradition des spezifisch christlichen Glaubensbegriffes zurückgegangen sei (so Gräßer), oder ob ein älterer nichtchristologischer Glaubensbegriff (vgl. Mk, Q!) erhalten ist (so Dautzenberg).

Literatur: H. Dörrie: Zu Hebr 11,1, in: ZNW 46, 1955, 196ff. – *E. Gräßer:* Der Glaube im Hebräerbrief, 1965. – *G. Dautzenberg:* Der Glaube im Hebräerbrief, in: BZ N.F. 17, 1973, 163ff. – *L. Goppelt:* Theologie des Neuen Testaments, Bd. II, 1976, 596ff.

8. Der »neue Bund« im Hebräerbrief

- In welchem Zusammenhang spricht der Hebr vom »neuen Bund«?
- Welches Verhältnis besteht zwischen »alten« und »neuem« Bund (καινὴ διαθήκη)?
- Wie unterscheidet sich die Aussage des Hebr von der des Paulus?

● Hebr 8–10 handelt vom Werk Christi, der als ewiger Hoherpriester im himmlischen Heiligtum Dienst tut. Als solcher ist er dem levitischen Hohenpriester überlegen und »Mittler eines besseren Bundes« (8,6; vgl. schon 7,22).

Dies wird mit Jer 31,31–34 belegt, der Verheißung eines »neuen Bundes« (καινὴ διαθήκη); diese Verheißung wird 10,16f. nochmals abschließend gekürzt zitiert.

● Da Jesus Bürge bzw. Mittler eines »besseren Bundes« (7,22; 8,6) ist, ist der »erste Bund« (8,13; 9,15) dem »neuen« qualitativ unendlich unterlegen: Der »alte Bund« konnte gar kein Heil bringen, da er nur das »Schattenbild« (σκιά) der zukünftigen Güter enthält (10,1ff.);

bei ihm handelt es sich nur um »Abbilder der himmlischen Dinge« (9,23: ὑποδείγματα τῶν ἐν τοῖς οὐρανοῖς); vom neuen her gesehen, ist der alte Bund »veraltet« (παλαιούμενος), »altersschwach geworden« (γηράσκον) und damit »der Beseitigung nahe« (ἐγγὺς ἀφανισμοῦ): 8,13.

So wird das Alte als das Irdische gegenüber dem Neuen als dem Himmlischen radikal abgewertet.

●● Sowohl bei Paulus (2 Kor 3; Gal 4,21–31) als auch im Hebr werden die beiden »Bünde« antithetisch gegenübergestellt. »Der alte Bund kommt in seiner Andersartigkeit um des Neuen willen zur Sprache« (U. Luz, 335).

●● Die Verhältnisbestimmung »Alter Bund: Neuer Bund = Vorläufiges: Vollkommenes« würde im Sinne der paulinischen Theologie nicht genügen: Da das Gesetz kein Heil schaffen konnte, ist Christus des Gesetzes Ende (Röm 10,4).

Literatur: U. Luz: Der alte und der neue Bund bei Paulus und im Hebräerbrief, EvTh 27, 1967, 318ff. – *E. Kutsch:* Die Aktualität alttestamentlicher Aussagen für das Verständnis des Neuen Testaments, ZThK 74, 1977, 273ff.

9. Die Eschatologie des Hebr

1. Welche Motive urchristlicher Enderwartung finden wir?
2. Welche neuen Termini treten auf?

● Wiederholt tauchen Motive der urchristlichen Enderwartung auf:
baldige Parusie (9,28; 10,25.37)
Auferstehung (6,2; 11,35)
Gericht (6,2; 9,27)
Weltuntergang (12,26ff.).

● Neben den zeitlichen Begriffen treten solche einer transzendenten Räumlichkeit auf:
»Ruhe«(κατάπαυσις)(3,11.18; 4,1ff.)
künftige Welt (2,5)
»himmlische Stadt« (11,10.16; 12,22; 13,14)

himmlisches Vaterland (11,14.16)
himmlisches Jerusalem (12,22):

Problemanzeige: Hat Hebr die »apokalyptische Welt- und Geschichtsauffassung« beibehalten (O. Michel, 286) oder werden die Zeitbegriffe durch Raumbegriffe abgelöst, so daß Hebr »der Theologe auf der Schwelle vom Urchristentum zur nachapostolischen Zeit« wäre (Gräßer, 184)?

Literatur: O Michel: Der Brief an die Hebräer, 11. Aufl., 1960, 285f. *E. Gräßer:* Der Glaube im Hebräerbrief, 1965, 171ff.

32. Die Offenbarung des Johannes

1. Skizzieren Sie den Aufbau der Offb

1,1–3: Proömium (Ursprung, Inhalt und Empfänger der Botschaft)
1,4–8: Brieflicher Rahmen (Präskript)
1,9–20: Vision des erhöhten Christus
2,1–3,20: Die 7 Sendschreiben
4,1–5,14: Vision des himmlischen Thronsaales und des Lammes
6,1–8,1: Das Buch mit den 7 Siegeln
8,2–11,19: Die 7 Posaunen
12,1–13,18: Der Fürst dieser Welt
14: Das Lamm und die Geretteten. Gerichtsankündigung. Die Ernte
15,1–16,21: Die 7 Schalen
17,1–19,10: Der Fall Babylons
19,11–21: Der Messias besiegt das Tier
20,1–21,8: Das Tausendjährige Reich; Gericht über den Satan; Totengericht; neue Welt.
21,9–22,5: Die Gottesstadt
22,6–21: Brieflicher Rahmen (Schluß).

2. Was erfahren wir über den Verfasser der Offb?

Der Verfasser stellt sich als »Johannes, der Knecht Gottes« (1,1) vor. Er befindet sich auf der Insel Patmos, um des Gotteswortes und Jesu Zeugnis willen (1,9). War er dorthin verbannt (so schon Kirchenväter) oder hatte er sich zum Offenbarungsempfang dorthin begeben (H. Kraft: Die Offenbarung des Johannes, 1974, 40ff.)?
Welchen Geltungsanspruch erhebt der Verfasser?
Die Bezeichnung »Knecht Gottes« soll ihn als Propheten ausweisen. Wenn er sich 1,9 »Bruder und Genosse« der Leser nennt, so verzichtet er damit auf einen amtlichen Titel. Will der Verfasser für einen Apostel gehalten werden? Das ist nicht anzunehmen, da nach (18,20 und) 21,14 die »Apostel« eine geschlossene Gruppe der Vergangenheit sind.

3. Stellen Sie die 7 Sendschreiben nebeneinander und erarbeiten Sie deren gemeinsame Elemente

(Siehe Klapptafel am Schluß des Bandes)

Gemeinsam ist
1. die Einleitungsformel »Das spricht, der ...«. Dies ist kein brieflicher Eingang, sondern eher eine Entsprechung zur alttestamentlichen »Botenformel«.
2. Die Botenformel ist mit christologischen Prädikationen verknüpft, die auf Züge der Christusvision (Stern, Leuchter, Schwert, Füße wie Golderz, Augen wie Feuerflammen) und des Präskripts (7 Geister) zurückgreifen.
3. Der Hauptteil beginnt mit οἶδα (ich weiß) und bringt zunächst Anerkennung oder Tadel hinsichtlich des gegenwärtigen Zustands der Gemeinden.
4. Weitergeführt wird dies mit einer einschränkenden Feststellung.
5. Darauf folgt eine Aufforderung zur Umkehr (die natürlich bei den tadellosen Gemeinden Smyrna und Philadelphia fehlt).
6. Ein prophetisches Offenbarungswort (Unheilsankündigung oder Heilsverheißung) mit voranstehendem »siehe«(ἰδού) schließt sich an.
7. Es folgt ein Hinweis auf das baldige Kommen des Herrn.
8. Schließlich wird davon gesprochen, was die Gemeinde »hat« und bewahren soll, um einer Verheißung teilhaftig zu werden.
9. Ein »Weckruf« mit feststehendem Wortlaut (»Wer Ohren hat, der höre ...«) gehört zum Abschluß ebenso wie
10. der »Überwinderspruch«, der die Verheißung des ewigen Lebens ausspricht.

> *Literatur: F. Hahn:* Die Sendschreiben der Johannesapokalypse, in: Tradition und Glaube (FS K.G. Kuhn) 1971, 357ff.

4. Welche Gemeindeprobleme erkennen wir in den Sendschreiben?

• Die Gemeinde zu *Ephesus* hat falsche Apostel abgewiesen (2,2), sie zeichnet sich durch Haß gegen die »Nikolaiten« aus (2,6). Sie hat die »erste Liebe verlassen« (2,4).
• Die Gemeinde von *Smyrna* erfährt Lästerung durch die »Synagoge Satans« (2,9); Leiden, Gefängnis und Trübsal drohen ihr (2,10).
• Die Gemeinde von *Pergamon* hat bereits einen Märtyrer, Antipas (2,13). Sie ist durch den »Thron des Satans« (2,12) gefährdet. Aber auch hier ist die Irrlehre der Nikolaiten eingebrochen, welche die »Lehre Bileams« (2,14) verbreitet.
• In der Gemeinde von *Thyatira* ist das »Weib Isebel« aktiv, eine falsche Prophetin, die Unzucht und Genuß von Götzenopferfleisch erlaubt (2,20).
• *Sardes* ist durch das Ausbleiben der Werke (3,2) als tote Gemeinde (3,1) anzusehen.

● Die intakte Gemeinde von *Philadelphia* ist von äußerem Gegner, insbesondere Juden, bedrängt (3,9).

● Der Gemeinde von *Laodizea* wird Zufriedenheit und Selbstgerechtigkeit (3,17) vorgehalten.

Problemanzeige: Während einerseits für die 2. oder 3. Generation typische Ermattungserscheinungen genannt werden, macht es Mühe, die in Ephesus und Pergamon auftretenden Nikolaiten (der Beschreibung der Irrlehre von Thyatira nach dürfte es sich dort ebenfalls um Nikolaiten handeln) näher zu bestimmen. Spätere Ketzerpolemik führte sie auf den Hellenisten Nikolaos (Apg 6,5) zurück.

Literatur: N. Brox: Nikolaus und die Nikolaiten, VigChr 19, 1965, 23ff. – *H. Kraft:* Die Offenbarung des Johannes, 1974, 72ff. – *U. B. Müller:* Prophetie und Predigt im Neuen Testament, 1975, 57ff.

---

5. Welche christologischen Hoheitstitel verwendet die Offb und was sagen sie aus?

● Der häufigste Titel ist »*Lamm*«(ἀρνίον, 28 mal, besonders in Offb 5–7 u. 14).
  Schon die erste Nennung des Lammes Offb 5,6 zeigt die Bedeutung auf:
●● Einerseits sieht der Seher das Lamm »wie geschlachtet«, womit auf den Opfertod Christi hingewiesen wird (vgl. Joh 1,29.36: Lamm Gottes = ἀμνὸς τοῦ θεοῦ).
  Das Heilswerk des Lammes wird 5,9 als Sieg über den Tod, Erlösung und Verherrlichung beschrieben.
●● Aber zugleich ist das Lamm mit 7 Hörnern und 7 Augen Träger göttlicher Macht und göttlichen Geistes. Diesem Lamm wird das Buch mit den 7 Siegeln zur Öffnung übergeben; damit wird seine Bedeutung als endzeitlicher Herrscher herausgestellt, wie denn auch im himmlischen Jerusalem vom »Thron Gottes und des Lammes« die Rede ist (22,1).

Literatur: O. Böcher: Die Johannesapokalypse, 1975, 42ff.

● »*Christus*« ist in der Offb messianische Bezeichnung, nicht Eigenname. So 11,15: Die Königsherrschaft über die Welt gehört dem Herrn und seinem Christus (vgl. 12,10; 20,4.6).
● »*Herr*« ist überwiegend Gottesbezeichnung (1,8; 4,8.11; 11,15.17 u. ö.), wird aber auch zur Bezeichnung des Herrseins Jesu Christi verwendet (11,8; 14,13; 17,14; 19,16: »Herr der Herren«; 22,20: »Amen, komm, Herr Jesus!«).
●● In Anknüpfung an Daniel 7,13 spricht die Offb in 1,13 von der Erscheinung Christi »gleich einem Menschensohn«. In 14,14 heißt es, der Seher sah eine weiße

Wolke, auf der »einer gleich einem Menschensohn« saß, der hatte auf seinem Haupt einen goldenen Kranz und in seiner Hand eine scharfe Sichel«. Wird hier vorausweisend von der Parusie zum Gericht gesprochen (Lohse) oder ist der Himmelsmensch hier nur ein Engel (Kraft)?

•• Vom »Sohn Gottes« spricht die Offb nur in der Botenformel des Sendschreibens nach Thyatira (Offb 2,18); diese Benennung ist wohl in Anlehnung an Ps 2,7 gewählt, dessen Verse 8 und 9 im Überwinderspruch (Offb 2,27f.) zitiert werden.

Literatur: Tr. Holtz: Die Christologie der Apokalypse des Johannes, 1962. – E. Lohse: Die Offenbarung des Johannes, 1966, 43.

6. Was beinhalten die 7 Siegel?

Die 7 Siegel beinhalten »gleichsam die Einleitung der Katastrophen, die bis zur Wiederkunft Christi sich immer furchtbarer steigern werden« (E. Lohse, a.a.O. 43).
1.–4. Siegel: Die 4 apokalyptischen Reiter bringen äußere und innere Kriege, Teuerung und Tod (6,1–8)

Literatur: O. Böcher: Die Johannesapokalypse, 1975, 47ff.

5. Siegel: Den Seelen derer, »die geschlachtet worden waren um des Wortes Gottes und des Zeugnisses willen« wird eröffnet, daß die Zahl der Märtyrer in kurzer Zeit voll werde (6,9–11).
6. Siegel: Die Erschütterung des Kosmos (6,12–17).
7. Siegel: Auf die Öffnung des 7. Siegels hin tritt eine große Stille im Himmel ein (8,1). Darauf folgt die Vision der 7 Posaunen.

7. Welche Ereignisse werden durch die 7 Posaunen ausgelöst?

Die 7 Posaunen lösen die dem Endgericht vorhergehenden Plagen aus:
1.–4. Posaune: Der dritte Teil des Landes, des Meeres, des Trinkwassers und der Leuchtkraft der Gestirne werden verwüstet. Die 1. und 2. Posaune entsprechen der 7. bzw. 1. der ägyptischen Plagen (Ex 9,23ff.; 7,20f.). (8,7–12)
Zwischenvision: Ein Adler am Himmel ruft dreimal Wehe über die Menschen (8,13)
5. Posaune: Ein vom Himmel gefallener Stern (= Engel) löst eine Heuschreckenplage für die ungläubigen Menschen aus (vgl. die 8. ägyptische Plage Ex 10,14f.) (9,1–12).
6. Posaune: Vier Engel führen ein riesiges Reiterheer an, welches den dritten Teil der (ungläubigen) Menschheit vernichtet (9,13–21)
Zwischenvision: Das Büchlein und die 2 Zeugen (10,1–11,14)
7. Posaune: Ankündigung einer Theophanie zum Totengericht (11,15–19).

8. Die 7 Schalen

1. Welches ist ihr Inhalt?
2. Vergleichen Sie damit die 7 Posaunen!

- 1. Schale: Sie wird über die Erde ausgegossen und bringt den Götzendienern Geschwüre (16,2); vgl. die 6. ägyptische Plage (Ex 9,9).
2. Schale: Sie wird ins Meer gegossen, das zu Blut verwandelt wird; alle seine Lebewesen sterben (16,3); vgl. die 1. ägyptische Plage (Ex 7,17ff.).
3. Schale: Alles Trinkwasser wird zu Blut (16,4); vgl. Ps 78,44.
4. Schale: Die Sonne versengt die Menschen (16,8f.)
5. Schale: Sie wird auf den »Thron des Tieres« (= des Kaisers) gegossen und verfinstert sein Reich (16,10f.); vgl. die 9. ägyptische Plage (Ex 10,21f.).
6. Schale: Sie wird auf den Euphrat ausgegossen, der dadurch austrocknet und den »Königen des Ostens« mit ihrem dämonischen Gefolge als Weg dient (16,12–16). »Der Vergleich der unreinen Geister mit Fröschen soll die zweite ägyptische Plage (Ex 7,26–8,11) in Erinnerung rufen« (H. Kraft, a.a.O. 208).
7. Schale: Sie bereitet eine Theophanie vor (16,17–21)

- Die beiden Visionsreihen von den 7 Posaunen und 7 Schalen sind stark parallel gebaut:

8 2.6 Vorbereitung im Himmel: Ausrüstung der Engel mit den 7 Posaunen	15 1.5–16 1 Vorbereitung im Himmel: Ausrüstung der Engel mit den 7 Schalen.
1. Posaune: Hagel und Feuer, mit Blut vermengt, wird *auf die Erde* geworfen (Vernichtung eines Drittels des Landes, der Bäume und alles Grases) 8 7	1. Schale: sie wird ausgegossen *auf die Erde* (Geschwüre an den Menschen, die das Zeichen des Tieres tragen und die sein Bild anbeten) 16 2
2. Posaune: der dritte Teil des *Meeres wird zu Blut*, der dritte Teil seiner *Geschöpfe* stirbt (der dritte Teil der Schiffe geht zugrunde) 8 8f.	2. Schale: das *Meer wird zu Blut*; alle seine *Geschöpfe* sterben 16 3
3. Posaune: der dritte Teil der Gewässer – *Flüsse und Quellen* wird zu *Wermut*; (viele Menschen sterben daran) 8 10f.	3. Schale: die Gewässer – *Flüsse und Quellen* – werden zu *Blut* 16 4
4. Posaune: die *Sonne* (der Mond und die Sterne, Tag und Nacht verfinstern zu einem Drittel) 8 12	4. Schale: die *Sonne* (versengt die Menschen mit Feuer) 16 8f.
5. Posaune: der *Brunnen des Abgrunds* wird aufgeschlossen; (Sonne und Luft) werden *verfinstert* 9 1f.	5. Schale: das *Reich des Tieres* wird *verfinstert* 16 10f.
6. Posaune: Lösung der vier Engel an dem *großen Strome Euphrat* 9 14f.	6. Schale: sie wird ausgegossen auf den *großen Euphrat* 16 12
7. Posaune: *gewaltige Stimmen* im Him-	7. Schale: eine *gewaltige Stimme* vom

mel – der *Tempel* Gottes im Himmel ist aufgetan – *Blitze, Stimmen, Donner, Erdbeben und großer Hagelschlag* 11 15.19.

Tempel aus – *Blitze, Stimmen, Donner, Erdbeben, großer Hagelschlag* 16 17f.21

Darüber hinaus hat G. Bornkamm Entsprechungen auch zwischen den jeweils auf die Visionen folgenden Kapiteln 12/14 und 17/19 aufgezeigt. So wird man dem Schluß zustimmen können: 8,2–14,20 und 15,1–20,5 beschreiben dieselben Endereignisse, zuerst nur andeutend und vorläufig, dann aber in überbietender, endgültiger Weise.

> *Literatur: G. Bornkamm:* Die Komposition der apokalyptischen Visionen in der Offenbarung Johannis, in: *ders.:* Studien zu Antike und Urchristentum, 2. Aufl., 1963, 204ff.

9. In der Offb werden öfters Ausrufe und Hymnen zitiert, die im himmlischen Gottesdienst gesprochen oder gesungen werden

1. Um welche Texte handelt es sich?
2. Welche Funktion haben sie im Kontext?

● Folgende Texte sind auf den himmlischen Gottesdienst bezogen:
●● Doxologien
   Offb 1,5b–6;   5,13;   7,12.
   Christus   Gott + Lamm   Gott
●● »Würdig« – Rufe:
   4,11;   5,9f.;   5,12;
   Gott   Lamm   Lamm
●● Das Trishagion (dreimalheilig):
   4,8
●● Siegesrufe:
   7,10; 11,15; 12,10–12.
●● Gerichtsdoxologien:
   16,5f. 7
●● Gotteshymnus:
   15,3f.
●● Siegesruf + Gerichtsdoxologie + Hymnus:
   19,1–8a
●● Dankgebet:
   11,17f.
● Für eine Reihe von Hymnen ist sicher anzunehmen, daß sie das apokalyptische Geschehen deuten sollen, so für 12,10–12; 15,3f.; 16,5–7 (Delling; Jörns).
  Eine durchgehende paränetische Funktion nimmt Deichgräber an: »Es geht in der ganzen Apokalypse darum, die Gemeinde zu trösten und zu mahnen, damit sie in den kommenden Schrecknissen aushält. ... So dienen die Hymnen der himmlischen

Gemeinde dazu, den Blick der irdischen Gemeinde von der sie umgebenden Drangsal zu lösen und auf das Ziel der himmlischen Herrschaft zu lenken, damit auch sie einmal in der Schar der Überwinder steht und in ihre Lieder einstimmt« (a.a.O. 47). Jörns bezeichnet die Botschaft der Hymnen sogar als das »Hymnische Evangelium«. »Da es sich durchweg um Hymnen handelt, die im Zusammenhang mit dem Gerichtsgeschehen Gottes stehen, die von dem Sieg, dem Herrschaftsantritt oder allgemeiner von dem zum Ziel gekommenen Heilsplan Gottes und von der sich darin erweisenden Gerechtigkeit lobpreisend und dankend reden, ist ihre Funktion die, die frohe Botschaft von der bei Gott beschlossenen und bereits angehobenen Vollendung zu verkünden.« »Entsprechend der Ambivalenz des Kommens Gottes und seines Christus in Heil für die Gläubigen und Unheil für die Widergöttlichen ist das ›Hymnische Evangelium‹ Tröstung und Aufruf zum Jubel und Paränese zugleich« (a.a.O. 174).

Die früher gelegentlich geäußerte These, die Hymnen der Offb entstammten dem urchristlichen Gottesdienst, wird heute allgemein abgelehnt (Delling, Jörns, Deichgräber). »Es handelt sich nicht um Auszüge aus dem Gesangbuch der urchristlichen Gemeinde, sondern allenfalls um Hymnen in der Art, wie sie die Gemeinde sang« (H. Kraft, a.a.O. 243).

Literatur: G. Delling: Zum gottesdienstlichen Stil der Johannes-Apokalypse, in: *ders.:* Studien zum NT und zum hellenistischen Judentum, 1970, 425ff. – *R. Deichgräber:* Gotteshymnus und Christushymnus in der frühen Christenheit, 1967, 44ff. – *K.-P. Jörns:* Das hymnische Evangelium, 1971, bes. 166ff.

10. Die Christen und der Staat nach der Offb

● Die Offb ist in einer Zeit entstanden, in der es schon Christenverfolgungen und Märtyrer gegeben hat (2,13; 6,9–11; 17,6; 20,4).

● Die Ursache des Konflikts wird in Offb 13 ausgesprochen:

Ein Tier mit 10 Hörnern und 7 Häuptern steigt aus dem Meer; es trägt auf seinen Hörnern 10 Diademe und auf den Häuptern blasphemische Namen. Es sieht wie ein Panther aus, hat aber Bärenfüße und ein Löwenmaul (Offb 13,1–2). Dieses Wesen ist eine »gedankliche Konstruktion« (Kraft, 175) aus den vier Tieren der Vision Dan 7 und stellt das Römische Reich dar.

Der »Drache«, d. h. Satan verleiht diesem Tier Macht und läßt es gleichsam als Gegenbild Christi auftreten: Es erhält den Thron Satans – vgl. die Thronbesteigung Christi 3,21.

Das Tier wird zu Tode getroffen und kehrt wieder ins Leben zurück – vgl. 5,6: Das Lamm, das geschlachtet wurde – 2,8: Christus, der tot war und wieder lebendig wurde.

Alle Welt fällt vor dem Tier nieder – vgl. die Proskynese vor Gott (4,10; 11,16 u. ö.) und vor dem Lamm (5,14).

Demgegenüber wird 13,5–7 die befristete Zulassung des Tieres durch Gott ausgesagt (vielleicht mit Kraft, 177, als Einschub aufgrund einer aktuellen Verfolgung anzusehen). Kurz: Der römische Staat verkörpert den Antichrist.

• Nach dem »Tier aus dem Meer« wird noch ein »Tier von der Erde« beschrieben (13,11–18), das »alle Gewalt des ersten Tieres vor ihm« ausübte und die Anbetung des ersten Tieres bewirkte. Seit Bousset wird das als Hinweis auf die Priesterschaften des Kaiserkults verstanden; Kraft meint dagegen, man solle hier die »heilsgeschichtliche Gestalt« des Pseudopropheten sehen.

Jedenfalls »sorgt« dieses Tier »für die Staatsideologie und Staatsmetaphysik, für Staatskult und Staatssymbolik, sorgt aber auch für die Staatsräson, indem es die, die sich der Kennzeichnung durch ein Zeichen (Apk 13,16) oder der Staatsreligion verweigern, wirtschaftlich boykottiert (Apk 13,17) oder hinrichtet (Apk 13,15)« (W. Schrage, 74).

Angesichts dieses totalitären Staates »ist Standhaftigkeit und Glaubenstreue notwendig« (13,10).

Schließlich kündigt Johannes an, daß die »große Hure Babylon« (ein Deckname für Rom) in Kürze fallen wird: Offb 17–18.

Problemanzeigen: 1. Diese Dämonisierung des Staates steht natürlich meilenweit entfernt von Röm 13; aber es muß bedacht werden, daß Offb 13 nicht »den« Staat, sondern einen zur Pseudoreligion pervertierten konkreten Staat meint.

2. Offb 13,18 wird die »Zahl des Tieres« mit 666 angegeben. Dahinter steht das Verfahren der Gematrie, bei der die Buchstaben eines Namens als Zahlzeichen betrachtet wurden.

Legt man das hebräische Alphabet zugrunde, so könnte die Auflösung »Kaiser Neron« lauten (so meist seit Bousset; vgl. Böcher); bei Ausgang vom griechischen Alphabet könnte M. Nerva herauskommen (Kraft, 222).

Literatur: W. Schrage: Die Christen und der Staat, 1971, 69ff. – *O. Böcher:* Die Johannesapokalypse, 1975, 84ff. – *O. Cullmann:* Der Staat im Neuen Testament, 2. Aufl., 1951, 52ff.

---

11. Wie verwendet die Offb die Begriffe »Evangelium« (εὐαγγέλιον) und »verkünden« (εὐαγγελίζειν)?

• »Evangelium« kommt nur Offb 14,6 vor:
Ein Engel fliegt im Zenit und verkündet ein »ewiges Evangelium«. Inhaltlich besteht dieses ewige Evangelium in der Aufforderung, Gott anzubeten, da die Stunde seines Gerichts gekommen ist (14,7).

• »Verkünden« (εὐαγγελίζειν; sonst im NT nur medial: εὐαγγελίζεσθαι) kommt Offb 14,6 und 10,7 vor. Bezeichnet es in 14,6 die Gerichtsansage, so in 10,7 die Verkündigung des endzeitlichen Planes Gottes.

Problemanzeige: Ohne Zweifel unterscheidet sich dieser Sprachgebrauch vom paulinischen. P. Stuhlmacher hält diese Stellen in der Offb für die traditionsgeschichtlich ältesten Belege, welche »sprachlich noch ganz jüdisch, also unterminologisch, christologisch noch durchaus unreflektiert, vielmehr nur prophetisch geprägt und in die apokalyptische Naherwartung ... eingebettet« seien (217).

Dagegen möchte G. Strecker diesen Sprachgebrauch dem Verfasser der Offb selbst zuschreiben, also einer »christianisierten Apokalyptik, die zeitlich wie sachlich von der älteren urchristlichen apokalyptischen Tradition entfernt ist« (517).

> *Literatur:* P. *Stuhlmacher:* Das paulinische Evangelium I, 1968, 210ff. – G. *Strecker:* Das Evangelium Jesu Christi, in: Jesus Christus in Historie und Theologie (FS H. Conzelmann), 1975, 503ff. (bes. 515ff.).

12. Welche Vorstellung ist mit dem »Tausendjährigen Reich« verbunden?

● Nachdem das vom Satan bevollmächtigte »Tier« und seine Helfer das Gericht über die gottfeindliche Weltmacht Babel = Rom vollstreckt haben (Offb 17,18), erscheint der Messias, um das Gericht über das Tier und sein Gefolge auszuführen (19,11ff.): das Tier und der falsche Prophet werden ewiger Bestrafung überantwortet, ihre Anhänger auf der Stelle getötet. Darauf bindet ein Engel den Satan für 1000 Jahre (20,1–3).
● Danach findet die »erste Auferstehung« statt, der allerdings nur die christlichen Märtyrer teilhaftig werden. Sie werden zusammen mit Christus 1000 Jahre lang auf der Erde herrschen (20,4–6).
● Nach diesen 1000 Jahren wird der Satan nochmals losgelassen, verführt alle Völker und zieht mit ihnen zum Endkampf gegen Jerusalem. Durch Feuer vom Himmel werden sie vernichtet, der Satan wird in den Feuerpfuhl zum Tier und dem Pseudopropheten geworfen (20,7–10) und dann folgt das Weltgericht (20,11–15).

Problemanzeige: Die Vorstellung von einem messianischen Reich vor der endgültigen Aufrichtung der Gottesherrschaft ist schon in jüdischen Apokalypsen zu finden; von den ntl. Schriftstellern hat sie nur der Verfasser der Offb übernommen. »Im Unterschied zur jüdischen Apokalyptik malt er mit keinem Wort die Herrlichkeit dieses Reiches aus, sondern mit kurzen Sätzen will er den leidenden Zeugen Jesu ein besonderes Trostwort zusprechen: Ihr Gebet wird erhört (vgl. 6,9–11), ihnen wird besonderer Lohn zuteil werden« (E. Lohse, a.a.O. 101). Schwärmerische Spekulationen, wie sie im Laufe der Kirchengeschichte immer wieder angestellt wurden, verfehlen also die Intention der Offb.

Literatur: M. Rissi: Die Zukunft der Welt. Eine exegetische Studie über Johannesoffenbarung 19,11 bis 22,15, 1966. – *O. Böcher:* Die Johannesapokalypse, 1975, 96ff. – *E. Schüssler Fiorenza:* Priester für Gott. Studien zum Herrschafts- und Priestermotiv in der Apokalypse, 1972, 291ff.

13. Welche Begriffe und Vorstellungen sind für das Gemeindeverständnis der Offb charakteristisch?

● Die häufigste Gemeindebezeichnung in der Offb ist »die Heiligen«(οἱ ἅγιοι). In folgenden Kontexten ist von ihnen die Rede:

1. Das Gebet der Heiligen (5,8; 8,3.4)
2. Die gerechten Taten der Heiligen (19,8)
3. Verfolgung der Heiligen (11,18; 13,7; 16,6; 17,6; 18,20,24; 20,9)
4. Die Heiligen werden zur Standhaftigkeit in der Verfolgung ermahnt (13,10; 14,12)
5. Der Gnadenwunsch am Ende des Buches (22,21) gilt nach der Lesart des Sinaiticus den »Heiligen«, nach der Koine »allen Heiligen«, nach der wahrscheinlich ursprünglichen Lesart des Alexandrinus »allen«.

● Die christliche Gemeinde ist an die Stelle Israels getreten. Die Vorstellung von der Erneuerung des 12-Stämme-Volkes wird Offb 7,1ff. und 14,1ff. auf die christliche Gemeinde übertragen: Die 144000 Versiegelten entsprechen je 12000 Gliedern aus den 12 Stämmen. Die Synagoge trägt daher den Namen »Juden« zu Unrecht (2,9; 3,9); das irdische Jerusalem ist mit den schlimmsten Orten wie Sodom und Ägypten identisch (11,8).

● Die Gemeinde ist bereits eine Gemeinde von »Königen und Priestern« (1,6; 5,10) durch die Erlösungstat des Christus. In der himmlischen Welt werden sie diese Funktion ausüben (20,4–6; 22,3–5).

● Diesem Gemeindeverständnis entspricht es, daß keine Ämterhierarchie besteht. Das einzige Amt, das in der Gemeinde der Offb erkennbar ist, ist das Prophetenamt. Das zeigt schon die wiederholte Zusammenstellung »die Heiligen und die Propheten« (11,18; 16,6; 18,20.24).

Literatur: A. Satake: Die Gemeindeordnung in der Johannesapokalypse, 1966. – *E. Schüssler Fiorenza:* Priester für Gott, 1972.

33. Fragen zum ganzen Neuen Testament

1. Von A–Z

Welche bibelkundlichen Assoziationen kommen Ihnen zu folgenden Stichworten?
Areopagrede
Babylon
Comma Johanneum
Doxologie
Eulogie
Feldrede
Goldene Regel
Haustafel
Ich-bin-Worte
Jubelruf
Kephas
Lasterkatalog
Maranatha
Naherwartung
Ordination
Petrusbekenntnis
Q
Revelationsschema
Schöpfungsmittler
Typologie
Unzuchtsklausel
Verklärung Jesu
Wertepriamel
Zeichenquelle

Antworten in Kurzfassung:
A: Apg 17,22–32; »natürliche Theologie«, Jesus als kommender Richter
B: Deckname für Rom in 1 Petr 5,13; Apk 14,8; 16,19; 17,5; 18,2.10.21
C: trinitarischer Einschub in 1 Joh 5,7 (Vater, Wort, Geist als himmlische Zeugen)
D: »Ehre sei ... in Ewigkeit, Amen«. Ntl. Doxologien auf Gott bezogen: Röm 11,36; 16,25–27; Gal 1,5; 1 Tim 1,17; 1 Petr 4,11; Jud 24; Apk 7,12; Auf Christus bezogene Doxologien: Röm 9,5 (textkritisch unsicher); 2 Tim 4,18; 2 Petr 3,18; Apk 1,5f; 5,12f.
E: »Gelobt sei Gott, der ...«: 2 Kor 1,3ff.; Eph 1,3 ff.; 1 Petr 1,3ff.
F: Lk 6,20–49; 4 Seligpreisungen, 4 Weherufe, Feindesliebe, Vom Richten »An ihren Früchten sollt ihr sie erkennen«, Vom Haus auf dem Felsen.

G: Mt 7,12//Lk 6,31: Alles nun, was ihr wollt, daß es euch die Menschen tun, das sollt ihr ihnen auch tun.

H: Pflichtenschema (Frauen/Männer, Kinder/Eltern, Sklaven/Herren): Kol 3,18–4,1; Eph 5,22–6,9; 1 Petr 2,13–3,7.

I: Redeform des johanneischen Christus: (a) absolutes »Ich bin es« als Hoheitsbezeichnung; (b) Selbstprädikation mit Bildwort, gefolgt von Bedingungssatz und Verheißung: Joh 6,35 (Brot des Lebens), 8,12 (Licht der Welt), 10,7.9 (Tür der Schafe), 10,11.14 (guter Hirte), 11,25 (Auferstehung und Leben), 14,6 (Weg, Wahrheit, Leben), 15,1.5 (wahrer Weinstock).

J: Mt 11,25–27//Lk 10,20–22

K: aramäische Form des Namens Petrus; außer in Joh 1,43 nur von Paulus im 1 Kor und Gal verwendet

L: katalogartige Aufzählung von Lastern, z. B. 1 Kor 6,9f.; Gal 5,19–21; Röm 1,29–31; 1 Tim 1,8–11; 1 Petr 4,3; Apk 22,15

M: »Unser Herr, komm« (möglich auch die Übersetzung: »unser Herr ist gekommen«) 1 Kor 16,22 (vgl. Apk 22,20: »Amen, komm, Herr Jesu«).

N: 1 Thess 5,1–11; 1 Kor 7,29–31; Röm 13,11–14; Mk 9,1; 13,33.37; Mt 10,23; 25,1–13; Mt 24,45–51//Lk 12,42–46;

O: Apg 6,1–6; 1 Tim 4,14; 2 Tim 1,6; vielleicht ist 1 Tim 6,11–16 eine »Ordinationsparänese«.

P: Nach Mk 8,27–30 lautet das Petrusbekenntnis: »Du bist der Christus« und wird von Jesus mit einem Schweigegebot belegt.
Nach Mt 16,16–20 lautet das Petrusbekenntnis »Du bist der Christus, der Sohn des lebendigen Gottes«, darauf folgt eine Seligpreisung Simons, die Namengebung (»Du bist Petrus ...«) und die Vollmachtsverleihung an Petrus; zuletzt wie bei Mk ein Schweigegebot.

Q: Q ist Abkürzung für die hypothetisch erschlossene Logienquelle, die nicht nur Logien enthalten haben dürfte. Skizze des Inhalts von Q: Täuferpredigt – Taufe und Versuchung Jesu – Feldrede Jesu – Hauptmann von Kapernaum – Täuferrede – Aussendungsrede – Beelzebub-Streitgespräch-Gleichnisse vom guten und bösen Knecht, vom großen Abendmahl, vom verlorenen Schaf, von den anvertrauten Pfunden – kleine apokalyptische Rede, – Jubelruf Jesu – Nachfolgeworte ...

R: das einst verborgene göttliche Geheimnis ist jetzt offenbar: 1 Kor 2,6ff.; Röm 16,25 f.; Kol 1,26; Eph 3,3 ff.

S: Jesus Christus als Schöpfungsmittler: 1 Kor 8,6 (»Jesus Christus, durch welchen alle Dinge sind); Kol 1,16; Hebr 1,2; Joh 1,3.

T: hermeneutische Methode, die in Personen oder Ereignissen des AT Vorausdarstellungen von Personen oder Ereignissen des NT sieht; z. B. die Adam-Christus-Typologie Röm 5,12–21 und 1 Kor 15,21 f.45; oder die Väter in der Wüste als Typoi der Christen 1 Kor 10,1–13 (ähnlich auch Hebr 3,7–4,13); oder die mosaische Kultgesetzgebung als Typos der christlichen Heilsordnung (Hebr 5; 7–10)

U: nach Mt 5,32; 19,9 gilt das Scheidungsverbot nicht im Fall der Unzucht.

V: Mk 9,2–9 Parr.; 2 Petr 1,17f.

W: Aufzählung von allgemein anerkannten Werten, denen ein Höchstwert gegenübergestellt wird; 1 Kor 13,1–3.

Z: Hypothetisch ermittelte Vorlage des Joh, die vor allem Wundergeschichten enthalten haben dürfte. Hinweis auf diese Zeichen- oder Semeia-Quelle: die Zählung in 2,11 (1. Wunder) und 4,54 (2. Wunder), die aber mit 2,23 nicht übereinstimmt. Inhalt: Weinwunder zu Kana (2,1–11); Heilung des königlichen Beamtensohnes (4,46–54); Heilung eines Gelähmten am Teich Bethesda (5,1–9); Speisung der Fünftausend (6,1–15); Seewandeln Jesu (6,16–21); Heilung eines Blindgeborenen (9,1–7); Auferweckung des Lazarus (11,1–44).

2. Sprichwörtliches

Kennen Sie die Quelle folgender sprichwörtlicher Redewendungen?

Sein Haus auf Sand bauen
Niemand kann zwei Herren dienen
Wo Aas ist, sammeln sich die Geier
Wider den Stachel löcken
Ein jeder kehre vor seiner Tür
Den ersten Stein auf jemanden werfen
Die Spreu vom Weizen sondern
Den Reinen ist alles rein
Sucht, so werdet ihr finden
Sein Licht unter den Scheffel stellen
Ein Ende mit Schrecken nehmen
Der Glaube versetzt Berge
Was du nicht willst, daß man dir tu, das füg' auch keinem andern zu.

Mt 7,26 (Schlußgleichnis der Bergpredigt)
Mt 6,24//Lk 16,13
Mt 24,28//Lk 17,37
Apg 26,14 (aber auch schon bei Äschylus und Euripides)
Goethe: Zahme Xenien
Joh 8,7 (aus der nicht ins Joh-Evg. gehörenden Geschichte von Jesus und der Ehebrecherin)
Mt 3,12//Lk 3,17 (Wort Johannes' des Täufers)
Tit 1,15
Mt 7,7//Lk 11,9
Mk 4,21; Mt 5,15//Lk 11,33
Ps 73,19
Mt 17,20; Mk 11,23; 1 Kor 13,2
Mt 7,12//Lk 6,31 (die goldene Regel in negativer Fassung).

3. Bibelkunde in Rätselform

Wenn Sie die folgenden 10 Begriffe richtig gebildet haben, ergeben deren Anfangs-buchstaben eine wichtige Hilfsdisziplin für die Exegese.
 1. Im Kol gebrauchte Metapher für die Taufe
 2. Jüdischer Patriarch, der in Röm 9 erwähnt wird
 3. Antiochenischer Missionar
 4. Ort, an dem Paulus mit wilden Tieren kämpfte
 5. Erste Christin Europas
 6. Beiname eines Jüngers Jesu (aramäische Form)
 7. In Lasterkatalogen häufig vorkommender Begriff
 8. Jünger Jesu
 9. Amtsträger in der Gemeinde zu Philippi
10. Gründer der Gemeinde von Kolossä

 1. Beschneidung Christi (Kol 2,11)
 2. Isaak
 3. Barnabas
 4. Ephesus (1 Kor 15,32)
 5. Lydia (Apg 16,14ff.)
 6. Kephas (Joh 1,43; Gal; 1 Kor)
 7. Unzucht
 8. Nathanael (Joh 1,45)
 9. Diakone (Phil 1,1)
10. Epaphras (Kol 1,7)

Stellen Sie selbst solche und ähnliche Rätsel zusammen; Sie lernen dabei eine Menge.

4. Welche Texte handeln vom Verhältnis der Christen zum Staat?

Mk 12,13–17
Röm 13,1–7
1 Petr 2,13–17
Apk 13

5. Das Liebesgebot im Neuen Testament

Mk 12,28–34 Parr.: Das Doppelgebot der Liebe
Mt 5,43f.; Lk 6,27f.: Liebet eure Feinde
Gal 5,14; Röm 13,8–10: Das Gebot der Nächstenliebe als Erfüllung des ganzen
    Gesetzes

Jak 2,8: Das Gebot der Nächstenliebe als »königliches Gesetz«
Joh 13,34: Das »neue Gebot«: Liebet einander
1 Joh 2,7f.; 3,11–18; 2 Joh 5: Das Gebot der Bruderliebe

Literatur: R. Schnackenburg: Die sittliche Botschaft des Neuen Testaments, 2. Aufl., 1962, 65ff.; 172ff. – *Chr. Burchard:* Das doppelte Liebesgebot in der frühen christlichen Überlieferung, in: Der Ruf Jesu und die Antwort der Gemeinde (FS J. Jeremias), 1970, 39ff. – *G. Schneider:* Die Neuheit der christlichen Nächstenliebe, in: TThZ 82, 1973, 257ff. – *H. Thyen:* »... denn wir lieben die Brüder« (1 Joh 3,14), in: Rechtfertigung (FS E. Käsemann), 1976, 527ff. *M. Lattke:* Einheit im Wort, 1975, 206ff.

---

6. Welche alttestamentlichen Frauengestalten werden im Neuen Testament genannt?

• Im Stammbaum Jesu nach Mt 1 werden Thamar, Rahab, Ruth und »die des Uria« (= Bathseba) genannt.

• Mt 2,18 wird in einem Jeremiazitat Rahel genannt.

• Die Königin von Süden, die zu Salomo kam (1 Kön 10,1ff.), wird Mt 12,42// Lk 11,31 den ungläubigen Juden als Vorbild hingestellt.

• In der lukanischen Antrittspredigt Jesu in Nazareth wird die Witwe von Sarepta erwähnt, da Elia zu ihr gesandt worden war (Lk 4,26).

• In Gal 4,21–31 stellt Paulus Hagar und Sara gegenüber.

• Im Römerbrief werden Sara (4,19; 9,9) und Rebekka (9,10) genannt.

• In der Wolke von Glaubenszeugen, die Hebr 11 dargetan wird, werden Sara (11,11) und Rahab (11,31) angeführt.

• 1 Petr 3,6 wird Sara den Ehefrauen als Vorbild gehorsamer Unterordnung vor Augen gestellt.

• Jak 2,25 spricht davon, daß die Dirne Rahab durch ihre Werke, nämlich die Unterstützung der israelitischen Kundschafter, Gerechtigkeit erlangt habe. Dieses Beispiel steht neben dem Beispiel Abrahams (Jak 2,21ff.).

7. Wo spricht das NT von Noah?

• Mt 24,28//Lk 17,37 wird das Kommen des Menschensohnes mit dem Kommen der Sintflut (»in den Tagen Noahs«) verglichen.

• Hebr 11,7 wird Noah als »Erbe der Gerechtigkeit, die aus dem Glauben kommt«, gerühmt.

• 1 Petr 2,18–22 wird die Rettung Noahs als »Gegenbild« (Antitypos) der Taufe verstanden.

• 2 Petr 2,5 wird das Gericht über die »alte Welt« neben dem Gericht über die gestürzten Engel und über Sodom und Gomorrha den Irrlehrern drohend vor Augen gestellt; Noah wird als »Herold der Gerechtigkeit« bezeichnet.

8. Abraham im NT

● Der Stammbaum Jesu bei Matthäus beginnt mit Abraham.
● Die Predigt Johannes des Täufers zerstört die auf der Abrahamskindschaft beruhende Heilssicherheit der Juden: Gott kann dem Abraham auch aus Steinen Kinder erwecken (Mt 3,9//Lk 3,8).
● Wenn Mt 8,11f.//Lk 13,28f. die Annahme vieler Heiden im Gericht kontrastiert wird mit der Verwerfung der ungläubigen Juden, dann wird die Abstammung von Abraham relativiert.
● In einigen lukanischen Sonderüberlieferungen wird die Gestalt Abrahams stärker betont. So heilt Jesus die Blutflüssige, weil sie »Tochter Abrahams« ist (Lk 13,16) und dem Haus des Oberzöllners Zachäus widerfährt Heil, weil er »Sohn Abrahams« ist (Lk 19,9). Das Gleichnis vom reichen Mann und armen Lazarus (Lk 16,19ff.) setzt die jüdische Auffassung voraus, Abraham lebe bei Gott und trete als Fürsprecher auf (Lk 16,22ff.).
● Gegenüber den judaistischen Irrlehrern in Galatien betont Paulus, daß schon Abraham nicht durch Gesetzeswerke, sondern durch Glauben gerechtfertigt wurde (Gal 3,6). Die Verheißung an Abraham und seinen Samen ist in Christus erfüllt (Gal 3,16f.).
● In Röm 4 wird mit Hilfe von Gen 15,6 (»Abraham aber glaubte Gott, und es wurde ihm zur Gerechtigkeit angerechnet«) und Ps 31,1 f. LXX (»Selig, deren Frevel vergeben und deren Sünden bedeckt werden! Selig der Mann, dem der Herr die Sünde nimmermehr anrechnet!«) einerseits bewiesen, daß Abraham aus Glauben gerechtfertigt wurde, andererseits aber auch, daß solche Rechtfertigung jedem Glaubenden zukommt, da Abraham sie noch vor der Beschneidung zuteil wurde. Der Same Abrahams, dem die Verheißung gilt, sind die Glaubenden.

> *Literatur: K. Berger:* Abraham in den paulinischen Hauptbriefen, in: MThZ 17, 1966, 47ff. – *U. Luz:* Das Geschichtsverständnis des Paulus, 1968, 168ff. – *Ferd. Hahn:* Gen 15,6 im Neuen Testament, in: Probleme biblischer Theologie (FS G. von Rad), 1971, 90 ff. – *E. Käsemann:* Der Glaube Abrahams in Röm 4, in: *ders.:* Paulinische Perspektiven, 1969, 140ff.

● Anders interpretiert der Jakobusbrief: Gerade Abraham lehrt, daß der Mensch aus Werken gerechtfertigt wird und nicht allein aus Glauben (Jak 2,24); denn bei der Opferung seines Sohnes Isaak wirkte der Glaube mit seinen Werken zusammen (Jak 2,21f.).
Problemanzeige: Daß der Jakobusbrief nicht Paulus selbst, sondern einen libertini-

stisch mißverstandenen Paulus bekämpft, kann angenommen werden. Zu fragen bleibt, ob Jakobus die Rechtfertigungslehre trotz dieser veränderten Front sachgemäß formuliert (G. Eichholz) oder ob er sie »nomistisch korrumpiert« (W. Schrage).

Literatur: G. Eichholz: Jakobus und Paulus, 1953. – *W. Schrage:* Der Jakobusbrief, in: *H. Balz/W. Schrage:* Die katholischen Briefe, NTD 10, 1973, 29ff. – *U. Luck:* Der Jakobusbrief und die Theologie des Paulus, in: Theologie und Glaube 61, 1971, 161ff.

• Der Hebräerbrief stellt Abraham als Vorbild geduldigen Glaubens und Beharrens vor, der durch sein geduldiges Warten der göttlichen Verheißung teilhaftig wurde (6,13–15; 11,8–12.17–19). Hebr 7 wird die Begegnung Abrahams mit Melchisedek (Gen 14) typologisch ausgelegt: Wie Abraham den Melchisedek als Größeren anerkannt hatte, so sind auch die Leviten als Nachkommen Abrahams dem Hochpriester nach der Weise Melchisedeks, Jesus, untergeordnet.

9. Stellen Sie die Texte zusammen, die Ihnen als Christushymnen bekannt geworden sind. Welche gemeinsamen Aussagen enthalten sie?

Die wichtigsten Texte sind: Phil 2,6–11; Kol 1,15–20; 1 Tim 3,16; 1 Petr 3,18–22; Hebr 1,3.

Gemeinsamkeiten und Unterschiede lassen sich aus folgender Tabelle ersehen:

	Phil 2	Kol 1	1 Tim 3	1 Petr 3	Hebr 1
Präexistenz	6a	15			3a
Schöpfungsmittler		16			(2c)
Erhalter der Schöpfung		17b			3b
Inkarnation	6.7	19	16aα		
Erniedrigung, Leiden, Tod	8	20		18	3c
Auferstehung		18b		18	
Erhöhung	9a		16aβ	22a	3d
Neuer Name	9b		(4)		
Unterwerfung der Mächte	10.11		16b	22b	(6)

Literatur: R. Deichgräber: Gotteshymnus und Christushymnus in der frühen Christenheit, 1967, 163.

10. Schreiben Sie den Text des Apostolischen Glaubensbekenntnisses auf und stellen Sie die neutestamentlichen Belege zu den einzelnen Aussagen zusammen.

Ich glaube an Gott, den Vater: Vaterunser (Mt 6,9//Lk 11,2); der Ruf »Abba« (Röm 8,15; Gal 4,6); Gott als Vater der Christen in allen paulinischen Briefpräskripten (1 Thess 1,1; 2 Kor 1,2; Gal 1,3; Röm 1,7; Phil 1,2; Phlm 3); ferner Kol 3,17; Eph 5,20; 6,23; 1 Petr 1,17 u. ö.
den Allmächtigen (2 Kor 6,18; Apk 1,8; 4,8; 11,17 u. ö.)
den Schöpfer des Himmels und der Erde (Apg 4,24; 14,15; 17,24; Apk 14,7; vgl. auch Röm 1,20.25; Apk 4,11)
Und an Jesus Christus, seinen eingeborenen Sohn (Joh 3,16; zur Gottessohnschaft Jesu vgl. noch Röm 1,3; Gal 4,4; 1 Thess 1,9f.; 1 Kor 1,9; 2 Kor 1,19; Mk 1,11; 9,7; 14,61 f.; 15,39; Mt 16,16; Joh 1,49; 3,16–18; 1 Joh 4,9.10.15; Hebr 1,5; 4,14; 5,5; 6,6; 10,29 u. ö.)
unseren Herrn (1 Kor 1,9; in allen paulinischen Briefpräskripten; 1 Kor 8,6; 12,3; Röm 1,4; 5,21; 8,39; Phil 2,11; 3,8.20; 4,1.4.5.10.23; Kol 1,3; 2,6; 3,17.24; 2 Thess 3,3.5 u. ö.)
empfangen vom heiligen Geist (Mt 1,18.20; Lk 1,35)
geboren von der Jungfrau Maria (Mt 1, 18–25; Lk 1,26–38)
gelitten unter Pontius Pilatus (Mk 15,1ff//Mt 27,1ff.//Lk 23,1ff.; Joh 18,28ff.; Apg 3,13; 4,27; 13,28; 1 Tim 6,13; 1 Petr 2,21–24.)
gekreuzigt, gestorben und begraben (Mk 15,24ff. Parr.; Joh 19,17ff.; 1 Kor 15,3f.)
hinabgestiegen in das Reich des Todes (1 Petr 3,19 vgl. 4,6. Eph 4,8–10 ist wohl nicht in diesem Sinn zu verstehen!)
am dritten Tage auferstanden von den Toten (Mk 16,1–8; Mt 28,1–10; Lk 24,1–12; 1 Thess 1,10; 1 Kor 15,4.14.17; Röm 4,24f.; 6,4; 7,4; 8,14; 10,9; Kol 1,18; 1 Petr 3,18; Eph 1,20; 2 Tim 2,8; Apg 2,24.32; 3,15; 4,10 u. ö.)
aufgefahren in den Himmel (Lk 24,51; Apg 1,9)
er sitzt zur rechten Hand Gottes (Apg 2,34; Kol 3,1; Eph 1,20; Hebr 1,3.13; 8,1; 10,12; 12,2; vgl. Mk 14,62; 12,35–37)
von dort wird er kommen, zu richten die Lebenden und die Toten (1 Petr 4,5; 2 Tim 4,1; Apg 10,42; 17,31; 1 Kor 4,4f.; vgl. Mk 8,38; Mt 25,31ff.; Joh 5,22.27 u. ö.)
und an den heiligen Geist (vgl. Mk 3,29; Mt 28,19; Joh 3,5ff.; 14,26; 20,22; Apg 2; 9,31.44ff. u. ö.; Röm 8,5–17; 1 Kor 2,9–13; 12; Eph 4,3f.; 1 Petr 1,2.12; 1 Joh 3,24; 4,1–7.13; 5,6–8)
eine heilige, christliche (»katholische«) Kirche (heilig als Epitheton für die Kirche nur Eph 5,27; von der »katholischen Kirche« spricht erst Ignatius, Smyrnäerbrief 8,2)
Gemeinschaft der Heiligen (erst seit dem 4. Jh. belegt)
Vergebung der Sünden (Mt 16,19; 18,18; Lk 24,47; Joh 20,23 u. ö.)
Auferstehung der Toten (1 Thess 4,13ff; 1 Kor 15; Röm 6; Hebr 6,2; Mk 12,18–27 Parr.; Joh 5,29; 11,24f.; Apg 4,2; 17,32; 23,6; 24,15.21; 26,23)

und das ewige Leben (Röm 5,21; 6,22f.; Gal 6,8; 1 Tim 1,16; 6,12; Tit 1,2; 3,7; Jud 21; Mt 25,46; Joh 3,15f.36; 4,14.36; 5,24.39 u.ö.; 1 Joh 1,2; 2,25; 3,15 u. ö.).

11. Die Taufe im Neuen Testament:

1. Was erfahren wir über ihren Ursprung?
2. Stellen Sie die Hauptmotive urchristlicher Tauftheologie zusammen.

1. Zum Ursprung der Taufe:

● Die Apg läßt erkennen, daß die Kirche von Anfang an getauft hat (2,37ff.; 8,14ff.26ff.; 10,44ff.).
● Auch die Paulusbriefe zeigen, daß die Taufe selbstverständliche Übung war (1 Kor 1,10ff.; Röm 6).
● Nach Joh 3,22ff. hat der irdische Jesus getauft. Nach Joh 4,2 haben nur seine Jünger getauft.
● Auf einen Befehl des Auferstandenen führt Mt 28,18–20 die Taufe zurück. Doch zeigt die Analyse dieses Textes, daß er engstens mit der matthäischen Theologie verknüpft ist, so daß er als Reflex kirchlicher Praxis aus der Zeit des Matthäus anzusehen ist.

Literatur: Chr. Maurer: Der Auftrag der Kirche nach dem Matthäusevangelium, in: *ders.:* Wahrheit und Wahrhaftigkeit – ein Grundproblem kritischer Theologie, 1966, 34ff. – *U. Luck:* Herrenwort und Geschichte in Matt 28,16–20, in: EvTh 27, 1967, 494ff. – *J. Lange:* Das Erscheinen des Auferstandenen im Evangelium nach Mattäus, 1973. – *H. Kraft:* Die Anfänge der christlichen Taufe, Th Z 17 1961, 399ff. – *K. Aland:* Zur Vorgeschichte der christl. Taufe, in: Neues Testament und Geschichte (FS O. Cullmann), 1972, 1ff.

2. Urchristliche Tauftheologie:

● Taufe ist Todes- und Lebensgemeinschaft mit Christus.
●● Hauptstelle: Röm 6,1–11. Dabei ist der eschatologische Vorbehalt zu beachten: Wir sind gegenwärtig mit Christus durch die Taufe in den Tod begraben, werden aber erst zukünftig mit ihm leben.
●● Der eschatologische Vorbehalt fehlt in der entsprechenden Aussagenreihe Kol 2,11–14: »In der Taufe mit ihm begraben, seid ihr zugleich mit ihm auferstanden« (Vers 12).
●● Noch anders akzentuiert der Epheserbrief: Die Glaubenden waren früher als Heiden tot in ihren Sünden, Gott hat sie mit Christus zusammen lebendig gemacht (Eph 2,4–6); vom Mitsterben und Mitbegrabenwerden ist nicht mehr die Rede (Ferd. Hahn).

Literatur: R. Schnackenburg: Todes- und Lebensgemeinschaft mit Christus, in: *ders.:* Schriften zum NT, 1971, 361ff. – *G. Bornkamm:* Taufe und neues Leben (Röm 6), in: *ders.:* Das Ende des Gesetzes, 5. Aufl., 1966, 34ff. – H. Frankemölle: Das Taufverständnis des Paulus, 1970. – *Ferd. Hahn:* Taufe und Rechtfertigung, in: Rechtfertigung (FS E. Käsemann), 1976, 95ff., bes. 99ff.

- Taufe ist Geistverleihung

1 Kor 6,11; 12,13; 2 Kor 1,21f.; 5,5; Apg 2,38; Hebr 6,4

Literatur: O. Böcher: Wasser und Geist, in: Verborum Veritas (FS G. Stählin), 1970, 197ff. – *E. Dinkler:* Die Taufaussagen des Neuen Testaments, in: *F. Viering* (Hg.): Zu Karl Barths Lehre von der Taufe, 1971, 60ff.; bes. 79ff.

- Taufe ist Befreiung von den dämonischen Mächten.

●● Der schon genannte Tauftext Kol 2,11–14 wird eingeleitet durch die Erinnerung an die über alle Herrschaften und Mächte überlegene Stellung Christi als des Hauptes (Vers 10); ein Hinweis auf die am Kreuz erfolgte Entmachtung der Mächte beschließt den Tauftext (Vers 15).

●● Der Tauftext 1 Petr 3,18–22 mündet in das Bekenntnis zu dem auferstandenen und zur Rechten Gottes erhöhten Christus ein, dem die »Engel, Mächte und Gewalten untertan geworden sind«.

●● Die Sünde, von der Paulus in Röm 6–7 spricht, ist ebenfalls als dämonische, den Menschen versklavende Macht gedacht; durch die Taufe ist der Christ für sie gestorben, d. h. ihrer Macht entnommen.

Literatur: O. Böcher: Christus Exorcista. Dämonismus und Taufe im Neuen Testament, 1972, 170ff.

- Taufe ist Wiedergeburt.

●● Joh 3,1–8.

●● Wenn es 1 Petr 3,21 heißt, die Rettung in der Taufe geschehe durch die Auferstehung Jesu Christi, so ist damit nach 1,3 die Wiedergeburt gemeint (L. Goppelt, Der erste Petrusbrief, 1977, S. 257).

●● Nach Tit 3,5 ist die Taufe ein »Bad der Wiedergeburt und Erneuerung, (wie) sie der heilige Geist (bewirkt)«.

●● Wenn Kol 2,11 vom »Ablegen des Fleischesleibes« spricht, so hören wir auch hier »die Sprache der Wiedergeburt« (G. Harder: Taufe, Wasser, Geist, in: O. Perels (Hg.): Begründung und Gebrauch der heiligen Taufe, 1963, S. 80).

Literatur zum ganzen Fragenkreis: G. Delling: Die Taufe im Neuen Testament, 1963. – *G. Kretschmar:* Die Geschichte des Taufgottesdienstes in der alten Kirche, in: Leiturgia Bd V, 1970, 1ff. – K. *Aland:* Taufe und Kindertaufe, 1971. – *E. Schott (Hg.):* Taufe und neue Existenz, 1973.

12. Wie wird Amen im Neuen Testament verwendet?

● Amen wird wie im Judentum als Bekräftigung von Segenswünschen und Doxologien verwendet: Röm 1,26; 9,5; 11,36 (16,27); 1 Kor 14,16; Gal 1,5; 6,18; Phil 4,20; Eph 3,21; 1 Tim 1,17; 6,16; 1 Petr 4,11; 5,11; Apk 1,6.7; 5,14; 22,20 u. ö.
● Neben diesem responsorischen Gebrauch finden wir in den Evangelien einen nicht-responsorischen zur Einleitung der Rede:
●● In den Synoptikern werden Jesusworte oft mit »Amen, ich sage euch/dir« eingeleitet (Mk 3,28; 8,12; 9,1.41 u. ö.; Mt 5,18.26; 6,2.5.16; 8,10 u. ö.; Lk 4,24; 12,37 u. ö.)

Nach J. Jeremias u. v. a. ist dies Jesu eigene Redeweise, nach K. Berger ist sie aus dem hellenistischen Judentum abzuleiten, nach V. Hasler aus dem Gottesdienst der hellenistischen Christengemeinden.

Literatur: J. Jeremias: Neutestamentliche Theologie I, 1971, 43f. – *J. Jeremias:* Zum nicht-responsorischen Amen, in: ZNW 64, 1973, 122f. – *K. Berger:* Die Amen-Worte Jesu. Eine Untersuchung zum Problem der Legitimation in apokalyptischer Rede, 1970. – *V. Hasler:* Amen. Redaktionsgeschichtliche Untersuchung zur Einführungsformel der Herrenworte »Wahrlich, ich sage euch«, 1969.

●● Das Johannesevangelium verwendet nicht-responsorisches Amen verdoppelt: »Amen, amen, ich sage euch ...« (1,51; 3,3.5 u. ö.)
●● Singulär ist die Bezeichnung »der Amen« für Christus in Apk 3,14; sie wird durch »der treue und wahrhaftige Zeuge« näher erläutert.

3,14 Schreibe dem Engel der Kirche
    zu Laodicea!

    Das sagt, der Amen heißt,
    der treue und wahrhaftige Zeuge,
    der Anfang der Schöpfung Gottes.

15 Ich kenne deine Werke,
    daß du weder kalt bist noch heiß.
    O daß du doch kalt wärst oder heiß!

16 So aber, weil du lau bist
    und weder heiß noch kalt,
    werde ich dich ausspeien aus meinem
    Munde.

17 Denn du sagst: ich bin reich,
    bin reich geworden und habe keine Not
    und weißt nicht, daß du dürftig und elend
    bist, arm, blind und nackt.

18 Ich rate dir, feuergeläutertes Gold von mir
    zu kaufen, daß du reich werdest,
    und weiße Gewänder, dich zu bekleiden,
    daß nicht mehr deine nackte Scham zu
    sehen sei.
    Und Salbe, deine Augen zu salben,
    damit du sehen kannst.
19 Ich strafe und züchtige die, die ich liebe.
    Sei eifrig und kehre um!

20 Sieh, ich stehe an der Tür und klopfe an.
    Wenn einer meine Stimme hört und die
    Tür öffnet, gehe ich hinein zu ihm und
    werde das Mahl mit ihm halten und er mit
    mir.

21 Dem Sieger werde ich verleihen,
    sich mit mir auf meinen Thron zu setzen,
    wie auch ich gesiegt und mich mit meinem
    Vater auf seinen Thron gesetzt habe.

22 Wer Ohren hat, der höre,
    was der Geist der Gemeinden sagt!

    (Übersetzung von H. Kraft)

3,1 Schreibe dem Engel der Kirche
zu Sardes!

Das spricht, der die sieben Geister Gottes
hat und die sieben Sterne.
Ich kenne deine Werke, daß du den Namen
hast, du lebest, und bist tot.

2 Werde wach und stärke den Rest,
der sterben will.
Denn ich habe deine Werke nicht erfüllt
gefunden vor meinem Gott.

3 Nun gedenke, wie du es empfangen und
gehört hast, und bewahre und kehre um!
Wenn du nicht wachsam bist, komme ich
wie ein Dieb, und du weißt nicht, zu welcher Stunde ich über dich komme.

4 Aber du hast wenige Namen in Sardes,
die ihre Gewänder nicht befleckt haben.
Und sie werden mit mir in weißen Kleidern
wandeln, denn sie sind es wert.

5 Der Sieger wird so mit weißen Gewändern
bekleidet, und ich werde seinen Namen aus
dem Lebensbuch nicht tilgen und werde
seinen Namen bekennen vor meinem Vater
und vor seinen Engeln.

6 Wer Ohren hat, der höre,
was der Geist den Gemeinden sagt!

3,7 Schreibe dem Engel der Kirche zu Philadelphia!

Das spricht der Heilige, der Wahrhaftige,
der den Schlüssel Davids hat,
der öffnet, daß keiner schließen,
und schließt, daß keiner öffnen kann:

8 Ich kenne deine Werke.
Siehe, ich habe vor dir eine Tür geöffnet,
die keiner schließen kann.

Denn klein ist die Kraft, die du hast,
und du hast mein Wort festgehalten
und meinen Namen nicht verleugnet.

9 Sieh, ich veranlasse die aus der Satanssynagoge,
die von sich selbst sagen, sie seien Juden,
und sind es nicht, sondern lügen –
sieh, ich bringe sie dazu,
daß sie kommen und anbeten vor deinen
Füßen und erkennen, daß ich dich geliebt
habe.

10 Weil du das Wort meiner Geduld bewahrt
hast, werde auch ich dich in der Stunde der
Versuchung bewahren, die über den ganzen Erdkreis kommen wird, die auf Erden
wohnen zu versuchen.

11 Ich komme bald. Halte, was du hast,
daß keiner deinen Kranz nehme.

12 Den Sieger werde ich zur Säule in meines
Gottes Tempel machen, und er wird fer-
ner nicht mehr hinausgehn.
Und ich werde auf ihn den Namen meines
Gottes schreiben und den Namen der
Stadt meines Gottes, des neuen Jerusalem,
die herabsteigen wird aus dem Himmel
von meinem Gott, und meinen neuen
Namen.

13 Wer Ohren hat, der höre,
was der Geist den Gemeinden sagt.

2,12 Schreibe dem Engel
der Kirche zu Pergamon!

Das spricht, der das Schwert hat,
das zweischneidige, das scharfe.
Ich weiß, wo du wohnst;
13 wo Satans Thron steht.

Und du hältst an meinem Namen fest
und hast meinen Glauben nicht verleugnet,
auch nicht in den Tagen des Antipas,
meines treuen Zeugen,
der getötet wurde bei euch,
wo der Satan wohnt.

14 Aber ein Weniges habe ich gegen dich.
Du hast dort solche, die Bileams Lehre
halten, der den Balak lehrte,
für die Kinder Israels einen Fallstrick zu
werfen, Götzenopfer zu essen und zu
huren.

15 So hast auch du solche,
die gleicherweise die Lehre der Nikolaiten
halten.

16 Kehre also um!
Wenn nicht, komme ich dir bald
und werde mit ihnen kämpfen
mit dem Schwert meines Mundes.

17 Wer Ohren hat, der höre,
was der Geist den Gemeinden sagt:
Ich werde dem Sieger vom verborgenen
Manna geben und werde ihm einen weißen Stein geben
und auf dem Stein einen neuen Namen
geschrieben, den keiner kennt außer dem,
der ihn empfängt.

2,18 Schreibe dem Engel der Kirche
zu Thyatira!

Das spricht der Sohn Gottes,
der Augen hat wie Feuersflammen,
und seine Füße sind dem Golderz gleich.
19 Ich kenne deine Werke
und deine Liebe und deinen Glauben
und deinen Dienst und dein Harren,
und daß deine letzten Werke
mehr sind als die ersten.
20 Aber ich habe gegen dich,
daß du das Weib Jesabel gewähren lässest,
die sich selbst eine Prophetin nennt
und lehrt und verführt meine Knechte,
zu huren und Götzenopfer zu essen.
21 Und ich habe ihr Zeit zur Umkehr gegeben, und sie will nicht umkehren von ihrer
Unzucht.
22 Siehe, ich werfe sie aufs Krankenbett und
die mit ihr ehebrechen in große Drangsal,
wenn sie nicht umkehren von ihren
Werken.
23 Und ihre Kinder werde ich durch Krank-
heit töten.
Und alle Gemeinden werden erkennen,
daß ich es bin, der Nieren und Herzen
prüft, und ich werde euch geben, einem
jeden, nach euern Werken.
24 Euch übrigen zu Thyatira aber sage ich,
die nicht diese Lehre haben, die nicht die
Tiefen des Satans erkannt haben, wie sie
sagen: ich werfe keine andere Last auf
euch.
25 Haltet nur, was ihr habt, bis daß ich
komme.
26 Wer siegt und meine Werke bis ans Ende
bewahrt, dem werde ich Macht über die
Heiden geben,
27 und er wird sie mit eisernem Stabe weiden,
wie Tongeschirr zerschlägt er sie –
28 wie auch ich von meinem Vater empfangen habe – und ich werde ihm den Mor-
genstern geben.
29 Wer Ohren hat, der höre,
was der Geist den Gemeinden sagt.

2,1 Schreibe dem Engel der Kirche
zu Ephesus!

Das spricht, der die sieben Sterne in seiner
Rechten hält, der inmitten der sieben gold-
nen Leuchter wandelt.
2 Ich kenne deine Werke und deine Mühe
und dein Harren, und daß du Bösewichter
nicht ertragen kannst.

Und du hast die geprüft, die sich selber
Apostel nennen und sind es nicht, und hast
in ihnen Lügner gefunden.
3 Und du hast Geduld und hast ertragen um
meines Namens willen und bist nicht müde
geworden.

4 Aber ich habe gegen dich,
daß du die erste Liebe verlassen hast.
5 Gedenke, von wo du gefallen bist,
kehre um und tue die ersten Werke.

Wenn nicht, komme ich dir
und werde deinen Leuchter von seinem
Platz entfernen, wenn du nicht umkehrst.

6 Dies aber spricht für dich,
daß du die Werke der Nikolaiten hassest;
die hasse auch ich.

7 Wer Ohren hat, der höre,
was der Geist den Gemeinden sagt.
Ich werde dem Sieger vom Lebensbaum zu
essen geben, der im Paradiese Gottes steht.

2,8 Schreibe dem Engel der Kirche
zu Symrna!

Dies spricht der Erste und Letzte,
der tot war und lebendig wurde.
9 Ich kenne deine Bedrängnis und Armut,
aber du bist reich.

Und die Lästerung derer, die sich Juden
nennen und sind es nicht, sondern eine
Satanssynagoge.
10 Fürchte nicht, was du leiden wirst!

Sieh, der Teufel wird welche von euch ins
Gefängnis werfen, daß ihr versucht werdet und zehn Tage Bedrängnis habt.
Werde treu bis zum Tod,
dann werde ich dir die Lebenskrone
geben.

11 Wer Ohren hat, der höre,
was der Geist den Gemeinden sagt:
Der Sieger wird nicht mehr getroffen
vom zweiten Tod.